U0365870

E-SPORTS
GAMES
COMMENTARY
&
EXPRESSION

电子竞技赛事解说与表达艺术

主编 王思行 七煌原初 上海竞迹

清华大学出版社
北 京

内　容　简　介

本书在编写过程中参考了体育解说、播音主持等文献资料,结合电子竞技市场调研,系统地阐述电子竞技解说与电子竞技的关系,重点讲解电子竞技解说的理论基础和实践基础,旨在使学生了解电子竞技解说,掌握具体电子竞技解说的方法。

本书可作为应用型本科院校、高等职业院校电子竞技运动与管理专业及体育类专业的教材,也可作为电子竞技解说人员培训用书。

图书在版编目(CIP)数据

电子竞技赛事解说与表达艺术/王思行,七煌原初,上海竞迹主编. —北京:清华大学出版社,2020.6(2022.1重印)
(电子竞技专业教育丛书)
ISBN 978-7-302-55394-6

Ⅰ.①电… Ⅱ.①王… ②七… ③上… Ⅲ.①电子游戏-运动竞赛-讲解工作 Ⅳ.①G898.3

中国版本图书馆 CIP 数据核字(2020)第 068551 号

责任编辑:郭　赛
封面设计:应舜洁
责任校对:时翠兰
责任印制:杨　艳

出版发行:清华大学出版社
　　　　　网　　　址:http://www.tup.com.cn,http://www.wqbook.com
　　　　　地　　　址:北京清华大学学研大厦 A 座　　　邮　　编:100084
　　　　　社 总 机:010-62770175　　　　　　　　　　邮　　购:010-83470235
　　　　　投稿与读者服务:010-62776969,c-service@tup.tsinghua.edu.cn
　　　　　质量反馈:010-62772015,zhiliang@tup.tsinghua.edu.cn
　　　　　课件下载:http://www.tup.com.cn,010-83470236
印 装 者:北京嘉实印刷有限公司
经　　销:全国新华书店
开　　本:185mm×260mm　　　　印　　张:11.75　　　字　　数:270 千字
版　　次:2020 年 8 月第 1 版　　　印　　次:2022 年 1 月第 4 次印刷
定　　价:54.50 元

产品编号:084893-01

编　委　会

策划机构　七煌原初学院　上海竞迹电竞产业发展基地

策 划 人　孙博文　蓝柏清　于　飞　张　晨

执行主编　王思行

编　　委　应舜洁　俞　萍　程宝娟　刘佳奇　周昱浏　刘思琪

在电子竞技已成为一种职业的今天,依然有很多人在问:"电子竞技"到底是什么?

其实,电子竞技就是在公平公正和契约精神的前提下把"人与人斗,其乐无穷"的过程电子化,在这个过程中衍生出的比赛、官方解说、明星选手、俱乐部、媒体、直播平台、主播等环节共同构成了较为复杂的电子竞技体系。

本书是面向四年制本科电子竞技解说与主播专业的理论与训练教材。中国传媒大学南广学院从 2014 年 9 月开始在播音主持学院设立电子竞技解说专业,在 2017 年成立全国首家电子竞技学院,经过几年的努力积累了较为丰富的专业教学经验。随着我国电子竞技事业的快速发展,电子竞技赛事逐渐走向正规化、职业化。国家体育总局于 2003 年11 月 18 日正式批准将"电子竞技"列为第 99 个正式体育竞赛项目,于 2008 年将"电子竞技"改批为第 78 号正式体育竞赛项目。2018 年雅加达第 18 届亚运会将"电子竞技"纳为表演项目。因此,正式出版电子竞技解说专业理论阐述与训练教材的时机已经成熟。

本书的重点为电子竞技解说的理论基础阐述,共分 6 章:电子竞技与电子竞技解说、电子竞技解说的职责与素质、电子竞技解说的赛事基础、电子竞技解说的游戏基础、电子竞技解说的语言基础和电子竞技解说的形象与风格。附录为电子竞技解说的相关政策法规。

本书力图体现以下特点。

(1)统一性与规范性相结合。本书按不同内容分为若干教学单元,每个教学单元都按照统一的体例安排教学内容。无论是理论概要还是训练材料,均符合教学计划、教学大纲和专业规范要求。

(2)实用性和可操作性相结合。本书为方便教学和提高效率,在每个单元的开始部分安排理论概要和教学要求,以便读者了解和把握理论脉络,以指导实践。配套训练材料涵盖章节要点、基本类型和基本教学要求。

(3)典型性和稳定性相结合。本书内容既保留了多年来部分教学的经典内容,又注意吸收、选收了 2020 年专业教学和电视、新媒体平台各大赛事与直播中的新材料与新案例。这些材料对专业基本功和业务技能训练均具有一定的典型意义。

虽然思考和准备过程长达一年有余,写作和修改过程从炎炎夏日到寒冷冬季,但相比之下还是略显仓促,所以在本书即将面对读者之时在些许兴奋之余也难免惴惴不安,一来可能存在由浅薄和仓促使然的纰漏,二来在前辈和同行面前班门弄斧,不安在所难免。真诚希望读者和专家学者批评指正,不胜感激!

编　者

2020 年 4 月

目 录

第1章

电子竞技与电子竞技解说

1.1 电子竞技与传统体育

1.1.1 电子竞技的概念

1. 电子竞技的定义

电子竞技(Electronic Sports，E-sports)是电子游戏比赛达到"竞技"层面的体育项目。电子竞技运动是以电子游戏为基础、信息技术为核心、软硬件设备为器械、在信息技术营造的虚拟环境和统一的竞赛规则及其保障下公平进行的对抗性运动，电子竞技正在成为一种全新的体育运动。通过电子竞技运动可以锻炼和提高参与者的思维能力、反应能力、心眼四肢协调能力和意志力，培养团队精神。

广义上，电子竞技运动的表现形式既包括商业化的电子竞技赛事，也包括平常的"玩电子竞技游戏"，因为两者都借助了电子设备，且都具有人与人之间的对抗性。狭义上，电子竞技一般是指电子竞技赛事和以电子竞技赛事为核心的上下游产业链。

2. 电子竞技的特征

电子竞技运动有两个基本特征：电子和竞技。

"电子"是其方式和手段，指这项运动借助以信息技术为核心的各种软硬件以及由其营造的环境进行，类似于传统体育项目中的器材和场地。在电子竞技运动中，"对抗方式"依赖信息技术实现，这也是电子竞技与传统体育运动的不同之处。

UNESCO(竞技运动宣言)：凡具有游戏性质且出于与他人比赛或自我奋斗形式的一切身体活动，均称为竞技运动。如果活动具有比赛性质，则比赛必须在优良的运动员风度下进行，缺乏公平竞争理想的运动不能称为真正的竞技运动。而在竞技运动宣言及电子竞技运动中，"竞技"指体育的本质特性，即对抗。作为一个体育项目，对抗是最基本的特征。电子竞技运动有多种分类和项目，但核心一定是对抗和公平比赛。

1.1.2 电子竞技与网络游戏

电子竞技和网络游戏都属于广义的电子游戏的范畴。但严格地说，电子竞技运动与网络游戏是两个不同的概念,二者从性质、环境、规则等各个方面都有很大的差异。

(1)性质不同。电子竞技是体育项目,网络游戏是娱乐游戏,这是二者最本质的区别。对抗性和竞技性是电子竞技的特点,它有着可定量、可重复、精确比较的体育比赛特征,方式是对抗和比赛,作为一项运动项目,其具有高度的技巧性、规律性,选手的技战术水平必须通过严格的训练和实践提高。网络游戏则是建立一个虚拟的世界,以追求感受为目的的模拟或角色扮演,相对而言并不十分重视或者需要游戏的技巧。

(2)网络环境不同。从技术层面上看,二者所依托的网络环境或载体不同。网络游戏是完全建立在互联网上的,离开了互联网根本无法存在。而电子竞技运动所依赖的是局域网环境,互联网只是电子竞技运动用来训练或娱乐的一种手段。

(3)比赛规则不同。电子竞技有明确统一的比赛规则,最大特点是严格的时间和回合限制。在规则下,人与人对抗比拼更多的是参与者以思维能力、反应能力为代表的能力与技战术。电子竞技的规则是体育规则,是强制性的,规则的制定也毫无商业目的,只为在人与人竞技、对抗时创造一个相对公平的竞技环境。而网络游戏缺乏明确统一的比赛规则,规则由游戏厂家所制定,根据不同厂家的商业目的而变化。在网络游戏的规则下,人与人、人与机器比拼的更多是游戏时间、游戏装备,这些是依靠外力可得到的东西,而并非是人本身所拥有的。

(4)比赛结果不同。电子竞技比赛是运动员之间秉着公正公平的体育精神的竞赛,通过人与人之间的智力和体力对抗决出胜负;而网络游戏主要是人机之间或人与人之间的交流互动,不一定需要通过人与人的对抗评判结果,这也是电子竞技有别于网络游戏的主要不同。

(5)赢利手段和运营方式不同。网络游戏在很大程度上受软件商的约束,游戏开发商负责开发游戏,运营商负责运营,玩家按照游戏时间付费,产生赢利后由开发商和运营商按一定比例分成。而电子竞技基本上不受游戏软件的制约,游戏开发商负责开发游戏并委托发行公司发行,玩家通过一次性付费(部分游戏免费)购买游戏便可进行电子竞技的娱乐和比赛。这样,电子竞技比赛的组织者能否获得利润便与游戏的开发商和发行公司没有直接关系,这也造成二者在平台构建和与平台的关系上有较大不同。

电子竞技运动与网络游戏虽然不同,但二者本身及其产业都是信息技术的产物。不论对项目还是对产业,网络游戏基础对电子竞技运动的开展都大有裨益,而电子竞技运动的健康发展对网络游戏的发展同样有着促进和推动作用。

需要注意的是,电子竞技运动与网络游戏之间的壁垒并不是绝对不能打破的,当网络游戏在厂商调整规则下去除等级、装备等外力对人物战斗力的影响,变成依靠玩家的反应能力、思维能力与其他玩家对抗的游戏模式时,这种网络游戏模式也能称为电子竞技运动(广义上),而厂商调整规则的行为则被看作对游戏的电子竞技化。

1.1.3 电子竞技与传统体育

1. 电子竞技与传统体育的共性

两者都属于体育运动,在竞技体育特征的大多方面有着高度的一致性——为了战胜对手或取得优异成绩,最大限度地发挥和提高个人或集体在智力、体力、心理等方面的潜力所进行的科学、系统的训练和竞赛。

(1)两者同为竞技体育,激烈的竞争是电子竞技与传统体育共有的本质特征,都有对抗性和竞赛性。选手和运动员都要通过日常刻苦、近乎枯燥的训练提高自己与比赛器械相关的操作速度、反应和配合等综合能力和素质,依靠技巧和技战术水平的发挥在对抗中取得胜利。

(2)电子竞技与传统体育都具规范性。现代竞技运动为保障运动员发挥技战术,制定了大量规则以维护比赛的正常进行,同时运动员的技战术训练要建立在规范要求的基础之上。

(3)电子竞技与传统体育都具公平性和公开性。竞技运动不偏袒任何参赛者,对比赛项目、时间、运动员参赛资格等都进行了明确规定,并要求比赛相关主体遵守共同的行为规范;公开性使体育具有更强的传播能力和更大的影响力,促进了运动技战术的交流以及竞争和赛事的公平推进。

(4)电子竞技与传统体育都是社会历史的产物,两者的发展与国家和地区的政治、经济、文化教育、科学技术等密切相关。

(5)电子竞技与传统体育同样具有明确的功利目的,伴随胜利会有多种形式的收益。而且比赛结果产生于对抗之中,经过社会承认,结果的产生直接而迅速,不容置辩。

(6)电子竞技与传统体育都具有娱乐性和观赏性。对参与者来说,胜利或仅仅是参与都可以获得心理满足;对观赏者来说,为喜欢的俱乐部或选手加油助威可以获得轻松、自由和美感。

2. 电子竞技与传统体育的区别

(1)方式和手段不同。任何一项传统体育运动都需要相应的场地,如篮球运动有篮球场,足球运动有足球场,田径有跑道、沙坑等;在电子竞技运动中,这一切都是依赖信息技术为核心的各种软件并通过互联网传输以及由其营造的环境实现的。这是电子竞技运动有别于传统体育的根本之处。

(2)参赛项目生命力长短不同。传统的体育赛事项目有着超过百年的历史,现今仍在延续;而电子竞技赛事的比赛项目更新极快,很少有同款电子竞技游戏可以在比赛项目中超过 10 年。

(3)赛事的掌权方不同。电子竞技的 IP 与传统体育项目的 IP 不同:电子竞技游戏是某公司独自打造的,它的 IP 是私有的;而传统体育来自于人类文明,它的 IP 是共有的。所以传统体育赛事的组织者通常掌握绝对的权威和掌控力;而在电子竞技赛事中,掌权的是 IP 持有方——游戏厂商,大型赛事组织者需要取得 IP 持有方的授权及技术支持,否则赛事无法进行。

（4）团队组建的地域限制程度不同。传统体育赛事团队的组建需要统一地点，所有参赛者需聚集到同一场地进行面对面的竞赛。而电子竞技赛事是通过网络开展的，除大型赛事外，参赛者基本不需要聚集到某地，只要能够联网即可参加比赛。可以说，电子竞技赛事团队的组建基本不受地域限制。

（5）对参赛者的体力要求不同。传统体育赛事运动对运动员的体力要求很高，电子竞技赛事对选手的体力要求较低。

（6）观众群体年龄分布不同。传统体育赛事观众的年龄多集中在 25～50 岁，电子竞技赛事的观众比传统体育赛事的观众更年轻，多集中在 15～40 岁。

 1.2 电子竞技解说与电子竞技

1.2.1 电子竞技解说的概念和分类

1. 电子竞技解说的概念

电子竞技解说是指通过语言，辅以画面、文字等手段对电子竞技游戏、电子竞技运动、电子竞技赛事等一切与电子竞技相关的活动进行介绍、描述、分析或兼有评论、预测和烘托等功能的一种电子竞技播音形式。

2. 电子竞技解说的分类

（1）电子竞技解说按照解说的呈现形式分为视频解说和赛事解说。

① 视频解说：在以个人为核心的游戏视频内容中担任视频讲解职责，以展示个人风格及个人技术为主。视频内容的脚本、素材及后期分工明确，所以对视频解说的个人要求并不高。

② 赛事解说：赛事解说是赛事的调味剂，以讲解赛事相关内容为核心、传递游戏相关信息为次核心，提升玩家对于赛事和游戏的认知。因此对于赛事解说的要求极高，需要具备多方面的能力，从而辅助提升赛事整体的观赏性。

赛事解说通常又分为控场型解说、描述型解说、分析型解说、嘉宾型解说四类。

- 控场型解说：掌控赛事解说节奏，带动现场观众气氛，引领比赛解说方向，与导播沟通赛事流程，抛出和承接话题。
- 描述型解说：职能较为单一，描述赛场已发生的事件，如团战场面描述、游戏元素信息传达等。
- 分析型解说：主要负责阵容分析、局势预测、团战分析、赛后复盘等。
- 嘉宾型解说：多为自带流量的圈内人士或主播，通常为俱乐部教练或者明星，前者承担技术分析的重任，而后者只是作为解说席的另一亮点(话题点)。

（2）电子竞技解说按照解说与赛事的时间分为直播解说和录播解说。

电子竞技赛事的播出形式分为线上录播、线上直播、线下直播三种形式。

① 线上录播：线上比赛的定义是来自全国各地的选手在遵守比赛规则的情况下在各自家中或俱乐部只通过互联网进行比赛，不提供线下场地。比赛规模较大，周期较长，参赛队员较多，当场次较多时，海选与小组赛会以无解说或解说录播的形式在工作日的白天进行比赛，并给后期工作人员更多的时间选择精彩的比赛进行剪辑加工和宣传，在周末进行直播或上传网络，当然解说不会提前看过比赛，而让比赛变得有预知性，对解说的要求会比直播要低，在犯重大失误时可以进行补救，在演播室里可以从容处理比赛，基本不会发生突发状况。

② 线上直播：在线上比赛的同时进行全网直播。一般是赛事后半阶段进行的重要比赛，比如线上半决赛和线上决赛。一般会选择在人流量比较大的双休日或法定假期进行直播，对解说的临场反应和处理突发状况的能力有较高的要求。

③ 线下直播：在线下进行直播的大型比赛或活动，拥有较大的线下场馆和线下人流量，有更多的观众到现场观赛。场地可能是举办多次比赛的专业电子竞技馆、大型体育馆、动漫游戏类展会展馆、露天舞台、网吧等，有较多的工作人员与较大的幕后工作量。对解说需要有更高的要求，如对现场气氛的调动、对现场各项流程的熟悉以及对突发事件的处理等专业能力。

（3）按照电子竞技项目的种类根据游戏的特色划分。

① FPS 类、MOBA 类：赛事体系较为成熟，解说以操作性和讲解性为主，解说的内容开展与版本更新同步进行，借内容外延拓展新用户，对解说的游戏水平与理解有较高要求。

② RPG 回合：解说以互动性为主，游戏带有的互动属性和社交阵营是解说所要带给观众的主要内容，深化团队合作与分工搭配是解说的核心内容。

③ 卡牌对战：游戏本身的最大属性是策略、战术、运营，选手的心理博弈与卡牌所具有的个性效果使其具备极强的竞技性，没有激烈打斗和动作场面，更注重细节上的处理和精妙的计算。

④ 棋牌休闲：偏中高龄的娱乐项目，相比之下解说的娱乐性要高于竞技性，根据用户的属性不同而做出相应的调整。休闲游戏的电子竞技概念相对于其他游戏种类来说偏弱，也是以娱乐性为看点，在烘托品牌形象的同时打造全民娱乐的直播或视频类节目。

（4）按照解说的表现风格通过语言特色进行分类。

① 幽默风趣型：在解说过程中可以用幽默的话语、精练的语言将比赛向轻松娱乐的方向发展，赋予比赛新的故事性，带给观众更高的幽默享受，通常出现在观赏性较强、可供解说有很大发挥空间的电子竞技游戏中。

② 冷静分析型：在解说比赛时给观众如同体育播音员一般的沉稳、亲和、庄重，适合解说大型官方赛事，用面面俱到的分析、娓娓道来的讲述、兢兢业业的准备让观众感受到解说的专业性。

③ 激情洋溢型：在解说比赛时赋予比赛仪式感、紧张感、韵律感，让观众神经紧绷、聚精会神地观看比赛，在对应的情景下点燃观众的情绪，让观众设身处地地感受到激烈的比赛画面，适合解说打击感充足、对抗性强烈的电子竞技项目。

3. 常见的赛事解说组合与分工

电子竞技赛事解说的人员配置有单人解说和多人解说。单人解说一般出现在卡牌类、策略类的电子竞技项目中,而这类项目一般赛事时长较短、赛事节奏较慢,因此单人解说也能够从容地应对并产生出相对良好的赛事结果。多人解说则可以根据赛事的等级及具体情况分为双人解说和三人解说。有的电子竞技赛事中还设有评论席。

(1)双人解说(控场＋描述)。

分工较为模糊,通常是较为互补的二人组合,对两位解说的专业素养要求都比较高。

(2)三人解说(控场＋描述＋分析;控场＋描述＋嘉宾;控场＋分析＋嘉宾)。

分工较为明确,控场解说需要准确地把控时间,对整个流程非常了解,反应快,娱乐性较强,会抛出问题给描述解说做回答,会收回搭档的话口把控节奏;描述解说能迅速分析画面重点并提出重点,对于技术性问题能解答,能分析局势及优劣势等专业性内容;描述解说用词准确,表达能力强,语速快,概括性强,逻辑性强,随时能进入画面描述中,保证解说过程全程不冷场,能随时停止话语控场、控时间或让专家席表述观点;嘉宾解说通常由教练担任,此时专家席多作为描述功能,若由明星等技术较差的人担任,此时其他解说员需要承担描述和分析的工作。

(3)评论席(观点 A＋主持＋观点 B)。

分工明确,主持人在中间打开话题引导两位嘉宾的话题论点,观点 A 与观点 B 根据比赛事实或者以往战绩对话题点进行争论。观点 A 与观点 B 需要做到语言精练、论据充分,主持人要有较强的随机应变能力和总结能力。

1.2.2 电子竞技解说的特点和作用

1. 电子竞技解说的特点

(1)解说中的虚实结合性。

传统体育解说面对的是人,解说的内容是运动员发生的运动与效果。与传统体育解说不同的是,电子竞技解说不仅要面对人,还要面对游戏中虚拟的人物,需要把两者产生的联系解读出来。电子竞技比赛的画面是虚拟、机械的游戏场景,比赛的节奏迅速、刺激,且配有很多画面特效、音效,所以电子竞技解说的节奏也要"虚""实"结合,把赛事内容讲解透彻。

(2)解说与观众的互动性。

得益于网络的便捷性,加之评论、弹幕等实时沟通形式的诞生和人们表达意识的觉醒,电子竞技赛事的观众在观看比赛的同时,还可以利用通信设备直接参与赛事评论,与解说员进行交流,自由发表言论以表达自己的看法,这就拉近了观众和解说员之间的距离,互动性也成为电子竞技解说的一大特点。

电子竞技解说的互动性不仅限于观众与解说员之间的互动交流,观众与观众之间也可以通过弹幕、评论渠道就比赛的进程、感兴趣的话题进行互动交流。这种双向的互动交流不仅满足了观众表达的心理,更是极大地提高了观众的积极性。

（3）解说项目的娱乐性。

电子竞技解说的娱乐性是电子竞技本身的娱乐性和网络传媒娱乐功能结合的产物。电子竞技的参与性和竞技性，加上电子竞技比赛过程的跌宕起伏和虚拟赛场的瞬息万变，可以让观众从中获得愉悦，而电子竞技解说正是对这种娱乐性的一种体现和张扬。而网络传媒的娱乐功能也与电子竞技的娱乐性一脉相承，尤其依赖于互联网的支撑进行发展。电子竞技解说的观赏价值与网络流行文化息息相关，因此电子竞技比赛的解读还要与网络流行文化紧密联系，让观众在观赏比赛的同时享受电子竞技解说带来的娱乐氛围。

（4）解说语速的多变性。

在电子竞技比赛中，决定比赛胜负的因素较多，由于复杂的竞技规则，解说员需要在有限的时间内表达大量信息，因此解说语速的提升在比赛转播中的作用尤为重要。解说员在比赛的不同环节需要表达的信息量不同，因此解说语速在整体速度较快的同时也呈现出多变性。表 1-1 是 2017 年 LPL 春季职业联赛十场比赛中解说员在比赛不同阶段的语速数据。从这十场比赛的解说语速来看，赛前的解说语速是这三个阶段中最快的，平均值为 313 字/分；赛中的解说语速最慢，平均值为 284 字/分；赛后的解说语速则处于两者之间，平均值为 299 字/分。解说语速近乎达到电视新闻的播稿要求，远超平时正常交流语速。由此可以看出，《英雄联盟》解说的信息量庞大，整体解说语速偏快，且根据不同阶段的内容需求，语速在相对较快的同时发生适度变化。

表 1-1 《英雄联盟》比赛解说语速

比 赛 名 称	比 赛 阶 段		
	赛 前	赛 中	赛 后
2017LPL 总决赛第三场 RNGvsWE	325 字/分	273 字/分	281 字/分
2017LPL 总决赛第二场 RNGvsWE	312 字/分	285 字/分	293 字/分
2017LPL 总决赛第一场 RNGvsWE	320 字/分	320 字/分	301 字/分
2017LPL 季军赛第五场 EDGvsDMG	301 字/分	259 字/分	312 字/分
2017LPL 季军赛第四场 EDGvsDMG	298 字/分	272 字/分	305 字/分
2017LPL 季军赛第三场 EDGvsDMG	331 字/分	295 字/分	295 字/分
2017LPL 季军赛第二场 EDGvsDMG	315 字/分	263 字/分	304 字/分
2017LPL 季军赛第一场 EDGvsDMG	309 字/分	289 字/分	288 字/分
2017LPL 半决赛第四场 EDGvsRNG	322 字/分	276 字/分	313 字/分
2017LPL 半决赛第三场 EDGvsRNG	297 字/分	305 字/分	297 字/分

（5）解说情感的表演性。

电子竞技解说员在解说过程中表达的情感并不一定是自身真实的情感流露，都带有一定的表演性。电子竞技比赛或紧张或惊险或刺激的场景很容易引发冲动，解说员需要始终站在理性的第三方视角解读赛事，通过控制自身的情感状态，使语言和动作表达充满表演色彩,根据比赛情况的高低起伏,调控比赛过程中解说的情感表达,从而营造出感染力极强的赛事氛围。

2. 电子竞技解说的作用

电子竞技解说是电子竞技赛事直播中对传播效果产生影响的重要因素之一,也是影响观众做出自己选择的重要因素,在电子竞技赛事直播中具有重要意义。

(1) 传播赛事消息,普及电子竞技游戏,有利于扩大电子竞技游戏的受众。

电子竞技解说中最基础的就是对比赛背景、比赛内容、比赛进程进行信息传达。而电子竞技观众并非都是游戏玩家,电子竞技解说不仅可以使一些刚刚接触游戏的玩家对各项操作以及规则有大致的了解,起到一定的导向作用,还可以将复杂难懂的游戏变得通俗易懂,将令人费解的游戏策略变得简单易懂,让游戏变得相对容易操作和理解,在普及游戏的同时还会有更多的人接受这个游戏,扩大游戏玩家范围,推动游戏运营。

(2) 解读赛事内容,提高电子竞技游戏的可观性,有利于推动电子竞技赛事的发展。

电子竞技解说不仅介绍赛制、队伍和每位选手的情况,在整个比赛过程中,除对游戏画面、游戏玩法、竞赛双方游戏操作进行叙述外,还需时刻对当前的赛势进行分析和预判,既避免了赛程的单调,又提高了电子竞技游戏的可观性,有利于推动电子竞技赛事的不断发展。

(3) 调动观众情绪,烘托赛场气氛,有利于调控电子竞技赛场氛围。

在大型电子竞技赛事活动中,不仅参赛选手的精神高度集中,现场或是观看直播的观众也会随着赛事的进程产生不同的心理反应。电子竞技解说员借助于网络评论、弹幕与观众进行交流,既可以感受到选手比赛和现场观众的反应,又能够感受和体会到场外观众的心理状态,便于及时灵活地掌握赛场气氛。在这种情况下,电子竞技解说也促进了比赛过程中气氛的烘托和渲染,将比赛推向一个又一个高潮,让观众充分感受电子竞技的魅力,并时刻充满紧张感,营造出积极和谐的比赛氛围。

1.2.3 电子竞技解说的基本原则

电子竞技解说的语言表达方式是口语,作为电子竞技赛事传播的中介,电子竞技解说员不能肆意发挥、自说自话,必须遵循一定的原则。

1. 服务性原则

电子竞技解说是一种语言服务,是为电子竞技赛事本身服务,也是为观众服务、为嘉宾服务。

一般而言,解说员的主要任务就是穿针引线。凡是牵涉具有一定难度的技术问题,都应该交由嘉宾回答,因为嘉宾往往是专家,他们要为自己所说的内容承担名誉上的责任。解说员与嘉宾共同服务广大受众,在此基础上,解说员还要对嘉宾提供即时服务,让嘉宾更好地发挥出他们的水平。在这种语境中的解说员不是明星,而是一个具有双重职责的服务员。

因此,电子竞技解说的服务性原则从解说员的角度看,可以简单概括为:受众满意第一,嘉宾出彩第二,自我表现第三。

2. 客观性原则

电子竞技解说的客观性原则主要体现在两方面,一是解说的内容要符合客观存在的事实,二是解说的形式要摒除个人主观成见,客观解读比赛。电子竞技解说员要做到把事实与意见分开,准确客观地描述比赛画面、信息,不隐瞒重要情节,不能过分渲染比赛胜负或掺杂浓重的个人色彩和个人倾向,要依据充分的数据和可靠的信息来源适当发表意见,不可空口白话。解说中可以迸发激情,但过于激动容易失去理智、理性,要注意点到为止。

3. 公正性原则

电子竞技比赛是一个自由竞争的过程,有冲突、有悬念,解说人员应该站在独立于比赛双方的第三方角度进行公正公平的报道,要在评论中持中立态度,对赛事持不偏不倚的中立立场。但在有本国选手参加的比赛的解说中,可以有适当的倾向性,但一定要把握好尺度。

4. 同步性原则

电子竞技解说的同步性原则是指声画同步,即解说员的声音与赛场画面同步。只有达到声画同步,才能让观众感受到画面的真实感,提高视觉形象的感染力。所以,解说员的解说进度要紧跟画面转换节奏,不能游离于画面之外,否则解说的声音就会成为直播画面的干扰噪声,妨碍观众观看比赛,甚至引起观众不满。

5. 娱乐性原则

电子竞技的观赏性决定了电子竞技解说的娱乐性,一场赛事解说固然要正规、严谨,但也要遵循娱乐性原则,在解说中不可严肃到底。电子竞技解说员要营造一种令人愉快的气氛,适当运用幽默的解说语言,但要注意把握幽默尺度。

1.2.4　电子竞技解说在电子竞技产业中的地位

如图 1-1 所示,随着社会电子竞技意识的觉醒,电子竞技解说正以一种前所未有的速度迅速发展,它是伴随电子竞技产业共同生长的衍生职业,是庞大电子竞技产业中极为重要的一环。电子竞技解说与电子竞技赛事息息相关,密不可分,电子竞技解说依托于电子竞技赛事,服务于电子竞技赛事,能够为电子竞技赛事增光添彩,吸引更多的受众关注电子竞技赛事。电子竞技赛事给解说赋值,解说给电子竞技赛事增值,优秀的电子竞技赛事一定不会缺少优秀的电子竞技解说。而电子竞技解说作为电子竞技赛事的官方发声者,不仅代表了自身的形象,同时代表着赛事官方的声音,给予受众视听欣赏的体验。所以,电子竞技解说是电子竞技产业、电子竞技赛事对外的"发声者",是电子竞技产业、电子竞技赛事的有力"推动者",在一定程度上还代表着电子竞技行业的外部形象。

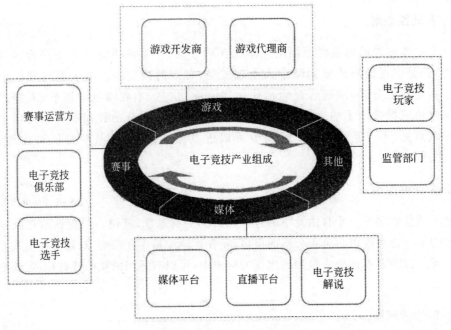

图 1-1　电子竞技产业组成

1.3　电子竞技解说的诞生与发展

1.3.1　电子竞技赛事解说的诞生

1. 电子竞技解说的诞生

　　早期的电子竞技比赛是没有解说这一明确职位的,电子竞技并不像传统体育项目那样拥有电台、电视台、报纸等媒体的报道与平台支持,更多的是通过网络传播。早期由于网络建设的普及度方面相对薄弱,玩家只能通过视频网站下载回放文件,通过游戏录像,学习高水平玩家和职业选手的操作,同时欣赏比赛,可供观众和玩家吸取的内容很少,观众普遍存在看不懂的情况。当下载录像成为多数玩家所选择学习和收看的主要方式以后,视频网站和内容制作者希望将更多的精彩内容传递出来,就出现了对录像进行二次加工的视频解说,于是诞生了很多优秀的视频制作者和视频配音解说,玩家通过这种讲解与教学类型的视频可以吸收的内容更加丰富。当电子竞技氛围稍有起色后,国内一批有电子竞技梦想的工作者也开始尝试现场赛事的制作,此时由以往的视频解说过渡到现场解说,然后直接通过录制现场 VOD 进行分享的流程,因为现场解说对个人素质的要求较高,所以催生了解说行业的新时代。

2. 解说与赛事的成长

电子竞技赛事是推广游戏、增加游戏寿命、增加游戏消费的重要手段,而解说则是电子竞技项目的代言人。解说的品牌价值体现在解说的外形、气质、个性、风格、谈吐,正面的自身形象体现的是产品的形象。与此同时,拥有对赛事内容的深度了解,对游戏内容的精确把握能够给观众带来更多游戏与赛事内外的知识传递,对打法与战术等专业内容的科普与解读能够让观众拥有更好的观赛体验。在此基础上,电子竞技解说与传统解说出现了另外一个不同点,电子竞技解说的定位更像是艺人,而不是传统解说员,需要更多地打造个人品牌与个人特色,依托电子竞技解说的身份进行更多的个人话题传播,为产品带来更多的有效内容。

1.3.2　电子竞技赛事解说的发展

1. 电子竞技赛事解说的萌芽期

2003—2010 年,电子竞技解说还处于生长的萌芽期。由于电子竞技行业体制不够完善,在电子竞技解说方面需要投入的人力和资源非常少,最初甚至没有把电子竞技解说当成一个单纯的职业,而是由从业人员在平时工作的同时,偶尔客串解说的工作,其中具有代表性的是海涛和周宁。而在培养孵化解说方面,投入的招募费用和报酬更是少之又少,而电子竞技解说的核心输出内容是专业的游戏解读,早期对发音吐字的要求并没有电视台主持人的要求那么高,所以游戏水平高的人成为另外一股电子竞技解说的主力军,例如以游戏爱好者为代表的 Friend、大师,以职业选手为代表的 117、魔术杨。

2. 电子竞技赛事解说的转折点

2010—2016 年,电子竞技解说进入发展期,早期因为直播条件的不成熟和观看渠道的限制,很多赛事无法进行直播和转播,比赛只是单纯地决定输赢。在这些方面得到了改善后,更多的电子竞技比赛有机会得到关注,并可以展现在观众面前。2010 年以前,电子竞技赛事以硬件厂商举办的第三方赛事为主,解说并非官方人员,个人影响力较弱,此时赛事解说得到了更多的重视,各大游戏厂商开始孵化官方解说,注重解说的培养。观众的认知也在不断提升,早期社会对电子竞技解说、选手的接受度较低,需求较少,也没有进行商业变现的能力。随着视频解说和门户网站的兴起,大众慢慢接受了电子竞技这一新生行业。较长时间以来,解说不是电子竞技赛事的必需品,解说影响力弱,观众接受度低,也很难催生商业的经纪公司。此时出现了小苍、小智等以攻略视频为主要内容的视频解说,退役选手、战队教练依旧占据着高竞技水平解说席位,代表人物是 joker、笑笑,而此时也慢慢出现了专职赛事解说的身影,代表人物是娃娃、米勒。

3. 现今的解说生态

随着网络技术的不断发展,家用计算机和智能手机的普及催生了《英雄联盟》《DOTA》《王者荣耀》等火爆的竞技游戏,与之同步产生变化的是电子竞技解说的生态。

2013 年左右,电子竞技解说经纪公司开始不断成立和兴起,包括 2013 年成立的七煌、2015 年成立的香蕉计划、2016 年成立的综皇和 VSPN 等。2013 年出现的还有斗鱼直播、龙珠直播等直播平台,直播平台在提供变现渠道的同时推动了赛事的发展,推动了游戏主播的发展,而随着赛事的规模和影响力越来越大,赛事选手、主播、解说的影响力也越来越大。

此时的网络经纪公司核心艺人与业务也发生了转变,更多地将核心业务转变为职业选手与游戏主播,退役的选手和当红的游戏主播具有非常高的变现能力,而官方的赛事解说成为产品不可缺少的形象代言人,拥有了与传统体育解说员更多的相似属性,但因为电子竞技行业的特殊性,赛事解说依旧更加偏向艺人方向发展,在扩大赛事影响力的同时提升自身影响力。游戏主播的代表人物有旭旭宝宝、张大仙、骚男、囚徒等,退役选手的代表人物有月夜枫、PDD、若风等,赛事解说的代表人物有小色、白鲨、长毛、泽园等。

1.4 电子竞技解说与传统体育解说的异同

由于电子竞技和体育运动同属体育范畴,其电子竞技解说与传统体育解说必然存在共性。电子竞技作为一种刚刚被承认不久的新兴体育项目,虽然电子竞技解说在不断向体育解说学习,但其固有特点仍存在与传统体育解说的不同之处。

1.4.1　电子竞技解说与传统体育解说的相同之处

1. 解说的基本原则大致相同

不论是电子竞技解说还是传统体育解说,都必须遵循叙述客观公正、解说与画面同步等基本原则。解说员的解说必须遵守职业守则,忠实于比赛事实,在高度真实的基础上保持中立原则,做到公正公平,将过多的个人情感色彩置于比赛之外。也就是说,一个成功的解说员必须站在中立的角度解说和评价赛事,不能带有明显的感情倾向,不能有负面的情绪流露。

2. 解说基础与目的基本一致

做好体育解说或电子竞技解说最基础的要求就是拥有坚实的专业知识基础,任何一名备受观众喜爱的解说员必须精通专业知识,他们解说的目的都是描述、解释、评价具体的比赛情况以及普及赛事的相关知识。

3. 解说过程都具有随机性

不论是传统体育比赛还是电子竞技比赛都是竞技性的,赛事可能遵循老规则,但每场比赛都会不一样,其发展过程与胜败结果都是充满未知和随机性的。如篮球比赛,篮球解说员在赛前并不知道球队的比赛战术、场上是否有犯规情况、是否有换人等。同样,在电子竞技比赛中,电子竞技解说员在开赛前无法知道双方对阵容的选择以及参赛队伍在战术体系上的变化等。

4. 解说员都需要调控现场气氛

传统的体育赛事和电子竞技赛事都具有娱乐性。而解说员作为直接和观众交流的主体,当遇到赛场平稳或冷场时,都需要解说员调节现场气氛。解说员利用语言的趣味性和画面良好的互动补充带动现场情绪,让观众从情感和艺术上都获得良好的观赏体验,带给观众更多的满足和快乐。

1.4.2　电子竞技解说与传统体育解说的不同之处

1. 解说语速不同

电子竞技运动是选手运用手指在键盘或屏幕上进行操作,传统体育运动则是运动员在器械或技术上的比拼与对抗。由于传统体育运动需要通过身体运动推动比赛发展,并且比赛场地大小必然远远超过手机或者电视屏幕,它的运动反射时间比电子竞技运动更长。所以体育解说员有充足的时间进行运动场面描述,语速比较平稳缓和。而电子竞技运动由于对抗双方都是虚拟角色,它们发生对抗或团战时,选手使用技能迅速,电子竞技解说员对画面场景的描述时间就显得仓促,语速比较急速多变。

2. 解说维度不同

传统体育解说是一维的解说,即描述赛场上发生的事情,是对运动员本身的描述。而电子竞技解说则是二维的解说,因为不仅需要描述屏幕中虚拟人物之间的行为,还要关注选手的操作方法和思维方式。这对于电子竞技解说来说也是一个不小的挑战。

3. 解说侧重技能不同

在掌握基本专业知识的条件下,电子竞技解说的重要技能是描述表达和带动观众情绪,让观众听得清楚,为电子竞技赛事起到加分作用。而传统体育解说侧重的是分析讲解,描述表达较少。虽然电子竞技游戏中也有策略元素,但没有体育运动那么多变,多数观众不通过讲解也能看得出来。

1.5 电子竞技赛事解说的选拔和培养机制

现有的电子竞技赛事解说员都是经过了层层选拔、培训及考核,才走到了大屏幕前的舞台。

1.5.1　电子竞技赛事解说的选拔机制

目前的解说来源有前职业选手、游戏爱好者、视频作者、从业人员、电视台主持人、传媒院校培养的科班解说等。

现在选拔方向开始更多地向传媒院校科班解说转变,通过校园解说大赛、高校宣讲会、解说青训营等渠道展开。

校园解说大赛在各城市和高校举行,通过活动、奖金以及官方签约吸引潜在用户参加,通过解说比赛的形式确认潜在用户是否合适。

高校宣讲会针对传媒学院举行,通过校内宣传吸引有潜在意愿的学生参与宣讲会,向学生讲解招募相关事项并收集简历,会后进行面试筛选。

解说青训营是由官方或者第三方经纪公司举行的解说选拔活动,旨在招募潜在解说新人,并提供专业训练和指导,通过培训和实战演练筛选符合条件的解说员。

1.5.2　电子竞技赛事解说的培养机制

1. 高等院校培养

在我国的高校解说培养过程中,西安体育学院、广州体育学院、吉林大学等曾开设过体育播音主持专业;传统播音主持院校,如中国传媒大学、浙江传媒学院、南京艺术学院等也开设了播音与主持专业;而电子竞技解说专业近几年在本科类院校中,有上海体育学院开设的电子竞技解说专业,中国传媒大学南广学院开设的播音与主持专业(电子竞技解说与主播方向)。高校是否能培养出优秀的解说员?传统播音专业所学习的有稿播音与解说所需要的无稿播音的关联性其实并不强,相对于优秀的口语表达,解说更需要博览群书,知识储备要充足,知识面要广,要有自己独特的见解和看法,所以高校培养电子竞技解说的道路任重而道远。

2. 培训机构培养

培训机构是由电子竞技行业内部的资深人士创办,旨在帮助高校毕业的、没有实践经验的学生从电子竞技解说业内人士的视角加强游戏理解,加深行业认识,打造解说风格,学习电子竞技爱好者、电子竞技从业人员、退役选手所需要的关于电子竞技解说方面的普通话口语、上镜仪容仪表、采访与主持等关于播音主持方面的知识。

3. 解说在职培养

在满足电子竞技解说的选拔标准并成功被招募以后,内部培训是将理论知识和解说实训相融合,提升解说水平最快的方式。通过理论课程帮助解说员增强游戏知识,提升自身游戏竞技水平,加强个人对游戏版本、战术技法、装备道具等的理解。通过从业人员的课程迅速了解行业动态,增强个人对于行业新闻、俱乐部变动、选手和教练等周边信息的关注和了解,再通过理论知识的学习进行实践,模拟优秀解说的赛事视频,学习优秀解说在解说流程、内容呈现等方面的优点,最后定期进行自我总结,归纳自身优缺点,设置成长曲线,针对不足进行专项补充。

4. 电子竞技解说培养体系

电子竞技解说的培养体系分为 4 个方面。

解说的个人定位:认识到自己的优劣势并进行自身定位,找到自己最核心的竞争力。

解说的人设塑造：根据个人定位找到职业标签，塑造大众形象，增强用户记忆力。解说输出的内容：依托各推广渠道制定内容输出标准，持续输出个人能力，提升个人影响力。解说的推广渠道：结合自身优势和资源制定推广方向和策略，拓展品牌营销与传播渠道。

明确个人定位：对解说的各种属性进行拆解分析，找到解说最关键的兴奋点，将解说的核心竞争力模块与外部环境和用户接受度进行匹配，找准易传播点。区分解说目前的优势与能够触及的资源，找到具有核心竞争力的部分。

打造个人人设：个人人设的内容等同于给用户带来的形象，包括个人形象，如外貌、身材、局部形象、服饰穿着；性格特征上给人的印象，如幽默欢乐、可爱俏皮、严谨冷静、热情仗义等；身份特征带来的特色，如出生地、学历、职业、荣誉奖励；解说特征上的个人符号，如语言特色、专业特色、临场反应。

输出内容要满足用户需求，在赛事解说的同时也拥有其他输出渠道、个人形象特征的输出、自媒体的个人状态更新、游戏攻略内容、英雄教学、上分攻略、大神操作、技巧教学、战术教学等；评论分析内容的产出包括赛事赛报、赛前预测、比赛复盘、战队点评、版本点评；电子竞技娱乐方向的内容包括趣味集锦、游戏吐槽、电子竞技真人秀、传统媒体合作、电影及微电影。

推广渠道要建立市场资源，加强赛事活动的曝光，参与各类电子竞技论坛、发布会、分享会提升个人认知度。游戏社区传播将解说作为游戏赛事或内容的传播点，在游戏内进行曝光，通过游戏官网、助手、部落等渠道进行解说内容的分发和推荐。入驻直播平台，寻求直播平台的宣传资源。个人粉丝和自媒体运营，培养个人粉丝，进行粉丝等级管理，促进粉丝二次传播，通过图文类自媒体及视频类自媒体输出内容。游戏媒体宣传，加入游戏论坛中话题的发布和讨论，增进玩家交流，通过游戏媒体进行新闻发布和推荐。

 1.6 电子竞技解说的价值与发展趋势

1.6.1 电子竞技解说的价值

近年来，随着电子竞技产业的不断成熟和规范，电子竞技解说作为其中的一个重要组成部分也随之逐步壮大，迅猛发展。不论是电子竞技解说员数量的增加、行业影响力的提升还是其受众数量的增多，其创造的社会价值、经济价值和文化价值等都值得人们对其进行思考与探究。

1. 社会价值

电子竞技解说是电子竞技赛事的重要传播手段，就电子竞技解说的内涵来说，其追求卓越、超越自我、团队协作、公平公正等精神与传统体育解说的精神是一致的。随着电子竞技解说的不断完善，对丰富和发展电子竞技项目、拓展电子竞技精神有着独特作用。同时，电子竞技解说还满足了人们多元化的社会生活需求，不断丰富人们的娱乐活动，拓展电子竞技文化生活，增进情感交流。可以说，电子竞技解说的娱乐消遣功能对于增进社会交往、改善人际关系有重要意义，对促进社会关系的和谐有推动作用。

2. 经济价值

电子竞技解说依赖新媒体技术，能刺激相关产业的发展，带动国民经济的增长，其所创造的经济价值也越来越受到人们的重视。

电子竞技的媒体平台、游戏类型、赛制的多样化，加之解说内容、方式等方面的多类性，解说人员的个性直接影响了解说的风格。结合网络流行文化的推动作用，电子竞技解说也能产生和电子竞技赛事本身同等的影响力，甚至提升电子竞技游戏的影响力。衡量解说的影响力与商业价值时，一般从两个方面考虑：一是网络直播的累计在线人数，二是视频的播放次数。电子竞技赛事或节目既能以电子竞技与解说本身的魅力吸引观众，又能持续产生后续的商业价值——视频播放仍然可以创造点击量。而后续价值的生产，很大部分得益于解说人员极富个性化的解说风格及粉丝效应。另外，随着网络的发展，电子竞技解说员越发"网红"，收到大量资金支持的直播平台开始高薪签约知名电子竞技解说。明星解说员在获得巨额签约费用的同时开始发展副业，为电子竞技解说行业带来了许多衍生品，如广告代言、开网店、参加商业活动等。

3. 文化价值

传递电子竞技信息和带动娱乐是电子竞技解说在传递过程中带给受众的两个最大价值。解说是电子竞技信息必不可少的载体；而解说中的娱乐则构成了电子竞技生态特有的属性。在电子竞技解说的言论中，解说员的言谈举止所体现出的人生观与价值观都会对观众产生无形的影响。而观众通过电子竞技娱乐活动既能享受生命个体在挑战自我得失成败过程中的内在乐趣，又能缓解精神疲劳，促使现实生活中的压抑情绪得到释放与宣泄。电子竞技解说在表现电子竞技固有的精神价值、推动电子竞技发展的同时，也提高了人们的认知水平和主动参与意识，最终在陶冶人性的文化高度实现升华，使文化价值得到了最大程度的发挥。

1.6.2 电子竞技解说的发展趋势

电子竞技解说是在电子竞技发展下应运而生的产物，它的规范和成熟是一个长期的过程，前景也越来越受到人们的关注，其健康发展不仅需要国家和政府通过法律和制度进行规范化管理，也需要行业人士构建健康和谐的电子竞技解说体系，以满足受众的身心需求。

1. 专业化发展

随着信息技术的高速发展，电子竞技赛事举办的频率不断提高，不仅电子竞技赛事的筹备、规划日益专业化，赛事直播也更加专业化，这为电子竞技解说走向专业化提供了发挥的舞台。另一方面，电子竞技观众不仅数量急剧增加，其观赏水平也在不断提高，许多观众不仅是电子竞技迷，甚至是某个电子竞技项目的专家，他们对电子竞技游戏的发展情况和规则了如指掌，对专业选手的操作细节如数家珍，甚至对其生活小事也略知一二。面对如此"专业"的观众，电子竞技解说员也必须提高专业水平。

2. 规范化发展

伴随着社会电子竞技意识的觉醒,电子竞技解说行业逐渐与其他传统行业开始进行更多的跨界合作。而在电子竞技产业蓬勃发展的当下,不少高等院校也都开设了电子竞技解说与直播的专业方向或课程,甚至开设了电子竞技播音主持专业。电子竞技专家学者也在致力于构建科学合理的电子竞技解说传播体系,规范解说队伍的制度化和正规化,以引领电子竞技解说的规范化发展。

3. 个性化发展

电子竞技讲解词不能千篇一律,为满足受众的多样化需求,解说员必须有自己的解读个性。虽然个性化一直都存在,但随着观众对电子竞技娱乐本质理解的深入,观众对个性诉求的解说会有更高的要求,而且个性化能给受众提供比较和选择。所以,电子竞技解说员要根据自己的天赋特性、爱好和天生优势制订不同于他人的解说策略和解说方法。此外,解说员可以借助个性对电子竞技赛事解说贯通中华文化,敲开受众的灵性之门,带给他们身心愉悦的享受;还可以对电子竞技赛事的人文内涵进行创新发掘,对操作思路加以个性科学的解释,让受众在赏析期间受到知识与思想的熏陶。相信每一位电子竞技解说员都希望能借助于个性化的表达塑造独特的解说风格,打造一种与众不同的解说效果。

第2章

电子竞技解说的职责与素质

2.1 电子竞技解说的角色定位

"角色"一词源于戏剧(戏剧角色指演员在舞台上按照剧本的规定所扮演的某一特定人物),最初是由拉丁语 rotula 派生出来。1934 年,美国社会学家米德(G.H.Mead)首先将角色的概念用来说明个体在社会舞台上的身份及其行为,之后角色理论逐渐成为社会心理学理论中的一个组成部分。角色是一个抽象的概念,不是具体的个人,本质上反映一种社会关系,具体的个人是一定角色的扮演者。

"社会角色"是指个体在特定社会关系中与其社会地位、身份相一致的一整套权利、义务的规范和行为模式的总和。在社会生活中,每个人的社会角色都不是单一的,在不同的情境和社会关系中,同一个人可能扮演着不同的社会角色,承担着不同的责任。一位已婚的大学女教师,对其父母来说是女儿,对其丈夫来说是妻子,对其子女来说是母亲,对其学生来说是老师。所以,角色是与情境和关系密不可分的,在不同的社会场景中,每个人都要找到自己的角色定位,遵守相应的行为规范,承担起相应的责任。

电子竞技解说就是一种社会角色,这个角色是复杂的,融合了不同社会角色的特点,同时也具备自己独特的定位。

2.1.1 电子竞技教师

电子竞技赛事本身就具有教育意义,从这个角度上看,电子竞技解说其实也是一位教师。教师是人类社会最古老的职业之一。韩愈的"师者,所以传道授业解惑也"是我国最早对教师的定义。传播道理、传授学业、为人师表、答疑解惑即是对教师专业角色的定义。在社会发展中,教师是文化科学知识的继承者和传播者,承担着知识传递的功能,负责将学科知识教授给学生,进行知识的复制。在教育过程中,教师是教学过程的组织者、课堂行为与学生效果的评价者,负责引导、帮助和促进学生的成长。

电子竞技解说可以说是观众的电子竞技教师,他们为观众提供电子竞技比赛及选手、战队或俱乐部的背景资料,讲解游戏进度,帮助观众理解画面,解读操作技巧,让观众不仅看游戏热闹,也能看出游戏门道,学到电子竞技游戏知识。

学校里,学生学科知识水平的高低在很大程度上受教师知识水平的制约。如果教师在课堂上对教材分析不透,对知识重点、难点分析不清、把握不准,那么学生就很难有所收获。同样,在游戏对抗中,观众对游戏比赛的理解程度在很大程度上也受电子竞技解说的影响。

另外,电子竞技解说在对电子竞技比赛进行解说时,还会有意无意地将自己的价值观传达给观众,这种价值观可能会对受众造成一定程度的影响。所以,一个电子竞技解说会在无形之中充当价值观导师的角色,这就要求解说员严格要求自己的言行举止,做好表率。

2.1.2　媒体记者

广义的媒体记者泛指新闻行业中的所有从业人员,即一切编辑人员和采访人员,包括采写员、编辑、推广专员、广播电视播音员、广播电视节目主持人等各个环节的工作人员,他们的主要工作是通过一定的新闻手段,以传播新闻为主要方式,以反映和影响舆论为主要目的的一种社会活动。

电子竞技解说的工作性质更接近于媒体记者,他们将赛况事实反映给观众,把握比赛细节,采访选手、教练,传播电子竞技赛事新闻信息。那么,电子竞技解说既然享有媒体记者采访和报道的权利,就有义务遵守职业操守与报道准则。联合国新闻自由小组委员会制定的《国际新闻道德信条》草案第四条规定:

描述及评论另一个国家事件的人,有责任获得这个国家的必要知识,确保自己做出正确公正的报道和评论。

而《中国新闻工作者职业道德准则》第四条对"维护新闻的真实性"也有如下规定:

采写和发表新闻要客观公正,不得从个人或小团体利益出发,利用自己掌握的舆论工具发泄私愤,或做不公正的报道。

电子竞技解说所面向的是各行业、各年龄段的观众,不同层次的观众利益不一、意见各异。解说员在解说中坚持客观、公正、真实,既可以为电子竞技赛事争取到最为广大的观众群,又能增加电子竞技赛事的可信度和公信力,从而给电子竞技赛事、媒体平台带来良好的经济效益和社会效益。而且,坚持客观公正公平的原则还可以减少解说中的错误和偏见,避免不必要的纠纷。

2.1.3　情感演员

演员是指专职演出或在表演艺术中扮演某个角色的人物,分本色演员和性格演员,他们扮演的是某个角色的外貌形象、行为举止。电子竞技解说也可以说是演员,是一种情感演员,随着比赛的进度调节语气、语调和语速;随着比赛形势的变化调节情绪、变换情感表达。

电子竞技解说在解说赛事时不能用一成不变的语气叙述、评论比赛,他们的语速需要跟随比赛的节奏而定。例如在《QQ飞车》这种快节奏的项目中,对解说员的有声语言转换要求很高,在面对高速变换的画面时,必须保持高速的画音转换,否则就会产生遗漏。而对于《炉石传说》这种慢节奏的项目,对解说员的语速要求比较低,解说需要用比较多的话题填补空白时间,因为画面所呈现的信息量有限,所以需要解说员的想象与预测等。而我们看到的更多主流电子竞技项目,例如《DOTA2》《英雄联盟》《绝地求生》的比赛节奏则是快慢结合,所以对解说员提出了不同的要求,既需要解说员在平静的对线时期娓娓道来,也需要解说员在团战时期激情澎湃。比赛中的语速快慢只能根据比赛实际情况而定,灵活的转换和调整是解说员的较高境界。

所以,电子竞技解说必须提高表演能力,才能吸引观众,满足观众的观赏需求。

2.1.4　电子竞技观众

观众是观看和欣赏电子竞技比赛的人,主要分为现场观众和媒体观众两大类。他们可能是电子竞技游戏迷,也可能是电子竞技选手的粉丝。不论是哪一类观众,他们的支持是电子竞技赛事发展的坚实基础。如果没有观众,电子竞技赛事就会失去赖以生存的环境。观众促使电子竞技赛事越来越规模化、专业化和规范化,推动了电子竞技赛事的不断发展和完善。

当一个电子竞技解说员把自己的角色定位成一个观众时,往往会在无形之中拉近与观众的距离,其描述与评论的语言也就更加简单明了,既易于观众理解,又会让观众备感亲切,使观众在观赛中身心得到放松,从而达到观看比赛的目的。

但需要注意的是,作为一个纯粹的电子竞技迷、一个纯粹的电子竞技选手的粉丝时,真正的观众可以畅所欲言、哭笑随情,几乎不受约束。但是电子竞技解说员不是真正的、完全的观众,为保证解说内容的公平公正,必须保持应有的克制。不能因为情绪激动而将自己作为电子竞技迷的一面展现给观众,这样极容易影响解说内容的客观性。而且电子竞技解说代表的是赛事承办方、传播媒体、直播平台,面向的观众来自全国各地,甚至是世界各地,所以解说员必须控制自身情绪,保证解说言论的公平公正。

2.2　电子竞技解说的角色功能

电子竞技解说是连接观众与屏幕的桥梁,是电子竞技赛事精神的弘扬者;是电子竞技教师,是媒体记者,是情感演员,也是电子竞技观众。一职多角色的电子竞技解说同样有着众多的角色功能——教育功能、传播功能、娱乐功能和社会功能。

2.2.1　电子竞技解说的教育功能

电子竞技解说员的角色之一是电子竞技教师,自然就有教育功能。解说员用自己的语言将电子竞技比赛的知识讲解出来、道理表达出来,使观众在欣赏娱乐比赛的同时获得电子竞技知识,思想受到启发和鼓舞,进而坦然面对现实人生的比赛。

1. 讲解知识功能

电子竞技赛事的观众具有广泛性,既有对电子竞技比赛非常熟悉的电子竞技迷,也有对电子竞技比赛不甚了解的陪同观众。所以在电子竞技解说中,解说员需要根据比赛的进程适时地向观众传播比赛相关信息和知识,使其消除对比赛的困惑与疑问,从而更好地欣赏比赛。解说员需要传播的知识一般包括比赛性质、选手介绍、游戏术语、技术特点,以及与比赛相关的国内外人文、地理、历史以及赛事预告等。

解说时,解说员不仅要描述操作、说明战术运用、分析赛场上的纠纷疑点,还需要对选手操作后果进行评价,揭示他们的行为与比赛进程的关联效应,或适当地提出相关的改进意见。需要注意的是,电子竞技解说讲解知识的前提是其掌握相关知识并且要保证这些知识的正确性。同时,知识的讲解要与游戏项目的普及程度相结合,对普及程度高的项目要介绍更深的专业知识,对不为多数观众熟悉的项目要介绍普及性的专业信息。

2. 启迪思想功能

电子竞技解说员通过讲解和评论普及电子竞技知识描述游戏现象,揭示游戏中的规律,使具备一定水平的观众进一步了解电子竞技的乐趣所在,不仅在娱乐中学到了电子竞技知识,还可能学到一些道理,思想上也受到一定的启发。

宋代的朱熹曾说过:"读书无疑者。须教有疑,有疑者,却要无疑,到这里方是长进。"而在解说中,电子竞技解说员会在无意中营造一种解惑答疑的氛围,创造一种思维情境,触发观众对疑问的思考,无形之中为诱发观众的悟性提供契机,进而有可能开启观众的悟性——对错误电子竞技知识的醒悟,对操作技巧、方法的感悟,对团战战术的领悟。

2.2.2 电子竞技解说的传播功能

1. 信息传播功能

电子竞技解说员的角色之一是媒体记者,而记者本身就是一个信息搜集者和传播者,他们搜集赛事现场信息,并将信息整合后告知观众,达到信息传播的目的。所以,电子竞技解说在一定意义上就是与比赛同时进行的新闻现场报道。

传播信息是电子竞技解说的基本功能,也是解说的基本目的之一。一场电子竞技赛事会涉及大量技巧、战术、规则以及背景等方面的知识和信息,这里的"信息"一般是指那些与比赛相关的、不为多数观众所了解的、能帮助观众更好地欣赏比赛的信息。观众对比赛相关信息了解得越多,观看比赛的体验就越好。这种信息的传播主要包括事实性信息和意见性信息。

事实性信息是指对客观事物所做的客观、公正、准确的报道和反映,如电子竞技赛事的背景信息、参赛人员相关信息等。这些信息的传播要求电子竞技解说员真实、准确地报告给观众,让观众了解会对比赛产生影响的相关信息。

意见性信息是指对赛事的观点见解、立场态度。这种信息的传播要求电子竞技解说能够就赛场上的变动提供富有见地的观点和意见,以满足观众了解比赛过程变化前因后果的欲望,而且能对观众进行引导。

2. 情绪传播功能

情绪情感是人与人交往中的重要因素之一,而且情绪是可以传染的,强烈的情感,尤其是负面的情绪更容易传染。情绪传播也是电子竞技解说表达的一种方式,因为电子竞技比赛的即时性和悬念性,观众在观看比赛时都伴随着紧张的心理状态,情绪会随着比赛的进展而波动较大。解说员置身其中被现场气氛所感染,情绪化的传播在所难免。所以,电子竞技解说并不存在真正意义上的"绝对公平",解说员在解说中往往掺杂着个人情感,并在表达中透露出个人的倾向性。因此,电子竞技解说要将比赛过程和情绪融为一体,适时表达情感,将快乐的情绪传播出去,疏导观众的悲伤情绪,让电子竞技解说更显自然、更有张力。

首先,电子竞技解说在传播活动中具有引起观众情感共鸣的作用,他们能够提供给观众某种感情上的慰藉,以满足观众的精神和情感需求。如在国际电子竞技比赛中,电子竞技解说就会明显地站在本国观众的立场,因本国选手的获胜而兴奋,因本国选手的失利而沮丧,这一点也恰恰迎合了观众的心理,使观众在观看比赛时能产生强烈的共鸣。

其次,电子竞技解说在传播活动中具有调节观众情感的作用。有时候比赛结果并没有达到观众的预期要求,他们的情绪会消沉,这时就需要解说员及时调动和调控观众的情绪,运用语言渲染情感,对电子竞技比赛进行升华,引导观众感受电子竞技中的人文精神,从而获得观赛的愉悦体验。

3. 形象传播功能

电子竞技解说的形象传播功能主要包括三方面:选手形象、解说员形象和国家形象。

观众对选手的外部形象可能早已熟悉,这里的选手形象是指在电子竞技解说中,通过解说员生动的语言描述、形象的技法点评可以让观众感受到选手的竞技形象。这里要注意的是,解说员在描述选手形象时切不可掺杂个人情感,过分美化或诋毁选手都是有悖解说原则与职业道德的。

电子竞技解说的形象既包含外在形象(语言、外貌、表情、手势、体态、服饰、化妆等),又包含内在形象(性格、气质、风度、修养等),是外在形象和内在形象的融合。外在形象可以说是解说员音容形态、言谈举止、穿着打扮等外部因素在观众心目中的总体印象,它像一种无声语言在诉说和描绘着解说员的气质性格、文化修养等内在形象。当然,解说员的这种形象不是一蹴而就的,而是在长期的解说中逐渐形成的。

国家形象是指公众对于一个国家的整体印象的认知、反映和评价。在电子竞技赛事直播中,公众对我国形象的认识主要来自于选手与解说员,他们的言行举止都影响着国家形象。当我国选手发挥优异摘金夺银时,解说员既要表达自己的民族自豪感,也应该祝贺其他国家的获胜选手,由衷地尊重每一位选手,尊重他们的国家与人格,让世界各国的选手与观众都能感受到中国"礼仪之邦"的大国风范。

2.2.3 电子竞技解说的娱乐功能

电子竞技游戏本身就具有娱乐功能,而电子竞技赛事的紧张进程加上解说员的解读评论,自然会带给观众更多的刺激和娱乐享受。电子竞技解说通过结合游戏画面运用语言技巧,饱含情感色彩地解读电子竞技赛事,赋予赛事艺术和美的价值,满足观众在视听之中了解电子竞技游戏、看懂电子竞技比赛、放松心情、获得愉悦享受的需求。这个过程就实现了电子竞技解说的娱乐功能。

2.2.4 电子竞技解说的社会功能

一个优秀的电子竞技解说,必须有鲜明的政治、社会与大局意识。发挥解说的舆论导向与信息共享、认知共识、愉悦共鸣等社会功能,这是电子竞技解说的重要职责和任务。

1. 政治功能

国际性电子竞技比赛的胜负直接关系到国家的荣誉与声望,而选手在游戏中的表现和电子竞技解说的现场解说则能激起人们的爱国热情,也能让观众领略到顽强拼搏的电子竞技精神;获得国际性赛事奖牌不仅会得到国际的认可,更是提高了中华民族威望,振奋了中华民族精神。所以电子竞技解说可以通过赛事平台加强与国际电子竞技队伍、工作人员的交流,从而弘扬爱国主义精神和电子竞技精神。

2. 经济功能

经济功能是指电子竞技在社会经济发展中的各种能力,它也是电子竞技解说的一种间接功能。随着电子竞技赛事商业化程度的不断提高,电子竞技解说作为赛事直播的核心人物必然会参与到赛事营销和媒介营销中,利用恰当的时机进行展示和营销。目前,常见的营销方式有:电子竞技赛事直播中穿插各种广告、介绍游戏厂商的新产品或插播一些新网游的地址;解说员的服装、装备和一些植入性广告用品;开展互动性的竞猜类节目;解说员运营自己的淘宝店并向粉丝推销自己的商品等。

3. 文化功能

电子竞技赛事本身就是一种文化现象,比赛线下场地内外的风土人情、不同民族选手在赛场上的各种行为和价值观念,乃至电子竞技比赛中公平竞争、团结友谊等精神,处处透露着电子竞技文化。

电子竞技解说也是一种文化活动,是彰显电子竞技文化、电子竞技精神的重要途径。一方面,电子竞技解说员通过解说把赛事的状况、比赛中的精彩瞬间、竞技中的人文精神传递给观众;另一方面,电子竞技解说本身也是电子竞技文化活动的重要内容,既包括对电子竞技比赛中文化信息真实传递的要求,也包括对电子竞技解说自身的要求。可以说,电子竞技解说的文化功能既能深化解说的内容,又能提升电子竞技解说的精神价值,还能营造出电子竞技比赛高贵典雅的氛围。所以,电子竞技解说员是文化的讲述者、传播者,对不同文化起着传播、交流的作用。

另外，电子竞技解说员本身的语言、服饰、价值观念、宣泄情感的方式也在一定程度上体现着一个民族和一个国家的文化。

2.3 电子竞技解说的分工职责

2.3.1 控场型解说的职责

1. 分析台上的控场解说

在任何电子竞技解说组合中都不能缺少控场型解说。分析台的构成通常为控场、数据、嘉宾三种类型的解说。此时控场型解说的主要职责是控制场上的话题内容、话题时间、话题引出、话题总结，并在数据型解说进行数据介绍后与之合力进行分析总结，在嘉宾在场的时候提出高质量的问题与互动话题，利用嘉宾本身自带的明星属性和自带的话题进行话题引导，让观众听到他们最想了解的问题的答案。

2. 解说席上的控场解说

与分析台完全不同的是，解说席上的控场解说负责调动现场以及直播观众气氛，合理分配介绍每个队伍和队员的时间，设置悬念与设置观点对抗并进行话题引导，带动现场以及线上观众的气氛，熟练使用玩家耳熟能详的专业游戏术语，以此拉近与观众之间的距离；把控赛前介绍时间、对明星选手和其他队员的介绍时间，要在最短的时间内传递最重要的信息。

3. 赛场上的控场解说

进入比赛以后，控场型解说一般会根据比赛流程进行控场，电子竞技比赛项目如同传统项目是会有不同阶段的，传统项目例如足球、篮球也分为上下半场和几个小节，其具体属性都是相同的体育对抗，只有战术和队员体力会有不同，而电子竞技项目根据时间的推移和游戏的发展进程会有各个不同的阶段，例如前期对线期、中期小规模战斗、后期围绕大型资源的大规模团战等。在各个不同的阶段，控场型解说需要在不同的时间掌握比赛节奏，抛出不同的话题。例如在 MOBA 类游戏对线期，更多的是做分析阵容、解读地图和英雄的基本信息、双方的优劣势，而到了中后期更多的关注点就会转变为双方目前的战斗状态、视野布局与技能装备 CD、兵线的控制、双方阵容交战的预测。

4. 比赛暂停的控场解说

在电子竞技比赛中会出现突然的比赛暂停，可能是因为比赛现场选手或设备原因，此时画面会给到解说席或暂停画面。控场型解说在没有收到导播通知时不能指出任何现场问题，而是应该暗示或告知导播准备精彩回放和广告，此时应该继续回到游戏当中，对暂停前的比赛进行整体分析，对后续的比赛局势进行整体预测，列举其他比赛的例子或自己玩游戏时的打法,让观众先稳定下来。当导播给出现场原因或明示解说可以告知观众时,应首先解释情况,讲述切换画面的原因,告知比赛此时是否还在进行。当比赛还在进行且观众看不到画面时,应转换自身的定位,与描述型解说一起描述画面,让观众能想象到画面,准确挑选画面中最关键的内容。在暂停结束及画面切换回比赛以后,整体概括没有画面时发生的比赛内容,再进行分析。

2.3.2　描述型解说的职责

1. 解说席上的描述型解说

描述型解说本身的角色定位要比控场型解说更加专业,除了要对游戏内交战的场景进行描述以外,其对游戏的理解、对数据的精通、对地图的熟悉程度要比控场解说做得更加仔细。在比赛开始之前的聊天暖场环节,主要负责回答和讲解控场型解说抛出的问题,配合控场型解说做好话题的补充和深入讲解。对待数据型话题要具体到点,以实例展示版本之中因数据改动所造成的具体影响。科普型话题要尽量在词汇上少使用生僻术语,以让观众更好地理解。而分析型话题不要单方面认死理或者给话题盖棺定论,要从多方位解读,与控场型解说设置观点对抗。

2. 赛场上的描述型解说

在赛场上的描述性解说顾名思义更多地做的是画面上的描述,在对待描述上也要有选择的点,如何吸引观众,如何解读一场战斗以让观众能听懂、看懂是描述型解说应该做的。首先在一场战斗中,描述型解说应该与控场型解说提前预测战斗的发生和战斗的结果;在战斗开始时,描述型解说首先应该关注的是战斗的发起者,例如在 MOBA 类游戏和 FPS 类游戏中,战斗发起者拥有着“先手”的巨大优势,可以率先在对手没有警惕时发难,描述型解说应观察战场局势,闻到战斗打响前的火药味,找出地图中的战斗发起者。同时也要关注战斗前期队员身上的关键道具、对战场造成巨大影响的技能等情况,可以帮助解说加强判断力。关注战斗发起地点的地形对于战斗的影响,包括 MOBA 类游戏中的河道、大型资源点、野区、线上,FPS 类游戏中的掩体、地形高低、房型设计等。除此之外,还要关注战斗中核心队员的输出环境,各个队员之间位置的相互配合,如何为输出位置创造输出环境。描述型解说还要关注战斗中期的关键细节,战斗过程中有很多关键细节左右了整场战局,普通观众可能不会发现,作为描述型解说要及时发现并讲述细节的作用,理解选手选择某个做法的原因。在战斗结束后还要进行战损报告,对获胜方和战败方的收益、损失进行详细的报告。

2.3.3　分析型解说的职责

1. 赛场下的分析型解说

电子竞技比赛中的数据不是万能的,但解说员离开数据是万万不能的。尤其对于比较大型的电子竞技赛事,赛事运营方会提供实时的数据,并进行相应的更新和维护,幕后的赛事工作人员都会在比赛进行过程中给出当场的专业数据,分析型解说的主要职责是将对战双方战队的数据进行归纳、总结。除了赛事方给出的数据以外,分析型解说还要自行整理并收集数据。

2. 赛场上的分析型解说

在 MOBA 类游戏解说过程中,数据型解说要对画面周围的各项数据非常敏感,包括双方的经济、人头、补刀、大型资源刷新时间等数据要随着比赛的进行随时更新。数据在很多情况下会帮助分析型解说整理思路,衡量场上局势,但是也不能过度依赖数据,比赛场上存在着很大的变数,切勿直接下定论,并且很多选手的能力和价值不能完全通过数据体现,而场上的局势也不能完全用数据衡量。例如在变数较大的比赛中,如传统体育中的足球,在数据上占据主导的球队未必会夺得比赛胜利,在电子竞技 FPS 类项目中,装备精良、人员配备齐整的队伍也未必能战胜资源匮乏的队伍,所以分析型解说应该根据自身对于赛场上形势的理解和判断能力有选择性地传播数据,例如在《DOTA2》项目中经常出现人头优势较多,而经济反而落后的情况,那么"人头"这个数据统计的有效性就呈现负值,解说大可不必强调。所以分析型解说应该依靠数据,但不依赖数据,应该让数据成为自己的工具以帮助自己厘清解说思路。

2.4 电子竞技解说的素质要求

素质有狭义和广义之分。狭义的"素质"是指个人先天具有的解剖生理特点,包括神经系统、感觉器官和运动器官的特点,其中脑的特性尤为重要,它们通过遗传获得,故又称遗传素质,也称禀赋。广义的"素质"泛指整个主体现实性和未来发展可能性,即在先天与后天的共同作用下形成的人的身心发展的总水平。

我们要讲的素质属于广义的,它是先天因素与后天因素相结合而产生的,是一个人在社会生活中思想与行为的具体表现,也是一个人综合能力的体现,更是其日常积累的修养。而修养则是个人魅力的基础,是一个人文化、智慧和知识所表现出来的一种美德。素质是稳定的、潜在的、长期的基本品质、基本能力、基本观念。

电子竞技解说员必须提高自身素质,主要原因有以下两点。

1. 适应电子竞技发展的需要

随着社会的进步和科学的发展以及物质文明的不断进步,人们对娱乐方式的要求日益提高,电子竞技也在多元化地发展,电子竞技解说充满了竞争和压力。各种游戏的普及度及版本更新的速度对电子竞技解说的"个性化"要求越来越高,电子竞技解说角色在电子竞技产业中发挥着越来越重要的作用。而现在,观众对电子竞技解说的期望程度也越来越高,他们需要解说员用完美的艺术创造丰富人们的精神生活。为了适应新时期电子竞技工作的变化,电子竞技解说员必须提高自身的职业素养。

2. 本职工作的职业要求

电子竞技解说是电子竞技游戏的缩影,是观众了解电子竞技、认识电子竞技的一个窗口。而电子竞技解说员则是电子竞技知识的传递者、精神的传播者、美的创造者,承担着满足观众日益增长的精神文明需要的任务,通过生动形象的解说反映电子竞技赛事,把赛事解读上升到知识教育与艺术欣赏的层面,用积极向上的精神打动、激励、影响观众,他们具备怎样的素质将直接影响观众。这就要求电子竞技解说员拥有良好的职业素养,具备扎实的专业知识,涉猎丰富的学科领域。只有这样,电子竞技解说员才能在气质、语言、行为、神态上更好地驾驭解说,才能更好地完成电子竞技解说工作。

2.4.1　合格的政治素质

政治素质是一个人的政治方向、政治立场、政治观念、政治态度、政治理想、政治信仰、政治技能的综合表现,主要包括政治立场、政治品德和政治水平。电子竞技解说应具备良好的政治素养,学习政治理论,提高思想认识,既要有坚定的政治立场、鲜明的政治观点、丰富的政治理论以及强烈的社会责任感,又要积极宣扬先进的思想和优秀的文化,避免狭隘的民族主义。坚持用政治眼光看问题,从政治高度理解电子竞技,提高自身解说的政治品位和思想内涵,弘扬积极健康的电子竞技精神。

1. 坚定的理想信念

理想是一种思想意识,是人对未来事物的美好想象和希望,是人们在实践过程中形成的、有实现可能性的、对未来社会和自身发展的向往与追求,是一个人的政治立场、世界观和人生观的集中体现。信念是在一定的认识基础上确立的对某种思想或事物坚信不疑并身体力行的心理态度和精神状态,是一个人努力的方向和奋斗的目标,它强调的是情感的倾向性和意志的坚定性,是一种综合的精神状态。理想信念则是一个人的世界观、人生观和价值观在奋斗目标上的集中体现,也是衡量一个人精神境界的重要标尺。

理想信念是鼓舞和激励人奋勇前行的不竭动力,是成就事业的重要基础。可以说,没有理想就没有目标,没有信念就没有实现目标的动力。因此,一个合格的电子竞技解说应该拥有坚定的理想信念,树立科学的世界观、崇高的人生观、正确的价值观,既要胸怀大志,更要立足现实,对自己的现状永不满足,对未来解说不懈追求,振奋精神、克服困难,时刻充满做好解说的激情和活力,在平凡的工作中实现人生理想和价值。

2. 较强的法律、纪律观念

我国是一个社会主义法治国家,置身于社会的任何一个人都无权超越法律行事,应知法、守法、护法。个人的生活行为、创业工作均离不开一定的法律知识或法律技能。拥有认识和运用法律的能力是个人立足社会不可或缺的基本要素。

电子竞技解说要增强法制观念,必须懂法、守法,自觉养成法律意识,娴熟掌握法律技能,依照法律行使自己享有的权利和履行自己应尽的义务;遇到纠纷和争议时积极寻求法律途径解决,运用法律的武器维护自己的合法权利和利益;自觉主动抵制破坏法律和秩序的行为。

纪律是指遵守单位或公司的秩序、原则和履行职责的一种规范。一般常见的纪律内容有条令、条例、章程、制度、规定等,它是保证一个组织执行力的先决条件。只有加强纪律性,才能保持意识和行动的统一,才能完成工作任务。电子竞技解说要严肃对待纪律,做到维护纪律、执行纪律、严守纪律。

3. 正确的政治立场

政治立场是最高、最本质的人品,也是与个人利益相吻合的。对电子竞技解说来说就是与观众的关系问题及对待观众的态度问题。面对日趋复杂的国际、国内环境,在众声喧哗、莫衷一是的舆论场中,电子竞技解说要坚定政治立场。而且电子竞技比赛的胜负极易导致观众的情绪波动,解说员要站在政治的高度坚持正确的舆论导向和客观公正的报道立场,疏导观众情绪,避免不必要的争端。

4. 弘扬爱国主义精神

爱国主义是国人对祖国的一种高尚而深厚的感情,是对祖国的忠诚和热爱,多表现为民族自尊心、自信心、自豪感,它是中国人最基本的人格与国格,是中华民族不竭的精神动力和传统美德。

电子竞技作为一种文化现象,蕴含着丰富的精神内涵。电子竞技解说员既要具备良好的政治素养,还要引导正确的电子竞技舆论,将电子竞技精神升华为鼓舞人心的精神力量以感染观众,传播正能量,弘扬良好的社会道德风尚与爱国主义精神。

2.4.2 科学的思想素质

思想具有主导性,它支配着人们的行动,不同的思想会使人产生不同的行为。电子竞技解说要具有正确的与真善美一致的思想,才能不断严格要求自己,做好解说工作。可以说,一次优秀的电子竞技解说能直接作用于观众的思想、心理、情感等方面,影响着他们的人生观、世界观、价值观的形成。所以,电子竞技解说的思想必须健康、科学。

1. 掌握唯物辩证思维方法

辩证思维是唯物辩证法在思维中的运用,是指以变化发展的视角认识事物的思维方式,它指的是一种世界观,要求在观察问题和分析问题时以动态发展的眼光看问题。其基本规律是对立统一、质量互变和否定之否定,即对立统一思维法、质量互变思维法和否定之否定思维法。

电子竞技解说应该学习和掌握唯物辩证思维方法,树立科学的世界观,遵循对立统一的规律。在发表看法时运用适度的观点,避免极端主义;分析赛事进展情况时要运用联系、发展的观点,切不可孤立、静止地看问题。只有不断增强辩证思维能力,才能提高驾驭解说中的复杂局面、处理解说中复杂问题的能力。

2. 正确认识和处理个人与社会的关系

个人与社会是辩证统一、相辅相成的——个人是社会中的个人，社会是由个人组成的，个人与社会相互依存，密不可分。首先，个人生活在一定的社会之中，个人的存在和发展离不开社会。个人只有在社会中才能获得生存和延续的条件，也只有在社会关系中才能找到可以发展的途径。其次，社会是个人的集合体，社会的存在和变迁也离不开个人。任何一个社会的存在和发展都是个人与集体努力的结果，所有个人活动的总和构成了社会的整体运动与发展。最后，个人利益与社会整体利益相互依存。个人的权利、自由是在社会中获得的，个人享受的权利、自由与承担社会的责任、义务是统一的。

因为个人利益只有在集体中才能实现，所以处理个人与社会的关系应遵循集体主义原则，既要保证社会利益的优先性，又要保证个人利益的前提性，即以集体利益为重，尊重个人的正当利益。

总的来说，个人与社会的关系是人生价值观的核心问题。电子竞技解说要确立正确的人生价值标准，正确处理个人与社会的关系，把握尺度，抵制个人主义。

2.4.3 良好的道德素质

道德是人们生活的基本准则和规范。道德素质是指人在道德方面的内在基础，是人们的道德认识和道德行为水平的综合反映，既包含人的道德修养和道德情操，又体现人的道德水平和道德风貌，它是做人的根本。当人们进入工作岗位时，职业道德尤为重要。职业道德是社会道德在职业生活中的具体体现，是同职业活动紧密联系的道德准则、道德情操与道德品质的总和，它既是从业人员在进行职业活动时应遵循的行为原则与规范，又是从业人员对社会所应承担的道德责任和义务。

一个电子竞技解说必须具有良好的职业道德素质，而且只有同时具备优秀的思想品质和高尚的职业道德，才能成为一名称职的、被观众所喜爱的解说员。中共中央印发的《公民道德建设实施纲要》中提出了职业道德的主要内容是"爱岗敬业、诚实守信、办事公道、服务群众、奉献社会"。

1. 爱岗敬业

爱岗敬业指热爱自己的工作岗位与本职工作，以恭敬、严肃的态度对待自己的职业，工作刻苦勤奋、专心负责、忠于职守，为实现自己的职业目标而努力奋斗。爱岗敬业是职业道德的基础，是职业成功的重要条件。

电子竞技解说要提高自身职业道德修养，增强爱岗敬业的意识。因为，对解说工作的热爱和勤恳负责的态度是成为一名优秀电子竞技解说的前提条件。有了强烈而持久的热爱才能全面深入地掌握解说的游戏项目，才能保持解说工作的热情，最大限度地调动情绪、投入情感，将赛事中的精彩传递给观众。做好电子竞技解说工作凭借的是孜孜以求的精神。日常中，解说员需要搜集解说资料，要去电子竞技选手训练基地观察生活，采访教练、选手，了解他们的内心世界，寻找解说灵感与素材。如果没有执着的敬业精神、认真负责的态度和勤恳细致的准备，那么解说员是无法顺利完成这项工作的。

2. 诚实守信

诚实守信就是实事求是地为人做事,是中华民族传统美德的一个重要规范。诚实,即不说谎,不作假,是为人之本;守信,就是讲信用,守承诺,是立事之先。"诚实守信"是职业道德的最基本准则,要求从业人员在各自的职业中培养诚实守信的观念,忠于自己的职业,信守自己的承诺,它是衡量一个人品德优劣及人格高低的标尺之一,也是赢得他人尊重的重要条件之一。诚实守信会树立良好的形象,得到公司、观众的认可,在竞争中获胜;失信就会损坏自身形象,失去发展机遇,在竞争中被淘汰。

电子竞技解说员为人要有信用、讲信誉。在讲解中,对观众提出的疑惑和问题,要客观、准确地给予解答,模糊不清的问题不要轻易下结论;要注意保护选手和战队的隐私,不可把选手或战队的私密技法公之于众。同时要忠诚所属公司,维护公司的信誉,保守公司内部信息与商业秘密,把公司的利益放在重要位置。

3. 办事公道

办事公道是指处理各种职业事务、问题时要站在公正的立场上,以国家法律、法规、各种纪律、规章以及公共道德准则为标准,对不同的对象一视同仁、不偏不倚、公平合理地秉公办事;不因职位高低、贫富、亲疏而区别对待,不谋私利、徇私情,不假公济私等。

电子竞技解说要做到办事公正公道,完整、准确、如实地报道赛事信息,不隐瞒歪曲,不弄虚作假。首先要追求真理与正义,有正确的是非观。不能仅凭自己的喜好叙述赛事、评论选手。其次要坚持标准与原则,不徇私情,不能因为选手或俱乐部中有自己的亲朋好友或是自己的偶像就不坚持原则,这样是做不到办事公道的。再次要不谋私利,不屈从各种权势,不能因为私利丧失原则与立场,也不能向不奉公守法的有权有势者屈服,否则就没有公道可言。最后要有准确的认知判断能力。如果一个人的认识能力很差,就会分不清是非的标准与原则,辨不明善恶美丑,就很难做到办事公道。所以,电子竞技解说员还要不断提高认识能力,培养敏锐的洞察力,为办事公道提供基础。

4. 服务群众

服务群众就是为群众利益而工作,具体指在职业活动中从群众的利益出发,听取群众意见,了解群众需要,为群众着想,端正服务态度,改进服务措施,为群众提供高质量的服务。这是职业道德的重要内容。这里的"群众"对解说员来说主要是观众。

电子竞技解说要服务观众,首先就要树立全心全意为观众服务的观念,热爱解说工作。其次要文明解说,尊重观众,对观众真诚、热情,认真、耐心地服务。当观众提出意见、要求时,解说员应该认真倾听、仔细分析,看其是否合理,能否实现。对观众的指责和挑剔也要认真对待,看其中是否有合理的成分,凡是合理的又有可能实现的,都应该努力去做。对不合理或不可能实现的要求和意见,解说员要耐心解释,使观众心悦诚服。最后要自觉接受观众监督,欢迎观众批评,有错即改,不护短,不包庇。总之,电子竞技解说员要以积极友好的方式为观众提供全面、及时的信息,营造欢快、热烈的赛场氛围,使观众获得愉悦、有价值的观赛经历,最终形成对赛事、解说员的良好印象和积极评价。

5. 奉献社会

奉献社会是一种人生境界,而且是职业道德的最高境界和最终目的,它主要是指不期望等价的回报和酬劳而愿意为他人、为社会或为真理、正义献出自己的力量,自觉、努力地为社会和他人做出贡献,甚至包括宝贵的生命,这是职业道德的出发点和归宿。当社会利益与局部利益、个人利益发生冲突时,要求每一个从业人员把社会利益放在首位。

电子竞技解说员只要爱岗敬业、努力工作,就是在为社会做出贡献。如果能在工作过程中不求名取利,任劳任怨,不计较个人得失,只奉献不索取,则体现出宝贵的无私奉献精神,对社会的发展是极有意义的。

2.4.4 健康的身心素质

在精彩的电子竞技赛事背后,解说员要面对繁重的工作压力:赛前要做好充分的案头准备,补充相关知识;赛中要解说跌宕起伏的游戏进程,在悲喜交加中敏捷地应对各种突发事件,尽量避免出错;赛后还会因各种原因而受到网友攻击,一旦犯错就要面对上亿观众的批评和指责。一场场解说下来,身体和心理承受的压力都达到了极限。如此高强度的工作、巨大的心理压力对解说员的身心素质提出了极高的要求——解说员必须具备良好的身体素质和强大的心理承受能力。

1. 良好的身体素质

身体素质是个人最基本的素质。没有良好的身体素质,电子竞技解说员就失去了工作的最根本的条件。传统上,身体素质一般是指人体在活动中所表现出来的力量、速度、耐力、灵敏、柔韧等机能。对电子竞技解说来说,身体素质主要包括体质、体力、体能和精力等。如果遇到大型赛事及长时间、高强度的解说工作,没有良好的身体素质肯定是坚持不下来的。

当然,一个人身体素质与遗传有关,但与后天的营养和体育锻炼的关系更为密切,电子竞技解说员在工作的同时也应该通过正确的方法和适当的锻炼强健体魄,从各个方面提高身体素质,为做好解说工作打好身体基础。

2. 优秀的心理素质

心理素质是指人在感知、想象、思维、观念、情感、意志、兴趣等多方面心理品质上的修养,它是职业素质的一个重要组成部分,制约和影响着职业素质。

解说员往往要承受各种社会评价所带来的心理压力,由于观众的年龄层次和所受教育程度的不同,他们的世界观也很难得到统一,解说过程中网友互动的问题观点也会包含方方面面。如果解说员的心理处于紧张状态,大脑思维就会僵化,就很难积极投入解说中去,甚至会表达不清楚解说内容。可以说,解说员的心理状态对解说质量有着最直接的影响。所以,解说员一定要用良好的心理素质克服工作中随时可能遇到的各种困难,赛后要及时总结和反思,不断提高自己的心理素质,这样才能做好解说工作。

（1）丰富的情感。

情感是人的思想意识和外界事物进行接触以后所引起的态度，是人适应生存的心理工具，能激发心理活动和行为的动机，是心理活动的组织者，也是人际沟通交流的重要手段。电子竞技解说员要具备丰富的思想感情，在解说过程中，根据解说内容融入自己的思想感情能拉近与观众的距离，展现出亲和力，提高解说感染力。如果情感单调，就会使解说变得毫无生趣，令观众感到厌烦。而丰富的情感是最能打动观众、感染观众、得到观众共鸣的。只有把情感带入解说才能得到观众的喜爱。

要注意的是，一个优秀的电子竞技解说应该表现出富有激情又不失理智的情感，可以激动，可以呼喊，可以表现出真实而富有激情的风格，但要注意适度，再兴奋激动也绝不能越过界线。毕竟电子竞技解说是工作，工作人员必须对解说情感收放自如。

另外，解说员还要懂得在适当的时候向观众提供他们所需要的内容，这些内容既包括画面信息，也包括画面之外与比赛有关的信息，还包括能引起观众共鸣和思考的各种认识和感情的抒发。

（2）坚定的自信心。

自信心是一种反映个体对自己是否有能力达到某种目标的信任程度的心理特性，是一种积极有效地表达自我价值、自我尊重、自我理解的意识特征和心理状态，也称信心。人一旦建立自信，思想上就会变得乐观、豁达，而自信就会激发人上进的力量，使人不屈不挠、奋发向上，成为通往成功的桥梁。

拥有坚定的自信心并非一日之功，解说员要通过平时的积累，在掌握扎实的理论知识和实践经验的前提下调整心态，多想开心的事，多发现自己的优点，肯定自己的能力，逐步培养自信心。只有这样才可以尽量满足观众的求知欲望，做一个成功自信的电子竞技解说员。

（3）较强的自控力。

自控力可以看作是自我控制的能力，即控制自己的情绪情感和行为的能力，主要指行为经大脑分析、判断后进行的理性行为，具体表现在善于支配自我和调节自我，并能够承受一定的压力，这里主要强调情绪的控制能力。

情绪是人的各种感觉、思想和行为的一种综合的心理和生理状态，是对外界刺激所产生的心理反应，如喜、怒、哀、乐等。它的认识过程是与生俱来的，由于人们对客观事物的态度和体验是复杂的，人的情绪也会复杂和变化，主要与人的心情、气质、性格和性情有关。

电子竞技解说员要掌握较强的情绪控制能力，在面对突发事件时可以克制冲动，保持冷静和清晰的思路，调整情绪的表达方式，如控制自己的声音、肢体动作、表情，使情绪表达恰如其分，语言通畅流利，仪态大方得体，既不会过分拘束，也不会过于随便，有利于在观众心目中建立良好的形象。

另外，有时在讲解中或赛事后会有一些误解或恶意的言语，这个时候需要解说员用强大的心理承受力面对这些压力。如果承受能力不强，心情、精神状态都会变得不好，这样就会影响到解说效果和身心健康，所以解说员要培养自控力，要有强大的承受力，以此才能轻松地面对工作，做好解说。

2.4.5 全面的文化素质

文化素质指人在文化方面所具有的较稳定的内在品质,是一个人的知识水平通过语言表达或行为反映出来的综合气质或整体素质。文化素质不只是专业技术方面的知识,更多的是人文社科类的知识,包括哲学、历史、文学、社会学等各个方面。

电子竞技解说作为综合性艺术,在带给观众精神享受的同时又传播了电子竞技文化,这种功能除了电子竞技赛事本身外,主要来自电子竞技解说的修养和才能,而这些修养和才能又主要来自于电子竞技解说的文化素质。一个电子竞技解说员文化素质的高低直接决定了他对电子竞技赛事理解的深浅,也能反映出解说员对艺术追求的雅和俗。所以,电子竞技解说员必须拥有全面优秀的文化素养,深刻理解电子竞技赛事所体现的电子竞技文化、深层内涵以及时代意义,以此呈现出一个优秀的电子竞技解说形象。

1. 电子竞技专业知识

知识素质是指个人做好本职工作所必须具备的基础知识与专业知识,专业知识更是工作人员的立身之本。

电子竞技解说一定要具备较高的电子竞技理论知识和实践,这既是工作的需要,也是赛事解说的基本要求。而且解说艺术是知识和语言的有机结合,只有熟练掌握了专业知识,才能灵活、迅速地组织有针对性的解说思路和语言。像足球、篮球这类传统的体育项目,其比赛规则和形式是相对不变的,体育解说员不需要介绍项目知识。而电子竞技解说则不同,因为游戏版本在不断变化,游戏项目也推陈出新,所以讲解游戏本身的知识很重要。另外,电子竞技赛事的直播形式有着不可复制和逆转的特性,解说员在现场解说的内容绝大部分是临场发挥的,无法经过筛选、审核的过程,对其电子竞技专业素质的要求必然很高。

因此,电子竞技解说员必须对电子竞技专业知识精益求精,既要对电子竞技有深刻的认识,又要有自己独到的见解,做到通晓比赛规则,熟知游戏内容、战术打法,准确表达技能、战术的术语,精通各种英雄、技能和战术的特点和符文天赋的分配。

2. 丰富的人文社会科学知识

电子竞技解说是一门杂学,是一门多学科交织的综合艺术,它融合了社会基本知识(天文、地理、史料、传记、风俗等)和学科知识(语言学、哲学、法学、经济学、文学、美学、艺术学、心理学、教育学等)的精华。俗话说"腹有诗书气自华",电子竞技解说员只有博览群书,积累广博的人文社科知识,开阔视野,以丰富的人文素养结合精深的电子竞技专业知识才能胜任解说工作。

现在,观众的素质在不断提高,这就需要知识丰富的解说员为其提供优秀的、有创意的解说。如果解说员没有扎实的知识基础,没有丰富的学科知识背景,没有深厚的文化底蕴,那在其解说中就不会对赛事有深刻的理解,不可能出现随机的连珠妙语,也不可能提高解说的质量,更不可能满足观众对解说创新不断增长的需求。

另外,解说员在掌握丰富知识的同时,还要随时补充更新观众需要的电子竞技信息,比如游戏版本的更新变化,某一个俱乐部的历史、现状和未来以及成员的变化等,这些都应该是建立在一种动态的体系中加以掌握,即解说员掌握的电子竞技信息需要与信息的进程保持同步。在每次的解说中,对某场游戏、某一支战队、某个选手都应力求有新信息给观众。当然,有的信息并不是所有观众都需要的,但为了满足广大观众的基本需求,解说员必须掌握大量的多样化信息。

除此之外,解说员还要时时了解、掌握与电子竞技赛事相关的基本法律、法规、政策和当前社会动态的信息。尤其是在国际性赛事解说中,介绍某个国家战队或选手的背景资料时,要特别注意介绍的内容是否正确,是否侵犯其利益或权利,避免引起不必要的纠纷。

2.4.6 较强的能力素质

能力从广义上来说是人们认识、改造客观世界和主观世界的本领,从狭义上来说就是指胜任某种工作的主观条件。能力素质是指个人从事某项工作和开展某项活动的特有能力。

电子竞技解说员是否能胜任解说工作,这与其解说能力素质的高低有直接关系。一个优秀的电子竞技解说员除了天赋,还需要不断实践学习,提高个人的能力素质,只有这样的解说员才具魅力,才能在众多解说员中脱颖而出。加之电子竞技比赛进程、结果都具有不可预知性,对电子竞技解说员处理问题的能力也提出了更高的要求,解说员应该具备优秀的语言表达能力、敏锐的观察力、独到的见解能力、灵活的应变能力和较强的创新能力。

1. 优秀的语言表达能力

电子竞技解说离不开语言,语言是解说员完成工作的重要武器,而语言又是一门艺术。深厚的语言表达功底是解说成功的保障。解说员必须经过标准的播音训练,发音要标准,做到口齿清晰、自然流畅;要熟练掌握语言运用的技巧,具备优秀的语言表达能力,语速合理,富有情感;还要根据赛情把握解说节奏,张弛有度,收发自如。只有这样的解说,观众才有可能听下去,才有可能接受或让其产生尊敬,否则不仅解说达不到预期目的,还会损及个人形象,甚至造成误解。

(1)发音要标准化、语言要规范化。

电子竞技解说员的普通话必须发音标准、用语规范。不论解说风格有多少变化,或是在国际解说中使用外语,或者是在地方上使用方言进行解说,规范、标准的普通话都是其前提。另外,还要注意在解说中使用的一些网络语言和符号,一定不能损害解说语言的规范性和标准化,也不能怪声怪气,装腔作势,出现一些华而不实的现象。

(2)表达要口语化、专业化。

电子竞技解说员不仅要对游戏有创新思想和见解,还要将其向观众很好地表达出来,这就需要练就扎实深厚的语言表达能力。电子竞技解说的语言表达主要以口头语言为主,辅以一些电子竞技专业术语。解说员在解说时应力求语言通俗易懂、朗朗上口,用浅显平实的语言解释电子竞技专业术语。此外,解说员还要有即时灵活的语言表达能力,平易灵动地化解尴尬,用自己的语言感染观众。

（3）语言适当幽默化。

电子竞技比赛属于休闲娱乐范畴,赛中会发生很多戏剧性场面,在一定程度上能使观众放松精神、陶冶性情。解说员在流畅自然而又富有变化的语气、节奏中适时采用幽默风趣的语言,既能与场面相映成趣,又可以让观众感觉到轻松畅快,带给观众精神上的享受。当然,语言的幽默感并不是一朝一夕就可以练就的,它是电子竞技解说语言内外技巧的综合运用,是在语言准确的基础上实现的,需要电子竞技解说具备一定的语言艺术修养。

2. 敏锐的观察能力

赛场上瞬息万变,解说员往往会出现遗漏比赛关键细节等失误,也会让观众对解说员的能力产生怀疑。所以,电子竞技解说员必须具有十分敏锐的观察能力,密切关注比赛动态,不错过赛场上每一个细微的变化。同时,解说员还要细致入微地捕捉观众的言行举止,了解与感受观众的心理特征,随时调节赛场情绪氛围。

在日常生活工作中,解说员就要努力培养和提升自己的观察能力。从生活出发,根据生活的逻辑和理性观察人们言行的规律性,既可以锻炼观察能力,又可以从人们的行为举止中获取解说素材。

3. 独到的见解能力

见解亦可称为"理解",一般指对人或事物的认识和看法。发表见解的出发点主要有两方面:视角和思维方式。若要做到见解独特,评价视角和思维就要有一定的深度和广度。如果一个人对一个行业、一个领域了解得足够多、足够深,那么他的见解基本上就会很"独特"。比如对同一个问题"阿拉伯数字'8'的一半是什么"的回答,有的人会回答是4,也有人会回答是3或者o,甚至有的人会回答是两个太极或两个 S。可见,只要有深度的思考方式,只要合乎逻辑,那就是独特的见解,它是一种能力,更是一种智慧。

解说员要在众多优秀的同行中脱颖而出,就必须有独到的见解能力,有自己的解说特点。这种能力的培养多是在对游戏内容有明确的认知,了解更为全面、深刻、透彻的前提下,对游戏操作、对抗保持独立思考,日积月累而形成的独特见解。

4. 灵活的应变能力

电子竞技解说是一门高度即兴发挥的艺术,面对瞬息万变的比赛情况,解说员无法预料具体细节,也无法预料选手会采用何种战术策略,只能根据实际赛情随机应变地选择解说内容。这就要求电子竞技解说必须有灵活的头脑、随机应变的能力,才能迅速即时地将准确的赛情信息传递给观众。特别是当比赛激烈紧张、节奏变化快速的时候,更需要解说员思维敏捷,语言反应迅速。此外,解说员还应具有应对比赛中的突发事件的能力。如比赛中因某些原因中断了较长时间,解说员就要灵活处理,想方设法地应对可能出现的"冷场"状态。

5. 较强的创新能力

创新是革旧布新和创造新事物。创新的本质是进取,是不作复制者。创新能力可看作能力素质的最高境界,是人们运用已有的基础知识和可以利用的材料,并掌握相关学科的前沿知识,产生某种新颖、独特、有社会价值或个人价值的思想、观点、方法和产品的能力。其最基本的构成要素是创新意识、创新思维、创新技能。

对电子竞技解说来说,创新能力是与同行竞争的资本。随着科技的不断发展和人类社会的不断进步,观众对电子竞技解说水平的要求也在不断提高,如果一名解说员没有创新能力,只是保守旧习,那么他就一定会被时代淘汰。想要在这一行业有所作为,解说员就要消除消极思维定式,要有敢于创新、勇于质疑的精神;要对电子竞技中的新事物敏感,善于发现电子竞技解说中的新事物;要总结新鲜经验,提出新的思路,解决新的问题;要结合实际有创造性地进行解说工作,启动创新激情、丰富想象能力、培养科学精神。只有不断创新的解说才能吸引观众,才能提升自己,才有可能成为一名出类拔萃的电子竞技解说员。

第 3 章

电子竞技解说的赛事基础

电子竞技赛事基础知识是电子竞技解说员必备的基础之一。每个赛事的发展历程与演变都充斥着浓郁的电子竞技文化,蕴藏着丰富的内涵。而由于电子竞技比赛项目的不同,在各种不同的游戏项目类型中,又存在着各种不同的赛事规则与赛事机制。因为参赛人数的多少、比赛的观赏性、比赛的公平性、降低比赛项目中的随机性等各个方面的因素,出现了现在我们看到的五花八门的赛制。作为电子竞技解说员,只有充分了解赛事和赛制,才能对比赛的细节进行详细的解读,对选手的做法做出专业的解释,对观众的疑问做出合理的回答。

3.1 电子竞技赛事的定义与分类

3.1.1 电子竞技赛事的定义

电子竞技赛事通常是指在竞赛规程、规则的约定下,以信息技术为载体,以电子竞技为主题内容,以竞赛为方式,以技能展示、交流和锦标为目的的集众性活动,它是电子竞技运动员进行对抗的载体。

就电子竞技赛事内涵来说,其追求卓越、超越自我、团队协作、公平公正等精神与传统体育赛事的精神是一致的。电子竞技赛事的规范健康发展将不断传递体育竞技精神、国家荣誉感、民族自豪感,不断丰富、拓展电子竞技文化,对促进社会、经济、文化的发展具有重要意义。

3.1.2 电子竞技赛事的分类

电子竞技赛事的分类方式多种多样,目前对电子竞技赛事的分类主要按照主办方、游戏平台、比赛地点等方式进行。

1. 第一方赛事与第三方赛事

与传统体育赛事分类方式区别较大的是:电子竞技赛事根据电子竞技赛事主办人的不同可分为第一方赛事和第三方赛事。

第一方赛事。由游戏官方厂商举办的赛事,又称官方赛事。第一方赛事多为单项赛,因为可以直面游戏玩家进行宣传,因此宣传难度较小,它的赛事规划更加专注竞技性及公平性。综合类官方赛事有暴雪嘉年华等;单项官方赛事有 LPL、KPL 等。

第三方赛事。由游戏官方厂商外的第三方举办的赛事,可为综合性赛事或单项游戏赛事。由于不能直接有效地在游戏内进行推广或传播,因此此类赛事的宣传难度较大,而且赛事规划的外界影响因素较多,赛事规划需要更加全面的考虑。但第三方赛事举办的比赛类型多样,团队对赛程赛制的制定具有丰富的经验,赛事举办的效率与质量较高。综合类第三方赛事有 WESG、NESO、WCG 等;单项第三方赛事有斗鱼绝地求生黄金大奖赛、龙珠 LKP 赛等。

2. PC 端电子竞技赛事与移动端电子竞技赛事

根据游戏平台的不同,电子竞技赛事可分为 PC 端电子竞技赛事和移动端电子竞技赛事。两种比赛方式有着不同的受众人群,形成了电子竞技比赛的两大方式。

PC 端电子竞技赛事。PC 端电子竞技赛事是指依托计算机设备进行的电子竞技对抗比赛。

移动端电子竞技赛事。移动端指平板电脑、手机、PSP 等电子设备。移动端电子竞技赛事是借助手机、平板电脑、PSP 等移动游戏设备作为载体进行的电子竞技对抗比赛。

3. 线上赛事与线下赛事

由于电子竞技赛事中使用游戏的特殊性,也催生了两种电子竞技专属的赛事类型。以比赛地点分为线上赛和线下赛。

线上赛指在网络上双方选手不在同一地点进行比赛的电子竞技赛事。线上赛这种比赛形式并不意味着不需要线下场地。比如,在需要直播且配有解说时,依旧需要在线下搭建解说台及录音室。但比赛类型的划分还是以选手的比赛地点作为划分依据。在2018 年举办的《绝地求生》线上赛——全民贺岁杯就是典型的线上赛,在全民贺岁杯中出现的“外挂”疑云也是线上赛一直存在的问题。由于线上赛的裁判监管难度大,比赛的公平性难以保证,所以如何在现有条件下保证比赛的公平性是线上赛运营的一大难点。

线下赛指双方选手在同一地点进行比赛的电子竞技赛事。在同等规模的比赛中,线下赛的管理及运营难度要大于线上赛,因为线下赛还涉及比赛场地、设备、选手管理等。在线下赛这个大分类下,又可以细分为室内赛事和室外赛事。室内赛事一般是在体育馆、大中型演播室内举行,根据赛事规模和赛事需求不同,对场馆有不同的要求。室外赛事较为少见,由于对天气要求较高,场地搭建难度也较高,一般是对地点要求较高且有强烈的目的性的比赛才会采用室外赛事。

此外,电子竞技赛事还按照赛事项目数量、游戏类型、参赛选手、赛事性质、赛事规模等进行分类,此处不再一一介绍,具体可参见表 3-1。

表 3-1　电子竞技赛事分类表

分类方式	类别名称	类别简介	赛事示例
主办方	第一方电子竞技赛事	由游戏厂商举办的赛事,手握游戏版权,又称官方赛事	TI6 国际邀请赛
	第三方电子竞技赛事	由除游戏厂商外的其他机构举办的赛事	阿里体育 WESG
游戏平台	PC 端电子竞技赛事	依托 PC 端进行的电子竞技对抗比赛	LOL 职业联赛
	移动端电子竞技赛事	依托移动端进行的电子竞技对抗比赛	《王者荣耀》职业联赛
比赛地点	线上电子竞技赛事	在线上举行比赛的赛事	熊猫 PSL 星联赛
	线下电子竞技赛事	在线下举行比赛的赛事	《绝地求生》PGI 邀请赛
赛项数量	单项电子竞技赛事	赛事项目只包括一款游戏	《DOTA2》职业联赛
	综合性电子竞技赛事	赛事项目包括多款游戏	IGL 国际游戏联盟大赛
游戏类型	MOBA 类电子竞技赛事	比赛项目只含 MOBA 类游戏	《英雄联盟》职业联赛
	FPS 类电子竞技赛事	比赛项目只含 FPS 类游戏	《全民枪战》英雄联赛
	TCG 类电子竞技赛事	比赛项目只含 TCG 类游戏	《炉石传说》黄金联赛
	RTS 类电子竞技赛事	比赛项目只含 RTS 类游戏	《星际争霸》职业联赛
	TPS 类电子竞技赛事	比赛项目只含 TPS 类游戏	《巅峰战舰》英雄联赛
	FTG 类电子竞技赛事	比赛项目只含 FTG 类游戏	U 联赛
	SPG 类电子竞技赛事	比赛项目只含 SPG 类游戏	《FIFA OL3》职业联赛
	休闲类电子竞技赛事	比赛项目只含休闲类游戏	Efun 手游大奖赛
参赛选手	职业电子竞技赛事	参赛选手为职业选手的比赛	《英雄联盟》职业联赛
	业余电子竞技赛事	参赛选手为半职业、业余爱好者的比赛	《王者荣耀》城市赛
赛事性质	地推赛	带有商业目的(如推广产品、推广品牌)的赛事	联通杯《王者荣耀》电子竞技大赛
	职业赛	游戏厂商主办或授权限定职业选手为参赛选手的赛事	《王者荣耀》职业联赛
	地域赛	由特定地域人员参赛的赛事	四川省电子竞技联赛
	邀请赛	不进行报名或者选拔,由主办方邀请从而获得参赛资格的比赛	《DOTA2》国际邀请赛
	选拔赛	从报名的参赛人员中逐层选拔至最后一队的比赛	《炉石传说》黄金公开赛
	训练赛	在休赛期间职业战队相互约定时间与场次进行训练的比赛	EDG 训练赛
	教学赛	以教学某项能力为目的的比赛	××教学赛
	表演赛	以展现选手或选手能力为目的的比赛	亚运会电子竞技表演赛
	水友赛	以趣味为目的的非正式比赛	华为 P20 电子竞技水友赛

续表

分类方式	类别名称	类别简介	赛事示例
赛事规模	国际性电子竞技赛事	在两个洲以上设置了赛区/邀请选手参赛的电子竞技赛事	WCA世界电子竞技大赛
	洲际性电子竞技赛事	在洲内设置了赛事/邀请选手参赛的电子竞技赛事	ENC电子竞技欧洲杯
	国家级电子竞技赛事	在一个国家的多个地区设置了赛事/邀请选手参赛的电子竞技赛事	NEST全国电子竞技大赛
	地区性电子竞技赛事	在一个地区内设置了赛事/邀请选手参赛的电子竞技赛事	西南电子竞技联赛
	地方性电子竞技赛事	在一个省、城市等地方内设置赛事/邀请选手参赛的电子竞技赛事	《王者荣耀》城市赛成都站

一个赛事往往不单独属于一个类别,大多数情况下,一个赛事会同时具有多个类别的属性,每一个属性都从不同侧面诠释了比赛的特点。分类的意义是利用标签化的特征让比赛容易定义,对细化比赛招商方案、执行方案有指导作用;从传播的角度,标签式的提炼也更利于比赛的传播,让观众迅速记住比赛。

3.2 电子竞技赛事的起源与演变

3.2.1 萌芽期(1972—1980年):起源于电子游戏的诞生

电子竞技的起源可以追溯到电子游戏的诞生早期。《太空战争》(Space War)虽然不是世界上第一款电子游戏,但堪称世界第一款真正意义上具有娱乐性质的电子游戏,所以比第一款电子游戏《双打网球》(Tennis For Two)更具有代表性。

1972年10月19日,美国斯坦福大学的学生被邀请参加名为"星际空间战争奥林匹克"(Intergalactic Space War Olympics)的《太空战争》的比赛,赢得比赛的学生将获得由《滚石》(Rolling Stone)提供的一年免费杂志。于是,在斯坦福大学人工智能实验室内著名的PDP-10型计算机旁开启了一个有趣的"太空战争"。这款游戏的比赛有比较完善的赛制,把比赛分为五人大乱斗与团队比赛两种模式,它是有史可考的最早的电子竞技比赛,堪称电子竞技的起源。

而电子游戏向街机游戏的迁移开启了电子竞技新世界的可能性。

1976年,美国Midway公司推出了第一款高分记录的街机游戏——《海狼》(Sea Wolf),玩家在游戏中的得分显示在屏幕的下方,而曾经的最高分则被记录于当前分数的下面。此后,从《小行星》(Asteroids)到1979年的《星火》(Star Fire),都在平台上提供了高分榜(通常用首字母缩写展示)。尽管一些游戏能提供面对面的比赛机会,但大部分玩家之间的竞赛并不同步,而是通过街机游戏自身的高分榜竞赛。虽然玩家能在当地街机游戏中相互保持紧密联系,但高分榜在形成跨时竞争方面的能力是革命性的。观众不再需要当场见证玩家的成就,也不必站在玩家身后才能看到他们的胜利,机器和高分榜为玩家之间的持续竞争提供了平台。

3.2.2 初长期（1980—1990 年）：伴随着游戏机发展而转型

1980 年，雅达利（Atari，第一家计算机游戏机厂商）举办了一场名为"太空侵略者锦标赛"（The Space Invaders Championship）的大型游戏竞技比赛，使用的游戏就是在 1979 年由日本游戏公司南梦宫推出的街机射击类游戏《太空侵略者》。当时，这个锦标赛造成了了很大的轰动，吸引的参与者超过了 1 万人。同时，竞技性游戏也逐渐成为主流的游戏类型，引发了电子竞技界的热潮。

1981 年夏天，美国沃尔特·达伊（Walter Day）在视频游戏经营场所玩了四个多月，这期间他玩过 100 多个视频游戏，每个游戏都会获得高分。1981 年 11 月 10 日，沃尔特·达伊在爱荷华州奥塔姆瓦开设了自己的街机室，将其命名为"双子银河"（Twin Galaxies）。1982 年 2 月 9 日，他把数据库中的记录作为"双子银河"全国记分牌进行公开发布。此后，他致力于利用自己的组织收集和记录高分、举办备受关注的电玩游戏大师赛（Video Game Masters Tournament）等比赛，并发布最佳玩家的信息，从而维持这个圈子的运转。尽管双子银河从未涉足当下的电子竞技，但这是电子游戏作为一个竞技项目得到重视的开端，在很大程度上促进了电子竞技的发展。

而在高端游戏向更广泛的受众传播的过程中，怎样才能让非玩家群体看到电子竞技的相关内容和消息？这就要依赖一个重要的媒介——电视。

1982 年，世界上首档电子竞技比赛节目《星际游乐园》（Starcade）开播。在 1982—1984 年，美国的 TBS 电视台共播出 133 集节目，反响不错。而在早期的推广活动中，沃尔特·达伊也会展示著名的电视节目《不可思议》（That's Incredible）中关于竞技电玩游戏的特别选集。这一系列的节目将不同街机游戏的玩家聚集在一起，通过计算他们在游戏过程中所积累的总点数进行比拼。

这些节目不仅展示了这项新兴活动带来的兴奋与快乐，也让人们看到了电玩游戏向易播出、易为观众所接受的方向转变的挑战，向我们展示了 20 世纪 80 年代人们是如何尝试将休闲和电子游戏的新方式与现存的电视方式进行整合的。

然而，街机游戏的衰退伴随着任天堂（Nintendo）娱乐系统及各种雅达利（Atari）游戏机为代表的家用游戏机的崛起，竞技游戏也得以调整和适应发展，从现场街机活动转换成家庭游戏，随之而来的则是游戏竞争格局的变化。

3.2.3 发展期（1990—2000 年）：电子游戏网络化推动了电子竞技真正的发展

虽然竞技性街机游戏和游戏机的出现是电子竞技发展的一部分，但网络游戏的崛起才真正让电子竞技找到了自己的优势。互联网为放大小众活动带来了可能性。网络对战是电子竞技历史上的关键一环。

20 世纪 90 年代，电子竞技比赛开始越来越专业化，其中最具标志性的当属 1990 年任天堂世界锦标赛，它是任天堂在 1990 年为了宣传自家的 FC（Family Computer，家用游戏机，被称为"红白机"）在全美举办的一场游戏比赛。这场比赛主要分为两个环节——预选赛、总决赛。3 月份在 29 个城市举办预选赛,9 月份在佛罗里达州奥兰多的环球影城举办总决赛。比赛项目为《超级马里奥兄弟》《Red Racer》和《俄罗斯方块》三款游戏。参赛者要在时限为 6 分 21 秒的时间内在《超级马里奥兄弟》中尽快吃掉 50 个金币,在《Red Racer》中快速跑完一圈比赛,在《俄罗斯方块》中利用剩下的时间打出尽量高的分数,最终根据三项比赛的总分数决出胜负。这届任天堂世锦赛的设计奠定了后续世锦赛的基本流程,是历史上第一个正式的电子竞技比赛。

1991 年,在日本、美国开始出现以《街头霸王》(Street Fighter)等大型电玩格斗游戏为主的街机对抗比赛,而且街机格斗文化也通过当时兴起的因特网迅速形成了自己的电子竞技运动社群。

1992 年,Id Software 公司发行了一款名为《德军总部 3D》(Wolfenstein 3D)的游戏。1993 年,这款游戏已经风靡了世界各地,它开创了一种新的游戏方式,以自己的视角探索地图并击杀敌人,这种方式后来被称为 FPS(第一人称射击游戏,First-Person Shooter)。之后推出的《毁灭战士》(Doom)及 1996 年推出的《雷神之锤》(Quake)等众多经典的游戏都推动了以第一人称视角射击游戏竞技在网络功能上的发展。

1995 年,美国西木工作室(Westwood Studios)在推出即时战略游戏《命令与征服》(Command&Conquer)中通过局域网这项技术实现了通过计算机作为媒介进行人与人同场竞技。随后出现了众多此类游戏,如暴雪公司的《星际争霸》《魔兽争霸》等,在美国、欧洲也开始逐渐出现了一些有组织的比赛。这项通过互联网真正实现多人共同进行游戏的技术快速推进了电子竞技的发展。

20 世纪 90 年代末,随着互联网的普及,电子竞技在人们心中的地位已上升到了另一个高度。这时候 Id Software、V 社、暴雪等游戏公司开始生产出许多知名的游戏,越来越多的电子竞技比赛组织开始成立,"传统"比赛项目也随之出现。

1996 年,电脑游戏赛事 Quakecon 由一群游戏爱好者推出,它成为面对面(Face-to-Face,F2F)竞技游戏的重要战场。最初,Quakecon 由社团志愿运营,每年在美国得克萨斯州主办,它让狂热的玩家欢聚一堂,共同参加一场基于局域网的游戏盛会。从最初的那一年开始,游戏竞赛就是这个盛会的一部分。随着 Quakecon 的发展壮大(每年有 7000 千名参与者),国际选手也会慕名前来参加。

1997 年 5 月,由软件公司 Intergraph 出资赞助的第一届电子竞技比赛"Red AnnihilaTion"吸引了 2000 名参赛者。这场举世闻名的邀请赛的大奖是 Id Software 的首席程序师、Id 的奠基人之一约翰·卡马克(John Carmack)在制作完成《Wolfenstein 3D》后买的第一辆法拉利赛车———一辆红色的 328 GTS。最终,方镛钦(Dennis"Thresh" Fong)[①]获得了本次邀请赛的冠军,后来他在自己的玩家至尊(Gamers Extreme)中展示了这辆属于冠军的法拉利。由于其地点、赞助商和奖品皆出类拔萃,这场邀请赛在电子竞技历史上扬名万里,被誉为现代电子竞技比赛的起源。

---

① "Thresh"是网名,其真名为丹尼斯·冯(Dennis Fong),是世界上第一位公认的职业选手,被称为电玩界的"迈克尔·乔丹""在线上最不愿意碰到的玩家",也是世界体育史上最伟大的百名运动员之一。他的游戏风格多变,在所有的正式大型计算机游戏比赛中从未输过一场。

不久,在美国得克萨斯州,安吉·穆洛兹(Angel Munoz,电子游戏界领导者之一,电子竞技界的"教父")开创了一个颇具影响力的组织——职业电子竞技联盟(Cyberathlete Professional League,CPL)。CPL成为电子竞技领域最具影响力的场所之一,涵盖了一系列冠军头衔,为奖金、赞助和企业合作等设定了新标准,并在电子竞技运动的启动阶段提高了活动水平,如图3-1所示。这个联盟也是世界上第一个把计算机游戏竞赛作为一种游戏比赛运动的组织,推动了电子竞技的职业化。

图 3-1　CPL

1997年6月27日,第一届CPL邀请赛在达拉斯举行,约有400名玩家参与了比赛。比赛提供了价值3500美元的现金和奖励。这时,穆洛兹开始传播"电子竞技"的概念,他的CPL邀请赛很快就成为大众媒体报道职业计算机游戏的典范。可以说,安吉·穆洛兹帮助许多顶级玩家开启了他们的职业生涯。同时,CPL也成为竞技游戏面对世界的窗口。国际玩家会从欧洲赶到达拉斯参加比赛。最后,联盟正式扩展到北美以外的地区,通过与中国、巴西等国家的本土合作伙伴的合作在全球范围内开展业务。

而在同时期的亚洲,人们也开始燃起了对电子竞技的热情,其中以韩国最为突出。直到今天,韩国仍是人们公认的电子竞技大国——拥有最好的电子竞技报道、最专门的电视频道。

3.2.4　成熟期(2000—2010年):呈现"百花齐放,百家争鸣"的状态

电子竞技萌芽于美国,却花开世界。到21世纪初期,随着电子竞技行业的飞速发展,各种电子竞技赛事开始如雨后春笋般地涌出。很多知名的国际电子竞技赛事大多创立于此时期,电子竞技正处于百花齐放、百家争鸣的阶段,而国际电子竞技联盟也诞生于此时期。

1. 世界电子竞技大赛

世界电子竞技大赛(World Cyber Games,WCG)创立于2000年,结束于2013年,是由三星公司和韩国政府(通过文化和旅游部及信息通信部)赞助的国际赛事,被称为"电子竞技奥运会",如图3-2所示。WCG与ESWC(电子竞技世界杯)、CPL(职业电子竞技联

盟)一起被称为世界三大电子竞技赛事,而 WCG 是三项赛事中规模与影响力最大的。每个参加 WCG 的国家和地区将自行举办预选赛,获胜者可以在主办城市参加全球总决赛,比赛为期三天,最终决出各个项目的冠亚季军,并颁发奖牌和奖金。

图 3-2　WCG

世界电子竞技大赛一直以 beyond the game 为口号,以推动电子竞技的全球发展为目标,旨在促进人们在网络时代的沟通、互动和交流,促进人类生活的和谐与愉快。

自 2001 年首届世界电子竞技大赛开赛之时,大赛的主办方就将其定位在全球性的电子竞技奥运盛会,是一个以奥林匹克运动会形式筹办的电子运动会,承担着沟通全球顶尖电子竞技运动选手及国际交流的责任,成为新体育形式的开创者。根据世界电子竞技大赛参赛者条款,具有多重国籍者只能参加一个国家的预选赛的决赛,违反者会被取消参赛资格。

这场电子奥运会历经 14 年后最终停办。韩国媒体分析,导致 WCG 大赛停办的原因主要有两点:电子竞技市场竞争日趋激烈和转型手游竞赛失败。

2017 年 12 月 14 日,《穿越火线》的开发商 Smilegate 宣布买下 WCG 商标,用独立营运的方式举办全球赛事,原计划于 2018 年重启 WCG 比赛。但最终因不明原因,停办 4 年的 WCG 仍未能重启。

2. 电子竞技世界杯

电子竞技世界杯(Electronic Sports World Cup,ESWC)是一个国际职业电子竞技赛事,如图 3-3 所示。ESWC 最初是由法国的 Ligarena 公司创建的,该公司以前以 LAN Arena 的名义在法国举办过较小的局域网(LAN)活动。2003 年,Ligfield 将活动规模扩大,ESWC 就此诞生。每年世界各地的国家预选赛的获胜者都有权在 ESWC 决赛中代表他们的国家比赛,而且总决赛完全面向公众开放,每年现场吸引 2 万~3 万的观众以及通

图 3-3　ESWC

过其他媒体观看的上千万观众。ESWC对比赛项目有一个权威的要求：经过层层筛选全球各地区的冠军，给予他们荣誉，让他们成为真正的运动员。

首届ESWC从2003年3月到6月在28个国家进行4个月的资格赛，约有100万名玩家参加；于2003年7月8日至7月13日在法国巴黎Futuroscope中心公园举行总决赛。这次全球总决赛有28个国家的400名选手参加，可说这是继WCG、CPL后的第三大世界性范围网络竞技赛事。

从2006年到2008年，这几年间ESWC由于多次拖欠选手奖金而饱受争议，运营公司随后在2008年宣布破产，这个赛事正式结束，前后仅仅正式持续了6届。只是之后在2009年就被Games Solution公司收购，但收购之后的Games Solution宣布不继承ESWC之前的债务，并且拒绝支付2006年到2008年期间拖欠的奖金，引发了不小的争议，使得2009年的ESWC质量大幅缩水，随后的ESWC赛事也被人调侃为赖着奖金而名存实亡了。

2012年，一家专门从事电子竞技的机构Oxent宣布从Games Solution公司手中收购ESWC品牌所有权。此后ESWC的运营更加规范，更多的电子竞技队伍前来参赛，而且奖金发放及时，ESWC再度成为世界顶级赛事。

3. WEG 电子竞技赛事

WEG（World E-sports Games）是继WCG之后又一项由韩国电子竞技界重金打造的国际顶级电子竞技赛事，是世界上最早全程转播比赛的国际性电子竞技大会，如图3-4所示，其主办方是韩国最专业的游戏电视媒体Ongamenet，比赛全程由Ongamenet独家转播，在2005年将WEG一跃打造成为全球最正规的职业化电子竞技赛事之一。大会为了吸引全球电子竞技爱好者的目光，特地邀请了代表世界最高水平的选手前来参赛，在国际上被誉为继WCG、ESWC、CPL之后的第四大电子竞技赛事。

图 3-4　WEG

4. NGL 电子竞技赛事

2006年5月3日，德国电子竞技赛事组织方Freaks 4U宣布了一个新的电子竞技赛事——NGL联赛（NETZSTATT Gaming League），包含《反恐精英》和《魔兽3冰封王座》两个项目，如图3-5所示。比赛以俱乐部战队为单位，先进行线上的循环赛，选出线上比赛成绩最好的4支队伍，再进行线下的最终决赛。NGL联赛共分两个级别比赛，顶级比赛称为NGL One，次级比赛称为NGL Two，每赛季都有升降级制度。

该赛事最早可追溯到1997年，那时候NETZSTATT就在德国国内组织过很多成功的比赛，包括《虚幻竞技场》《CS》《星际争霸》等。从2005年开始，Freaks 4U接收了NGL的赛事，并指导该项比赛向更大规模、更专业化的方向前进。

图 3-5　NGL One

NGL 第一赛季的总决赛于 2006 年 8 月 23 日至 27 日在欧洲最大的电玩盛会——Games Convention 2006 的主会场举行,多支欧洲 CS 豪门以及魔兽著名战队都参加了比赛,争夺总额高达 66000 美元的奖金。

一年后,NGL 就成为继 ESL 之后欧洲最出色的线上联赛,世界各地的顶级战队纷纷参加此联赛。新鲜的赛制、丰厚的奖金、严密的管理让 NGL 成为吸引力十足的电子竞技联赛。

5. KODE5 全球电子竞技大赛

KODE5 电子竞技大赛于 2006 年在德国汉诺威的 CeBIT 会场中展开,如图 3-6 所示。KODE5 先以一连串的《反恐精英》与《Quake4》表演赛开场,借以吸引观众的眼光并让他们体会到电子竞技的刺激。首届 KODE5 全球总决赛在中国举行。

图 3-6　KODE5

KODE5 是一个全球电子竞技玩家的 code(指令),通过这个 code 传达了一个信息,全球电子竞技玩家都将秉持运动家精神以公正、公开、公平的方式进行全球竞技。"5"代表了五大洲,KODE5 横跨 16 国和五大洲。

KODE5 是一个公开的组织,它代表了电子竞技赛事的开放与赛事无国界。任何想参加 KODE5 的人,无论是职业选手还是业余玩家,大家都可共聚一堂、全球竞技。赛事无国界代表了选手不受国籍限制,比如中国玩家可以选择在任何有 KODE5 赛事的国家参与竞技。

6. 国际电子竞技联盟

2008 年 11 月 13 日,国际电子竞技联盟(International e-Sports Federation,IeSF)在韩国首尔建立总部,并选出了第一任会长,组成事务局。韩国、德国、比利时、澳大利亚、瑞士、越南等 9 个国家和地区成为第一批会员,如图 3-7 所示。

IeSF 是一个国际电子竞技管理机构,在世界范围内有 47 个联盟成员国及地区,其中包括代表韩国的韩国电子竞技协会(KeSPA)以及代表中国的中国体育信息中心(CSIC)。

IeSF 的首要任务是在全世界范围内推广电子竞技,使电子竞技运动迈入国际主流体育社会,并得到国际最权威体育组织(如世界体育总会、国际奥林匹克委员会)的认可,从而提升电子竞技运动员在传统体育中的地位。秉持这一原则,IeSF 与国际知名体育组织(如世界体育总会、亚奥理事会、国际体育协会)紧密合作,一直致力于促成电子竞技成为诸如由国际奥林匹克委员会举办的亚洲室内运动会以及亚洲武艺运动会的官方体育赛事。[①]

图 3-7   IeSF

3.2.5   稳定期(2010 年至今):小至校园,大到国际,电子竞技渐获大众认可

在全球化、信息化、融合化的大时代背景下,随着电子竞技赛事的日益规范化、成熟化,电子竞技已逐渐步入体育范畴,它作为一个竞技体育项目,影响力正在快速提升,与传统体育项目之间的隔阂也在日渐消除,社会大众也开始倾向于承认电子竞技属于体育运动。各国高校陆续将其纳入教育体系,推展"电子竞技教育",培养更多电子竞技产业人才,电子竞技的发展已成为各国文体发展的软实力,电子竞技国际格局基本形成。

1. 在各国政府的支持下,电子竞技赛事的体育化日益加强

2013 年 7 月,《英雄联盟》的开发商 Riot Games 宣布获得了美国政府的政策许可,允许其他国家的职业玩家以正式工作的形式前往美国参赛。国际选手可因 LOL 赛事在申请美国签证过程中被看待为职业体育运动员。美国移民局承认 LOL 职业选手的身份,国际选手可以凭借职业体育队员的身份办理签证甚至移民。而首位获得工作签证的是来自加拿大埃德蒙顿的 Danny Shiphtur Le,他是为参加 2013 年 10 月 4 日在洛杉矶举行的《英雄联盟》第三届世界锦标赛而申请的,签证级别为 P-1A。这种举措间接地肯定了电子竞技赛事在体育界的地位。

2014 年年底,马来西亚政府成立了官方电子竞技组织 e-Sports Malaysia(eSM),这个组织位于国家体育委员会之下,而电子竞技正式成为马来西亚的体育项目之一,与传统体育并列。

2015 年 11 月 8 日,法国政府修改了《数字及电子产品管理法》,将"电子竞技"列入法国政府正式认可的体育项目。法国政府从此将电子竞技视为正式体育运动项目,并将"尽可能宣传其竞技作用,并为可能的负面影响考虑,确保进行及时的疏导以确保这一领域的经济活力"。

---

① 《47 国出席全球电子竞技高峰论坛 IeSF 田炳宪、WCA 李燕飞分别致辞》,人民网[DB/OL],http://bbs1.people.com.cn/post/1/1/1/157717655.html.

2016 年 2 月,国际电子竞技联盟(IeSF)向国际奥委会提交了电子竞技比赛申请入奥的材料和文件。

到 2017 年,一直被人们视为"不务正业"的电子竞技终于得到"正名"。

2017 年 4 月 17 日,亚洲奥林匹克理事会与阿里体育在杭州宣布,电子竞技加入 2017 年亚洲室内武术运动会、2018 年雅加达亚运会和 2022 年杭州亚运会。

2017 年 10 月 28 日,在瑞士洛桑举行的国际奥委会(IOC)第六届峰会上,IOC 代表对当前电子竞技产业的快速发展进行了讨论,同意将其视为一项"运动":具有竞技性的电子游戏项目可以被认为是一种体育运动,目前电子竞技选手为比赛付出的准备、日常训练的强度等都可以与传统体育运动员相媲美。

2. 各国电子竞技教育普及化

2014 年,美国伊利诺伊州的罗伯特莫里斯大学(Robert Morris University)正式将"电子竞技"加入体育部的课程,开设了电子竞技学位,同时还为学生游戏玩家提供奖学金。

同年,韩国中央大学(Chung-Ang University)开设电子竞技专业,经过激烈的招生考核,最终 Shy 和 AmbiTion 两人通过了考试,成为大学电子竞技特别专业的第一批学员——2015 年中央大学体育学院运动科学学部的新成员。

2016 年,日本滋庆学园电子竞技学院的 40 多位首批学员入学,于 2018 年 3 月毕业。招生第二年有 60 名学生注册,该电子竞技学院现在计划在大阪开设第二个校区,招收更多的学员。

2016 年 8 月,挪威 Garnes 高中开设了包括《英雄联盟》《DOTA2》《CS:GO》和《星际争霸2》的课程。这些课程与传统课程一样都分年级教授,而成绩也最终会计入学生的GPA(绩点)。

同年,内蒙古锡林郭勒职业学院设立了中国首家电子竞技专业课程,教学目标是培养职业运动员。

2017 年 4 月,由亚太科技大学(Asia Pacific University)和马来西亚电子竞技组织(e-Sports Malaysia)联合创办的马来西亚的首家电子竞技学校开学,课程划分以游戏项目为主,主要科目有《DOTA2》《英雄联盟》《CS:GO》和《FIFA Online》等,主要培养职业选手和俱乐部管理、训练师等相关人才。

3. 国际电子竞技群雄逐鹿

随着社会的发展,电子竞技逐渐被拓展和接受。全球的电子竞技领域正处于群雄逐鹿的格局:中国在《DOTA2》领域、美国在《使命召唤》《光荣》领域、韩国在《英雄联盟》领域、瑞典和加拿大在《CS:GO》领域都处于世界顶尖水平。而实际上,国际顶级赛事也不再局限于欧、美、韩,在东南亚、澳大利亚等地也新兴出了许多后起力量,花开世界的电子竞技正陆续结出喜人的果实。

3.3 大型电子竞技赛事简介

在电子竞技行业逐渐步入正轨和国家支持的大背景下,职业赛事和业余赛事都进入了发展的成熟期,赛事种类也愈加丰富。本节对国内外大型赛事做简要介绍,在本章前几节涉及的赛事,本节不再重复。

3.3.1 国际性综合电子竞技赛事简介

1. 电子竞技联盟

2000 年,电子竞技联盟(Electronic Sports League,ESL)成立,其继承了成立于 1997 年的德国 Clanliga 公司,该公司是从一个在线游戏联盟和一个游戏杂志开始发展的,同时该公司还出租游戏比赛的服务器,如图 3-8 所示。

图 3-8　ESL 电子竞技联盟

ESL 总部位于德国科隆,最初通过承办 CPL 旗下欧洲区的一些比赛进入了电子竞技赛事组织的行业。而到今天,ESL 已经发展成为世界上规模最大的电子竞技赛事组织者,有 20 多个国家的选手和战队加盟,并且在俄罗斯、法国、波兰、西班牙、中国和北美等电子竞技繁荣的地区建立了 ESL 分部,它与暴雪娱乐、拳头公司、V 社、微软等多家游戏厂商合作,每年举办数千场赛事。任何玩家只要成为会员,就可以参加各种级别的线上赛事。

ESL 旗下比较著名的赛事有 ESL ONE、IEM(英特尔极限大师赛)、ESL Pro League(ESL 职业联赛)、EPS(德国电子竞技联赛)、CSCL(欧洲 CS 冠军联赛)、WC3L(世界魔兽争霸联赛)等。ESL 的电子竞技比赛项目非常丰富,几乎囊括了现下流行的所有电子竞技游戏,如《CS》《DOTA2》《战地 4》《光环》《星际争霸 2》《真人快打》《炉石传说》等。

(1) ESL 旗下的大型赛事。

① 英特尔极限大师杯赛。英特尔极限大师杯赛(Intel Extreme Master,IEM)是一个多项目的综合性赛事,能够号召全球最优秀的电子竞技战队和选手参赛,是第一个全球规模的电子竞技精英锦标赛,堪称全球规模最大的电子竞技精英锦标赛(如图 3-9 所示)。IEM 每年下半年遴选全球少数都市举办分站赛,次年春天举办欧洲总决赛和世界总决赛,其比赛项目有《CS》《魔兽争霸》《星际争霸 2》《雷神之锤》《英雄联盟》。

图 3-9　英特尔极限大师杯赛

2006 年,英特尔赞助的欧洲赛事在欧洲之外(特别是在北美市场)看到了扩张的空间,于是英特尔开始为全球赛事提供资金,与 ESL 合作创立了 IEM,开始实施以欧洲为基地的全球性赛事。此后,赛事的规模和参赛国家的数量每年都在不断攀升。

2007 年,IEM 扩大了规模及影响力,除了在欧洲举办外,还加入了美国和瑞典站,横跨亚洲、美洲和欧洲。

2008 年,IEM 在美洲、亚洲都设立分站巡回赛,游戏竞技玩家来自欧洲、美洲以及亚洲的 6 个国家和地区,真正达到了全球化。

2015 年,IEM 卡托维兹成为有史以来收视率最高的赛事,当时的出席人数超过 10 万人,视频媒体观众超过 100 万人。

2017 年 5 月 24 日,《英雄联盟》官方发布公告表示将不再参与 IEM 赛事。

图 3-10　ESL ONE

② ESL ONE。ESL 的旗舰品牌就是 ESL ONE 赛事,创立于 2014 年(如图 3-10 所示)。ESL ONE 这个名称基本只用于各种游戏的 Major 锦标赛,主要比赛项目有《CS:GO》《DOTA2》《Battlefield 4》等。

ESL《CS:GO》已经举办了 2014 年卡托维兹 EMS、2014 年 ESL ONE 科隆站、2015 年 ESL ONE 卡托维兹站、2015 年 ESL ONE 科隆站、2016 年 ESL ONE 科隆站等赛事。截至 2018 年 8 月,ESL 已经举办了 12 个 V 社职业锦标赛中的 5 个。

③ ESL Pro Leagues。ESL Pro Leagues 是前期线上海选、后期线下决赛的洲际大赛(如图 3-11 所示)。2016 年,ESL 将《CS:GO》职业联赛的奖金提高到 150 万美元。

目前,ESL 拥有 9 家官方职业联赛,分别是《CS》《火箭联盟》《战争装备》《激战 2》《光环 5》《炉石传说》《致命拳击手 X》《彩虹 6》。

④ ESL National Championships。ESL 国际锦标赛(National Championships)是在不同国家举办的地区性 ESL 职业竞赛,是为了在世界各地传播本地电子竞技大赛而设立的(如图 3-12 所示),各地区赛事如图 3-13 所示。

图 3-11　ESL Pro Leagues

图 3-12　ESL 国际锦标赛

图 3-13　ESL 国际锦标赛赛区

其中,ESL Meisterschaft 是德国锦标赛,始于 2002 年,是最早的区域锦标赛。ESL UK 英超联赛是 2010 年以来 ESL 最大的区域锦标赛。

ESL 国际锦标赛的赛事项目为《战场 4》《CS》《DOTA2》《光晕》《炉石传说》《风暴英雄》《致命的康巴特》《史密特》《星际争霸 2》《坦克世界》《彩虹 6》。

(2) ESL 旗下组织——世界电子竞技协会。

2016 年,ESL 宣布正式成立世界电子竞技协会(World E-Sports Association,WESA),它是全球最大规模的电子竞技组织,旨在规范全球电子竞技氛围(如图 3-14 所示)。相比传统的体育协会,WESA 是一个开放性、包容性的组织,它通过引入选手代表、标准化规则和战队收入共享等元素进一步使电子竞技专业化;其愿景是基于公平、透明和诚信的共享价值观建立一个真实可信的组织以支持和扩大电子竞技的可持续增长,并在选手、战队和联盟之间共享这种增长。

图 3-14　世界电子竞技协会

WESA 为所有 WESA 认证的赛事创建了一套标准化的规则和政策,首个 WESA 认证的赛事是 ESL 职业 CS:GO 联赛,WESA 还规范化管理职业选手,设置了各俱乐部共享收益等制度,其目标是改善目前较为混乱的全球电子竞技生态系统,包括制定一系列针对粉丝、选手与组织的章程等,使战队和选手能够在透明的保护伞下运作,为持有者提供稳定的法律咨询和保护,避免受经济不确定性因素的影响。

WESA 从 2016 年的 8 个创始会员发展到 2018 年的 14 个,一直在不断壮大。

8 个创始会员为英国的 FnaTic、乌克兰的 Natus Vincere、法国的 EnVyUs、波兰的 Virtus.pro、法国的 G2 Esports、欧洲的 FaZe、德国的 Mousespots、瑞典的 Ninjas in Pyjamas。

现在的会员具体如图 3-15 所示。

图 3-15　2018 年世界电子竞技协会的 14 个会员

2. 职业游戏大联盟

2002 年 9 月，Sundance DiGiovanni 和 Mike Sepso 创立了职业游戏大联盟（Major League Gaming，MLG），总部位于美国纽约，它不仅是北美电子竞技界的顶级电子竞技联赛，也是全球规模最大的专业视频游戏联盟（如图 3-16 所示）。

图 3-16　职业游戏大联盟

为了提高计算机和游戏机的游戏比赛，加强竞技性和观赏性，MLG 还参与电视节目制作和游戏开发。2009 年 8 月 18 日，MLG 收购了 Agora Games。为方便直播，MLG 的比赛都在一个主会场进行，会场有两个主舞台，直播时也会有"红色"和"蓝色"两个流分别播放两个舞台的情况。根据以往的经验，MLG 的直播无须缓冲且画质极其清晰。

MLG 是赛会制比赛，很可能打完一场比赛后一个小时就要立刻打下一场，甚至直到比赛前几分钟参赛者才知道对手是谁，无法进行准备。MLG 赛程每站只有 3 天，但要进行几百场比赛，从早到晚，所以 MLG 相对更适合基本功强的选手。

MLG 是世界公开赛，一般有三阶段比赛，即公开赛、小组赛和冠军赛。MLG 比赛采用 BO3 的双败淘汰制，而且对所有选手都适用，不论是公开级选手还是种子选手。如果选手从来没有参加过 MLG 的比赛，那么只能自己报名从公开级比赛打起。公开级比赛分为 4 个大组，每组最多 64 人，但只要打过 MLG 并进入过前 32 名，就会获得 MLG 积分。种子名额完全是根据 MLG 积分决定的。而小组赛由种子选手参加，公开赛 4 个大组的最终胜者会晋级小组赛。小组赛进行循环赛,第 1 名进入最终冠军赛的胜者组,而 2、3、4、5、6 名依次进入败者组。

2011 年,所有 MLG 都基于以上"公开赛,小组赛,冠军赛"的赛制进行,除了本次的 Providence 总决赛。本次总决赛取消了小组赛,只有公开赛,公开赛冠军直接进入胜者组冠军赛。

MLG 的目标是将电子竞技转变为更可行的主流竞技。之前 MLG 专注于 FPS 类游戏和格斗类游戏,但在 2010 年选择了《星际争霸》和《英雄联盟》作为比赛项目,开始专注于 RTS 类游戏与 MOBA 类游戏。

3. 国际电子竞技明星邀请赛

国际电子竞技明星邀请赛(StarsWar,SW)创立于 2005 年,是由中华全国体育总会审批通过的正规赛事,由暴雪娱乐认证的全球第五项电子竞技赛事,全球首个《星际争霸 2》国际线下赛事(如图 3-17 所示)。该项赛事由著名电子竞技站点 TATA 族(Tatazu. com)、希玛(上海)文化传播有限公司主办,并由技嘉科技冠名赞助。一直以来,SW 都以创新精神在电子竞技赛事领域独树一帜,不断将其他领域的元素引入电子竞技,致力于给所有电子竞技爱好者完全不同的快乐体验。

在 SW2007 后,经过 2008—2009 年的全球金融风暴洗礼,停办了两年的 SW 于 2010 年重新开始。

4. 国际数字娱乐嘉年华

国际数字娱乐嘉年华(International E-culture Festival,IEF)是全球首个由多个国家政府共同发起的跨国界数字娱乐盛会,是全球唯一的数字娱乐与数字体育综合赛事品牌,是国内历史最久的国际电子竞技赛事,参赛国家覆盖亚洲、美洲、欧洲等地(如图 3-18 所示)。IEF 的前身是 2005 年中韩电子竞技大赛(CKCG2005),是中韩两国政府首次联合发起推动的青少年数字娱乐盛会,是落实《青少年交流协议》的具体措施之一。2006 年更名为国际数字娱乐嘉年华(IEF)。

图 3-17　国际电子竞技明星邀请赛

图 3-18　国际数字娱乐嘉年华

IEF 是一项国际性青少年数字娱乐活动,它既是信息技术与传统娱乐活动、体育活动的完美融合,也把娱乐活动、竞技活动从线下扩展到了线上、从现实世界延伸到了虚拟世界,它集国际性、知识性、娱乐性、教育性于一体,是属于各国青少年自己的跨越语言、文化和国别的一项数字娱乐盛事。

IEF 以电子竞技聚集人气,同时将网络歌曲大赛、街舞大赛、机器人比赛、网络动漫比赛、数字擂台挑战赛、电子竞技国际论坛完美融合。青少年是数字网络时代最具活力、最具推动力的参与者,IEF 的主旨是通过异彩纷呈、契合青少年喜好的数字竞技娱乐赛事潜移默化地倡导绿色健康的数字化生活方式。

5. 世界巡回赛

世界巡回赛(World Series of Video Games,WSVG)由美国游戏公司 Games Media Properties 创立于 2006 年,是一项国际性的专业电子竞技比赛,是世界上第一个结合多项电子竞技赛事的电脑及电视游戏比赛,也是全世界最大的电脑游戏节之一,在电子竞技产业中具有领导地位,其总决赛产生的冠军堪称电子竞技领域真正的世界冠军(如图 3-19 所示)。

图 3-19 世界巡回赛

WSVG 通过与 CPL、Lanwar 和 Dreamhack 等全球重要的电子竞技赛事的合作制定了一套统一的规章和规则,将电子竞技提升为一项专业的体育竞技赛事和职业赛事。

2007 年 9 月 12 日,WSVG 宣布不再制作世界系列视频游戏以及剩下的三个活动(洛杉矶、伦敦和瑞典)。WSVG 于 2014 年 8 月由世界系列公司重新推出。

6. 暴雪全球邀请赛

暴雪全球邀请赛(Blizzard World Wide Invitational,WWI)是暴雪娱乐为《魔兽争霸》《暗黑破坏神》《星际争霸》系列游戏及暴雪其他热门游戏的玩家举办的一场游戏盛典,是暴雪游戏嘉年华(BlizzCon)①的一部分(如图 3-20 所示)。

图 3-20 暴雪全球邀请赛

① 暴雪游戏嘉年华(BlizzCon)是美国电子游戏品牌暴雪娱乐为旗下产品《魔兽争霸》系列、《星际争霸》系列和《暗黑破坏神》系列游戏以及为游戏全球推广做出贡献的玩家举办的庆典,它不仅是玩家欢聚的盛宴,更是暴雪展示自己的舞台。

2004 年 1 月,第一届暴雪全球邀请赛在韩国举办,比赛项目为《魔兽争霸 3》,邀请了全球共 16 位顶尖选手参赛。首轮单局淘汰赛之后晋级 8 名选手,分成 2 个小组进行 BO3 的双败赛制,小组前两名出线进行最后的争夺。最终,瑞典的 SK.MaDFrog 获得首届冠军。

WWI 停办 1 年后,2006 年 WWI 在韩国首尔再度开启,赛事项目为《魔兽争霸 3》和《星际争霸》,参赛名额各 8 位。

WWI2008 在法国巴黎凡尔赛门展览中心举行,赛事项目为《魔兽争霸 3》《星际争霸》《魔兽世界》竞技场三项。WWI2009 已经与 BlizzCon 合并。

7. 国际电子竞技锦标赛

国际电子竞技锦标赛(International Electronic Sports Tournament,IEST)创立于 2006 年,是由国家电子竞技运动权威管理部门中华全国体育总会(国家体委)审核批准,由联想集团主办,定位为面向全球的国际性电子竞技大赛,旨在创立基于中国的高规格、高水平国际性电子竞技赛事(如图 3-21 所示)。IEST 将奥林匹克精神与电子竞技运动相结合,为广大电子竞技选手和爱好者提供了一个良好、专业的展示舞台,让中国电子竞技运动与国际接轨,并在全球范围内推动电子竞技运动和数字文化的蓬勃发展。IEST 作为第一个完全由中国人自主创办的国际顶级电子竞技赛事,首届即获得了来自媒体、大众的支持和肯定,从众多电子竞技赛事品牌中脱颖而出,一跃成为 2006 年最成功的电子竞技赛事之一。

2007 年,IEST 赛事规模的不断壮大与选手的热烈响应让 IEST 迅速成为全球性顶级电子竞技赛事。之后,IEST 一直深受中国乃至世界电子竞技爱好者的关注,其“从地方分赛区预选到中国总决赛再到世界总决赛”这一套完整的选拔方案和专业的赛事流程也让比赛显得含金量十足。但遗憾的是,由于各方面原因,IEST 将不再举办。

8. 世界电子竞技大赛

世界电子竞技大赛(World E-sports MASTERS,WEM)是由杭州市人民政府打造的全球电子竞技大赛事,以 PC 游戏、移动端手游作为比赛项目,致力于推动全球电子竞技赛事文化产业的蓬勃发展(如图 3-22 所示)。

图 3-21　IEST 2006—2007 年 logo 进化

图 3-22　世界电子竞技大赛

2006 年,杭州成功举办了第一届 WEM,此后的 WEM2009 以及 WEM2010 都为世界电子竞技赛事的推广起到了重大作用。

2012 年,第四届 WEM 大师赛邀请了来自中国、韩国、德国、美国、新加坡、瑞典、加拿大等多个国家和地区的顶尖电子竞技战队与选手参赛,比赛奖金高达 12 万美元。

9. 宅男杯

宅男杯(HomeStory Cup,HSC)创立于 2010 年,是由德国玩家 Dennis "TaKe" Gehlen 组织的线下 Party 式比赛,是一个锦标赛(如图 3-23 所示)。所有被邀请参赛的选手都会齐聚在 Dennis "TaKe"Gehlen 的家中进行比赛。赛后,所有选手会在 TaKe 公寓下面的酒吧里进行交流。多年来,这个创造性的宅男杯已被证明是一个受欢迎的赛式,观众和奖金都在稳步增加。

第一届宅男杯称为 HomeStory Cup Ⅰ,到现在已举办至第十八届,因此名为 HomeStory Cup ⅩⅧ。

10. 全球星际争霸 2 联赛

全球星际争霸 2 联赛(Global StarCraft Ⅱ League,GSL)是韩国 GomTV 电视台举办的电子竞技职业联赛,旗下比赛有 GSL 赞助赛联赛、超级锦标赛、世界冠军赛、GSTL 战队联赛、暴雪杯赛等(如图 3-24 所示)。

图 3-23　宅男杯

图 3-24　全球星际争霸 2 联赛

GomTV 从 2010 年 9 月开始举办 GSL,每月都计划举行正规比赛和世界冠军赛;采用等级制度,让选手进行善意竞争,年末进行活动赛,决出真正的冠军。借助 GomTV 强大的全球视频直播服务让全世界玩家可以观看比赛。GSL 一直以来都是韩国职业选手完全统治的赛事,从 2013 年开始为 WCS 系列赛提供赛事积分并沿用至今。

11. 世界电子竞技大赛

世界电子竞技大赛(World Cyber Arena,WCA)是由银川市政府、银川圣地国际游戏投资有限公司创立的一项全球性的电子竞技赛事(如图 3-25 所示)。

图 3-25　世界电子竞技大赛

2014 年 2 月，WCG 主办单位宣布不再举办 WCG 年度总决赛。银川市政府从政策、市场、社会环境等多方面都有利于电子竞技行业发展的现状中看到了打造新兴产业的商机，经数月筹划了 WCA。2014 年 9 月，银川市委、市政府批准设立银川市产业基金管理有限公司，旗下文化产业基金注资 3.03 亿元，成立银川圣地国际游戏投资有限公司，并于当年与韩国 WCG 赛事主办方达成协议，继承了 WCG 的主要资源和精神的 WCA 就此诞生。首届 WCA 以"英雄的竞技场，玩家的寻梦地（Hero's Arena，Player's Dreamland）"为口号，网罗全球最热门的游戏作为比赛项目，吸引了全球 29 个国家和地区的选手参加，创造了世界电子竞技史上参赛选手覆盖范围最广、数量最多的纪录。

2017 年，WCA 已经是全球化第三方赛事的风向标，其赛区包括中国赛区、亚太赛区、美洲赛区、欧洲赛区、中东赛区五大赛区，多项目、多类型的赛事让更多的电子竞技热爱者加入电子竞技比赛之中。

WCA 正在不断完善、创新，正逐步向体育、文化以及经济交流的多重使者身份转型，并在多个领域创造了第一：第一个奥运化赛程的综合电子竞技赛事；第一个将国产电子竞技赛事品牌带上全球舞台；第一个打造以电子竞技为主的集音乐、动漫、文学、影视内容多位一体的综合娱乐电子竞技生态圈；第一个建立国际电子竞技学院等。

可以说，WCA 的创立肩负起了文化开拓者的使命，填补了 WCG 停办后的空白，继续发扬世界电子竞技大赛的竞技体育精神，推动中外电子竞技文化和经验的交流，引领中国电子竞技力量在世界舞台上的强势崛起。

12. 世界电子竞技运动会

世界电子竞技运动会（World Electronic Sports Games，WESG）创立于 2016 年，是阿里体育打造的一项世界级赛会制电子竞技赛事（如图 3-26 所示）。知名电子竞技赛事运营平台"戏谷电子竞技联盟"荣膺阿里体育授权，委托管理签约电子竞技馆，为阿里打造 WESG 提供鼎力支持。现在，WESG 已覆盖全球 125 个国家和地区。

WESG 还制定并发布了一套以奥运项目为标准并结合电子竞技运动特质的管理规定，包括运动员年龄与国籍认定、道德礼仪准则、处罚申诉条例等，推动了世界电子竞技运动的

图 3-26　世界电子竞技运动会

良性发展。

13. 世界高校电子竞技大赛

世界高校电子竞技大赛(World University Games League,WUGL)创立于 2006 年,是由中华全国体育总会指导,中国对外友好协会支持,中国欧盟协会、北京艺都国际传媒有限公司主办,武汉大学、湖南大学、北京大学、东北大学、深圳大学、暨南大学、复旦大学、重庆大学、四川大学、山东大学、南京大学、浙江大学联合院校主办,TCL 电脑、中信银行、INTEL、智勇团队 wNv、武汉大学媒体发展研究中心协办,中国欧盟友协网、北京数字纵横文化传播有限公司共同承办的电子竞技赛事(如图 3-27 所示)。大赛旨在通过搭建相互交流、相互沟通、相互学习的国际化竞技平台,促

图 3-27　世界高校电子竞技大赛

进国内高校之间以及与国外高校之间的文化交流,引导"交流与合作的、知识与竞技的、文化与休闲的、健康与美的"大学校园生活。

WUGL 分为世界高校电子竞技大赛国内赛(全国 11 大赛区)和港澳台地区赛、国际赛(欧洲联赛、亚洲联赛、非洲联赛)、精英赛、对抗赛、明星邀请赛、友谊赛等诸多赛事,每年举办一届,历时 4 个月。

3.3.2　国内大型综合性电子竞技赛事简介

1. 全国性电子竞技赛事

(1) 中国电子竞技大会。

中国电子竞技大会(China Internet Gaming,CIG)是由人民邮电报社牵头组织,联合原信息产业部、文化部、体育总局、共青团中央等部门的相关司局共同发起,中国互联网协会、各大电信运营商、新华网等单位参与支持,是国内具有较大规模及影响力的综合数字竞技类盛会,是以网络游戏比赛、展览、论坛、峰会、调查为内容的综合性活动,大会官方组委会设在人民邮电报社。CIG 是定位于半职业的电子竞技比赛,是旨在推广电子竞技以及帮助电信发展的一个广泛性的比赛(如图 3-28 所示)。

图 3-28　中国电子竞技大会

CIG 以群众喜闻乐见的形式开展活动,为网络游戏产业链上至政府部门、行业协会,

下至运营企业、最终消费者提供一个开放互动、交流推广、合作共赢的平台。CIG 是迄今国内规格和级别最高、阵容最强、参与人数最多、覆盖范围最广的国家级电子竞技盛会。CIG 以张扬电子竞技理念、倡导健康益智精神、共建电子竞技联盟为宗旨，致力规范网络游戏市场，打造"国字号"电子竞技品牌，开创中国电子竞技产业的"奥斯卡金奖"——金手指奖，以促进电子竞技产业生态圈的繁荣与发展。在成功举办首届（CIG 2002）、第二届（CIG 2003）、第三届（CIG 2004）、第四届（CIG 2005）以及第五届（CIG 2006）中国电子竞技大会的基础上，CIG 将每年定期举办。CIG 将继续坚持"开放合作，互利共赢"的宗旨，秉承"绿色游戏、健康生活"的数字娱乐理念，为推进中国以网络游戏为核心的数字娱乐产业健康协调发展做出贡献。CIG 热心公益，愿意借助其在数字娱乐领域的专业所长和在众多青少年中的广泛影响力，以数字奥运为手段为宣传人文奥运、科技奥运做出贡献。

（2）中国电子竞技运动会。

中国电子竞技运动会（China E-sports Games，CEG）是由中华全国体育总会主办的最具权威性的国家级电子竞技联赛（如图 3-29 所示），其宗旨是规范和普及电子竞技运动，提高中国电子竞技运动水平，向国际市场推广电子竞技运动，使中国成为全球性的电子竞技市场。

CEG 的首届比赛于 2004 年 6 月 19 日开幕，在北京、上海、成都、广州、沈阳、长沙、武汉、西安 8 个赛区开展，比赛项目包括对战类和休闲类两种，并设有对战类联赛、业余比赛和电视擂台赛三种比赛模式。其中，对战类联赛分为资格选拔赛和联赛两部分。可以说，CEG 是中国权威的国家级电子竞技典范赛事，是中国电子竞技运动走上正轨的分水岭，在中国电子竞技产业中将发挥重要的榜样作用。

（3）中国电子竞技职业选手联赛。

中国电子竞技职业选手联赛（ProGamer League，PGL）创办于 2006 年，是中国最早的电子竞技赛事之一，是中国电子竞技的一面旗帜（如图 3-30 所示）。本赛事由北京数字娱乐产业示范基地主办、华竞互动（北京）科技发展有限公司承办、中华全国体育总会支持，是经中国政府部门正式批准开展的国际性电子竞技职业联赛。从传播伊始，PGL 就涵盖时下最热门的电子竞技项目及世界最顶尖的选手，受到了产业及电子竞技爱好者的广泛关注和喜爱。PGL 以线下落地赛事及视频直播为主要传播方式，将电子竞技比赛打

图 3-29 中国电子竞技运动会

图 3-30 中国电子竞技职业选手联赛

造成为数字互动娱乐平台,将游戏产业、IT产业、体育产业、快消产业及汽车产业等有机融合,整体向用户传递价值。

PGL首站魔兽天王争霸赛于2006年9月5日在北京举行,邀请了世界最顶尖的10位选手进行为期一周的比赛。该赛事于2009年停办。2015年,PGL天王回归争霸赛的成功举办标志着PGL赛事品牌时隔6年后强势回归。

(4)腾讯电子竞技运动会。

腾讯电子竞技运动会(Tencent Global eSports Arena,TGA)是腾讯电子竞技旗下的综合性赛事平台,是目前国内最大的综合赛事平台(如图3-31所示)。

图3-31 腾讯电子竞技运动会

2010年12月4日,腾讯游戏嘉年华(TGC)在上海新国际博览中心E1馆揭幕。随着腾讯游戏嘉年华的开幕,腾讯游戏旗下的全民竞技平台——腾讯游戏竞技平台(TGA)也正式发布,并于发布会现场成功举办首届线下赛事。

2011年,TGA正式发布TGA STAR造星计划,在陪伴电子竞技行业成长的过程中培育了最早的一批电子竞技明星解说,LPL海尔兄弟米勒与娃娃,《王者荣耀》的解说李九、瓶子、琪琪、Gini,《QQ飞车》手游解说韩冬、范游游、Rein等都在TGA的抚育下成长着。这个时候,大批顶尖电子竞技选手征战TGA赛场,日后电子竞技圈许多家喻户晓的顶级电子竞技选手(如《英雄联盟》的若风、PDD、UZI,《穿越火线》的白鲨、怪咖等)开始在TGA赛场崭露头角。

2012年,腾讯举办的TGA2012大奖赛汇集了国内最强战队WE、iG、皇族、华义等,甚至邀请了M5作为表演嘉宾,可谓噱头十足。成立不久的皇族在本届比赛上大放异彩,不仅在半决赛中逆袭iG,更是在总决赛中拿下WE一局,这支新兴战队最终获得亚军,一战成名。而WE凭借精湛的技艺最终还是不负众望地获得冠军。TGA大奖赛上各大国内战队的争雄也让中国的LOL焕发出全新的风采。

TGA不仅培育解说与孵化选手。2013年TGA再度发力,将自身定位于孵化职业赛事体系,并成为唯一成功孕育LPL、CFPL等的顶级职业电子竞技赛事。这几年,手游项目也首次加入TGA赛事。

2016年,TGA作为行业先行标杆探索移动电子竞技,成功孵化移动电子竞技顶级职业联赛KPL、CFPLM,并输送优质职业战队。同时,TGA STAR导师计划发布,小苍、白鲨、立蒌、笑笑任明星导师,其通过单独创立移动游戏综合性赛事(TGA移动游戏大奖赛)

进一步开拓手游市场,并于 9 月在《王者荣耀》游戏内上线电视台功能,成为具备搭建移动游戏电视台能力的团队。

2018 年,TGA 参与策办亚运会,见证了中国代表队在亚运会电子竞技项目中摘取两金一银的优异成绩。

2019 年,TGA 整体品牌赛事全面升级为腾讯电子竞技运动会,这是一场覆盖全年的大型综合性体育竞技盛会。在长达 9 年的电子竞技市场经验沉淀中,腾讯电子竞技运动会重新定位自己,全面整合了腾讯游戏旗下众多竞技产品和单项赛事,将线上赛事和线下赛事进行有机融合,形成了一套专业、完善的赛事体系,每年总参赛人数达数千万之众,成为国内规模最大、最具全民参与性的专业电子竞技赛事。

TGA 大奖赛是一项基于 TGA 的重要品牌赛事,涵盖《英雄联盟》《王者荣耀》《穿越火线——枪战王者》《火影忍者》《街头篮球》《龙之谷手游》《疯狂贪吃蛇》《全民飞机大战》《天天炫斗》九大比赛项目,每款游戏选出的玩家将在 TGA 总决赛上一决高下(如图 3-32 所示)。

TGA 大奖赛采取"3+1"双赛制,即每月 3 场周赛+1 场月赛,每个赛季 3 场月赛+1 场总决赛。

周赛采取线上对决的方式,每月前 3 周分别进行 3 场周赛,周赛冠军晋级月赛。

月赛采取线下对决的方式,每月第 4 周举行一场月赛,月赛冠军直接晋级总决赛。

复活赛由三次月赛的亚军参加,复活赛冠军获得最后一个晋级总决赛的名额。

总决赛采取线下对决的方式,月赛冠军和复活赛冠军参加 6 月的总决赛,脱颖而出的选手将站到聚光灯下捧起冠军奖杯。

(5)全国电子竞技大赛。

全国电子竞技大赛(NaTional Electronic Sports Tournament,NEST)是由国家体育总局信息中心主办,以宣传电子竞技运动正能量为宗旨,以培养本土电子竞技明星、弘扬电子竞技文化为目的的国家级综合类专业赛事(如图 3-33 所示)。

图 3-32　TGA 大奖赛

图 3-33　全国电子竞技大赛

NEST 从 2013 年举办以来,一直在不遗余力地用最专业的态度打造国家级电子竞技大赛,为电子竞技爱好者打造一个交流的高端平台,树立中国电子竞技综合类赛事的专业品牌。

2015 年的 NEST 赛事中首次将移动电子竞技列为正式比赛手游项目,让玩家和业内人士看到了政府对移动电子竞技端的支持和重视。

2018年，NEST 正式推出首支赛事主题曲《雄心无价》，与2018年 NEST 的主题"不破不立 无畏之心"相呼应，音乐风格激昂热血，歌词正能量十足，体现了电子竞技赛事不断超越自我的拼搏精神与 NEST 倡导的让电子竞技回归主流的决心。

（6）全国电子竞技公开赛。

全国电子竞技公开赛（NaTional Electronic Sports Open，NESO）创立于2014年，是由国家体育总局体育信息中心主办，上海网映文化传播股份有限公司（NEOTV）承办，各省、自治区、直辖市、新疆生产建设兵团、计划单列市体育部门组队参加的电子竞技综合性赛事（如图3-34所示）。

NESO 是国内首个也是唯一一个全运会模式的综合电子竞技赛事，以省市为单位角逐代表最高荣耀的团队冠军奖杯，为电子竞技赛事增添了一份厚重的地方荣誉感。大赛的主旨是为全国电子竞技爱好者提供一个公平、公正、公开的竞技平台，面向社会宣传电子竞技运动、传播电子竞技正能量。

（7）全国移动电子竞技大赛。

全国移动电子竞技大赛（China Mobile E-Sports Games，CMEG）是由国家体育总局体育信息中心主办的首个官方大型综合性移动电子竞技赛事，大赛倡导全民参与、绿色健康理念（如图3-35所示）。

图3-34　全国电子竞技公开赛

图3-35　全国电子竞技公开赛

2016年3月19日，由国家体育总局体育信息中心与大唐电信联合主办的首个国家级移动电子竞技赛事——全国移动电子竞技大赛（CMEG 2016）拉开帷幕。在赛事启动的同时，国家体育总局体育信息中心与45家产业优秀企业和单位宣布成立中国移动电子竞技产业联盟，这是我国移动电子竞技产业首个官方性质的行业组织。

大赛通过线上及线下两种方式进行选拔，分为海选、晋级赛和决赛三个阶段，在全国多个赛区举办落地赛。7月23日，CMEG2016总决赛在贵阳市国际会议展览中心拉开帷幕，《穿越火线》《王者荣耀》《虚荣》《全民枪战》《拳皇97高清版》《三国杀》《电子竞技捕鱼千炮版》七个正式比赛项目的四强队伍为最后的冠军展开了角逐，《全民坦克大战》《球球大作战》以及《炉石传说》表演赛更是引爆全场。首届 CMEG 报名人数突破百万，线上晋级赛直播观看人数超过3000万，赛事奖金高达500万。无论是赛事规模、受欢迎程度还是比赛奖金方面,本次大赛都可堪称规模巨大。

CMEG 定位全民运动、全民竞技,面向所有电子竞技爱好者开放报名,并选择多款有广泛群众基础的大众游戏作为参赛项目。CMEG 的成立拓展了移动电子竞技运动的覆盖人群,传递移动电子竞技正能量,填补了我国官方移动电子竞技赛事的空白。

(8)国家杯电子竞技大赛。

国家杯电子竞技大赛(CHINA TOP)是由国家体育总局体育信息中心主办,黑色时空(北京)体育有限公司承办的中国首个面向国际的、具有中国特色的顶级官方赛事,是我国电子竞技赛事体系的重要组成部分,也是为年轻一代增强民族凝聚力、展现中国精神的重要载体(如图 3-36 所示)。

2016 年 12 月 16 日,由国家体育总局主办的黑色时空(北京)体育有限公司承办、深圳市南山区宣传部(文体局)协办的首届 CHINA TOP 国家杯电子竞技大赛在深圳市南山文体中心开赛。大赛拉开了由官方主办的首个世界级电子竞技赛事的序幕,大赛主题为"中国时刻,开篇之战",正是希望中国电子竞技在世界开启全新的中国电子竞技篇章,标志着中国的电子竞技从此拥有"国字号"赛事。

首届国家杯电子竞技大赛吸引了来自美国、加拿大、瑞典、荷兰、韩国等多个国家的65 名世界顶级选手参赛,产生了超过 20 小时的赛事内容,国内直播平台观众突破 3000万。大赛得到了包括新华社、路透社、澎湃新闻、网易、腾讯等国内外超过 500 多家主流媒体的报道,吸引了全世界的关注。

2. 高校电子竞技赛事

(1)全国高校电子竞技联赛。

全国高校电子竞技联赛(National University Games League,NUGL)是由国家体育总局体育信息中心主办,面向广大高校电子竞技爱好者的全国性官方电子竞技赛事(如图 3-37 所示)。全国高校电子竞技联赛组委会于 2004 年 10 月 11 日正式成立,包括赛事执行委员会、传播委员会、商务协会。NUGL 总部设在北京,是一个倡导健康游戏,以创造绿色网络环境为指导方针,积极推动业余数字体育运动发展的机构。

图 3-36 国家杯电子竞技大赛

图 3-37 全国高校电子竞技联赛

首届 NUGL 开创了高校电子竞技的先河,是有史以来规模最大、覆盖最广、水平最高、奖励最具吸引力、赛事最正规、组织最科学、赛事最公正、基础设施最完善、选手待遇最体贴、参与机构最多的电子竞技赛事。最终,大赛冠军为西南科技大学,北京农业大学和西安欧亚学院分别获得亚军与季军。

NUGL 的宗旨是由学生管理和发展自己的赛事;以"超越游戏,超越梦想"为口号;鼓励和领导数字体育运动,从而促进和加强高校之间的友谊,推动数字体育发展。全国高校电子竞技联赛日常事务及管理工作由赛区、院校组委会学生全权处理,总组委会是高校电子竞技联赛的最高仲裁机构。

图 3-38　全国高校联赛

(2)全国高校联赛。

全国高校联赛(GIGABYTE Top League,GTL)是技嘉金牌主板联合国际数字娱乐嘉年华(IEF)共同举办的全国高校竞技联赛(如图 3-38 所示)。作为高校玩家自己的联赛,整个赛事的执行由技嘉 Top 联盟的成员同学完成,旨在激发高校学生的赛事组织潜能,营造良好的高校体育竞技氛围,展现高校学生的竞技风采,同时通过技嘉 Top 联盟实现全国高校学生的互动交流。

2009 年 9 月,第一届 GTL 全国高校 DOTA 联赛在全国范围内拉开战幕,共计 215 所高校的 1865 支战队的 9748 人参加了大赛,赛事获得了巨大成功;第二届 GTL 赛事规模则扩大了两倍多,全国有 5300 多支高校战队参加;第三届 GTL 有 700 多所高校的 12000 余支战队参赛。而随着赛事规模的不断扩大,到第六届时,GTL 已覆盖全国超过 1000 所高校,有 15000 多支队伍参赛,成为全国高校最受欢迎、最具人气的全国高校电子竞技盛会。

(3)高校电子竞技联赛。

高校电子竞技联赛(Colleges E-sports League,CEL)是杭州听之网络科技有限公司重金打造的国内顶级电子竞技赛事,2010 年 8 月开始举办首届赛事,力邀世界冠军

图 3-39　高校电子竞技联赛

remind、玉米、海涛等国内著名魔兽选手和解说前来现场互动,举办平台是听之网络科技旗下的追逐网,目前国内的 solo 赛事[①]越来越少,逐渐偏向《DOTA》《真三国无双》等多人竞技游戏,追逐网针对大学生对《魔兽争霸》的喜爱,也让国内选手有了参加大赛的机会,CEL 从 2010 年开始定期举办(如图 3-39 所示),目的在于引导在校学生正确对待电子游戏,引导学生在日常与计算机接触的时候学到相关的电子知识或计算机应用知识。打造高校社团文化精品,更重要的是加速了学生与学生组织的单一沟通方式向多元化沟通方式的转变。

(4)全国高校电子竞技联赛。

---

① solo 赛事就是以 1 对 1 形式进行的比赛,如《魔兽争霸》的建造模式、《星际争霸》等,《DOTA》和《英雄联盟》中的 1 对 1 单中也是一种 solo 模式。solo 是对双方技术水平和细节把握的最大检验。因为全靠自己,solo 可以最充分地体现一名玩家的个人实力。

全国高校电子竞技联赛（China Universities E-sports League，CUEL）在 2015 年创立，是由国家体育总局信息中心主办，北京大誉世纪文化有限公司承办的大型电子竞技联赛（如图 3-40 所示）。CUEL 的目的是通过与各省电子竞技协会和相关单位的共同努力丰富我国电子竞技运动的赛事体系，从中培养和发掘青年人才，进而推动我国电子竞技产业的稳步、规范发展。大赛集结全国各高校的电子竞技爱好者，旨在通过打造中国高校顶级赛事建立中国高校电子竞技选手的切磋交流平台，同时打造中国电子竞技新希望"三位一体"的体系，成为国内最受欢迎的高校赛事，给广大高校电子竞技爱好者提供一个展示自我、超越自我的竞技平台。

2015 年 9 月 24 日，首届 CUEL 新闻发布会召开，揭开了一场全国性高校官方电子竞技赛事的序幕。同年 11 月 14 日，首届 CUEL 暨湖南首届高校电子竞技联赛开幕式在湖南广播电视大学体育艺术中心举行。这届 CUEL 通过北京、上海、广东、江苏、浙江、安徽、山东、湖南、湖北、福建十大赛区的选拔，将全国高校优秀电子竞技人才汇聚到全国总决赛，丰富我国电子竞技运动的赛事体系，优化青年人才培养模式，进而推动我国电子竞技产业的稳步、规范发展。

（5）中国大学生电子竞技联赛。

中国大学生电子竞技联赛（University Cyber Games，UCG）创立于 2016 年，是中国大学生体育协会唯一官方授权的大学生电子竞技联赛，是国内目前规模最大的校园电子竞技专属赛事（如图 3-41 所示）。UCG 以全国高校战队比拼、主播选秀、中韩对抗赛为核心内容，致力于打造全球大学生电子竞技联赛，让每一位拥有电子竞技梦想的高校玩家都有机会实现自己的梦想，同时还为多才多艺的高校学子提供舞台，一展自己电子竞技、解说等特长。学生将会经历高校报名、校园预选赛、校园决赛等多重考验，最终进入全国总决赛。

图 3-40　全国高校电子竞技联赛

图 3-41　中国大学生电子竞技

首届 UCG 由中国大学生体育协会主办，康湃思（北京）体育管理有限公司和上海高竞文化传媒有限公司联合推广，比赛项目为《DOTA2》《英雄联盟》《炉石传说》，赛制为晋级制，依次是全国高校线上公开赛、校园海选赛、校园区域赛、全国总决赛。此外，首届 UCG 还设立了百万电子竞技助学金，通过与韩国大学生联合会（ECCA）合作，实现中韩高校强强对抗,既为大学生电子竞技爱好者提供了展现自我的舞台,又为其提供高额的助学金,给广大高校电子竞技爱好者提供了展示自我、超越自我的平台。

3.3.3 主要单项电子竞技赛事简介

1.《英雄联盟》S 系列赛

《英雄联盟》全球总决赛、季中冠军赛、全明星赛三项赛事并称为《英雄联盟》全球三大赛。

(1)《英雄联盟》全球总决赛(LOL 全球冠军赛)。

《英雄联盟》S 赛全称为《英雄联盟》全球总决赛(League of Legends World Championship)创立于 2011 年,是《英雄联盟》一年一度的最盛大的比赛,全球总决赛是所有《英雄联盟》比赛项目中荣誉最高、含金量最高、竞技水平最高、知名度最高的比赛,代表着《英雄联盟》的最高荣誉,奖杯为"召唤师杯"(如图 3-42 所示)。全球总决赛每季表示为 S1,S2……(S 是 season 的缩写,赛季的意思),全球总决赛一般在每年 9～10 月举行,由拳头游戏(Riot games)主办,包括入围赛、小组赛、八强赛、半决赛、决赛五个阶段,一般会在举办国的不同城市巡回进行,持续时间大致为一个月。

图 3-42 《英雄联盟》全球总决赛

参赛者均是来自各大赛区最顶尖的战队,只有在每年的职业联赛中表现出色的队伍才有资格参赛,每个赛区根据规模和水平决定其在总决赛中的名额,全球 14 个赛区分别是:韩国 LCK 赛区、中国 LPL 赛区、欧洲 LCS(LCS.EU)赛区、北美 LCS(LCS.NA)赛区、独联体 LCL 赛区、巴西 CBLOL 赛区、东南亚 GPL 赛区、北拉丁美洲 LLN 赛区、南拉丁美洲 CLS 赛区、土耳其 TCL 赛区、大洋洲 OPL 赛区、日本 LJL 赛区、越南 VCS 赛区。

S7 落地中国,创造了电子竞技观赛新纪录,总奖金达到 460 万美元,荣获 2017 年电子竞技产业奖(Esports Industry Awards)中的"年度电子竞技赛事"奖,《英雄联盟》的开发商拳头游戏也荣获当年的"年度厂商"奖。

2018 年 11 月 3 日,IG 过关斩将,八强赛战胜 lck 一号种子 kt,最终在冠军争夺战场上战胜 FNC 夺得冠军,这是 LPL 史上第一个 S 赛冠军。

2019 年 11 月 10 日,FPX 战胜 G2,LPL 再夺冠军。

（2）《英雄联盟》季中冠军赛。

《英雄联盟》季中冠军赛（Mid-Season Invitational，MSI）是 Riot Games（拳头游戏）于 2015 年增加的国际性赛事，当时的赛事中文名称为季中邀请赛，于 2016 年后更名为季中冠军赛。季中冠军赛是《英雄联盟》当中最重要的国际赛事之一，每个赛区春季赛的季后赛冠军才能获邀参赛（如图 3-43 所示）。举办时间为每年的 4～5 月，比赛机制为入围赛、小组赛、淘汰赛。

图 3-43　《英雄联盟》季中冠军赛

首届 MSI 于 2015 年 5 月 8～11 日在美国佛罗里达州的首府塔拉哈西的唐纳德 L.塔克体育中心举办，参赛队伍有 EDG（中国）、SKT（韩国）、TSM（北美）、FNC（欧洲）、BJK（土耳其）等。最终，中国的 EDG 战队赢得冠军。

（3）《英雄联盟》全明星赛。

英雄联盟全明星赛（League of Legends All-star Event）是拳头游戏于 2013 年开始举办的大型国际赛事，队员均是由各赛区观众投票选出的明星选手，除了明星队的正赛较量外，还有克隆模式、无限火力、双人共玩、SOLO 赛等娱乐模式，不仅考验职业选手的应战技巧，也为全明星赛增添了不少观看性（如图 3-44 所示）。全明星赛的举办时间为每年的 12 月。

图 3-44　《英雄联盟》全明星赛

（4）《英雄联盟》洲际系列赛。

英雄联盟洲际系列赛（League of Legends Rift Rivals）是拳头游戏于 2017 年新增的电子竞技赛事，迄今已举办 3 届，举办时间为每年的 7 月左右（如图 3-45 所示）。

图 3-45　2017《英雄联盟》洲际系列赛

洲际系列赛是由一系列地区对抗赛组成的国际赛事，届时来自各个赛区的队伍将分为数量不同的对抗赛，在召唤师峡谷面对自己的仇敌，与各自最主要的对手针锋相对，了断新仇旧恨，争夺地区最强赛区的荣誉。

洲际系列赛的每个对抗赛的受邀队伍数量、比赛场馆和赛制都不同，但是所有对抗赛都将在不同赛区之间互相比拼，不会在来自同一个赛区的两支队伍之间产生对抗，其赛制如表 3-2 所示。

表 3-2 《英雄联盟》洲际系列赛赛制

年　份	赛　制
2017	亚洲对抗赛：韩国 LCK、中国 LPL 南美对抗赛：北拉丁美 LLN、巴西 CBLOL、南拉丁美 CLS 欧美对抗赛：北美 LCS、欧洲 LCS 俄土对抗赛：独联体 LCL、土耳其 TCL 太平洋对抗赛：东南亚 GPL、大洋洲 OPL、日本 LJL
2018	亚洲对抗赛：韩国 LCK、中国 LPL 南美对抗赛：北拉丁美 LLN、巴西 CBLOL、南拉丁美 CLS 欧美对抗赛：北美 LCS、欧洲 LCS 俄土越对抗赛：独联体 LCL、土耳其 TCL、越南 VCS 太平洋对抗赛：东南亚 GPL、大洋洲 OPL、日本 LJL
2019	亚洲对抗赛：韩国 LCK、中国 LPL、越南 VCS 欧美对抗赛：北美 LCS、欧洲 LEC

（5）《英雄联盟》职业联赛。

英雄联盟职业联赛（LOL Pro League，LPL）是由腾讯主办、耗资千万打造的国内顶级 LOL 赛事体系，汇集国内顶尖的职业战队，是中国最高级别的《英雄联盟》职业比赛，是中国赛区通往全球冠军总决赛的唯一渠道，从职业联赛中脱颖而出的战队将代表中国角逐世界之巅（如图 3-46 所示）。

图 3-46 《英雄联盟》职业联赛

每年的 LPL 为期 9 个月，由春季赛和夏季赛组成，每季分为常规赛与季后赛两部分。常规赛积分排名前八的战队将晋级季后赛，为赛季总冠军以及高额的赛事奖金继续展开争夺。春季赛冠军会代表 LPL 赛区参加每年 5 月的季中冠军赛；春季赛的前四名将参加 7 月举行的洲际系列赛。夏季赛冠军将作为 LPL 赛区的一号种子直接保送全球总决赛，全年积分最高的队伍将作为二号种子晋级全球总决赛，顺位之下的 4 支积分最高的队伍将进行预选赛，获胜的队伍将作为三号种子拿到全球总决赛的最后一张门票。

2013 年 1 月 29 日，第一届英雄联盟职业联赛季前赛开始，作为国内最高水准的《英雄联盟》赛事，LPL 就此诞生。通过"城市英雄争霸赛"建立的扎实的俱乐部基础，iG、OMG、WE、PE、皇族、TL、WOA、Spider 8 支队伍脱颖而出，获得了第一届 LPL 的参赛资格，LPL 170 万元的总奖金也创造了当时的纪录。

　　2015 年, LPL 随着大量俱乐部的加入, 参赛队伍由 8 支扩充到 12 支, 分别为 EDG 战队、Snake 战队、OMG 战队、VG 战队、iG 战队、LGD 战队、King 战队、WE 战队、M3 战队、皇族战队、EP 战队、GT 战队, 队伍的增多也增加了 LPL 赛程的长度, 大量优秀队员的进入使得 LPL 进入了百花齐放的阶段。

　　2017 年 4 月 30 日,《英雄联盟》电子竞技战略发布会在南京召开。发布会中,《英雄联盟》中国团队与拳头游戏中国团队正式公布了"LPL 联盟化"与"主客场制"的全新电子竞技改革计划。除了取消降级、战队扩充等联盟化措施外, 目前聚集在上海的各大俱乐部将在未来几年内迁移至全国多个城市, 建立自己的主场阵地。同年 9 月, 正式公布的 3 个主场城市分别为成都、杭州、重庆。

　　2018 年 LPL 春季赛, 战队由 12 支扩充为 14 支, 分别是 RNG 战队、iG 战队、SNG 战队、JDG 战队、LGD 战队、RW 战队、TOP 战队、EDG 战队、OMG 战队、WE 战队、BLG 战队、Snake 战队、VG 战队、FPX 战队。

　　(6)《英雄联盟》职业发展联赛。

　　英雄联盟职业发展联赛(LOL Development League, LDL)是《英雄联盟》于 2018 年推出的全新职业赛事体系, 旨在促进《英雄联盟》职业电子竞技生态的稳定、健康发展(如图 3-47 所示)。发展联赛分为春季赛和夏季赛, 举办时间为: 春季赛3~5 月, 夏季赛 6~9 月。

图 3-47　《英雄联盟》职业发展联赛

　　LDL 取代 LSPL, 与 LPL 形成完整的两级职业赛事体系。原来的 LSPL 和 TGA 旗下的城市英雄争霸赛将退出历史舞台。

　　LDL 分为华北、华东、华西、华南四大赛区。每个赛区设立四个重点城市作为赛点(北京、南京、重庆、深圳)。通过城市海选赛、大区晋级赛、区域联赛和全国总决赛四个阶段决出该赛季 LDL 的最终名次和对应积分。LDL 每年分为春季赛和夏季赛两个赛季, 两个赛季成绩最优的 8 支队伍可晋级年度总决赛, 最终决出冠军, 将有机会获得晋级 LPL 的资格(LPL 联盟将对冠军战队俱乐部的综合资质进行审核, 若通过审核, 则冠军战队俱乐部将正式加入 LPL 联盟)。

　　(7) 德玛西亚杯。

　　德玛西亚杯(Demacia Cup)是由腾讯游戏《英雄联盟》主办、第一分站赛 MarsTV 承办的一项竞技游戏大型赛事, 创立于 2014 年, 分为分站赛和年度总决赛(如图 3-48 所示)。作为一项杯赛性质的 LOL 赛事, 德玛西亚杯旨在加深国内顶级联赛(LPL)与次级联赛(LDL)、职业联赛与非联赛体系职业队伍之间的交流和碰撞。与联赛积分制相比, 淘汰制是杯赛的一大特点, 由这一赛制带来的偶然性大大增加了比赛的观赏性与爆冷的可能, 黑马队伍扮演"巨人杀手"角色的好戏时常能够上演。

　　从 2017 年开始, TGA(城市英雄争霸赛)和 LCL(高校联赛)的优秀队伍也获得了与职业战队同台竞技的机会。

　　(8)《英雄联盟》全国高校联赛。

　　《英雄联盟》全国高校联赛(LOL Collegiate League, LCL)是《英雄联盟》官方推出的校园联赛(如图 3-49 所示)。比赛流程为海选、校内决赛、省决赛、南北决赛和总决赛。联赛分为 7 个赛区 59 个赛点：东北赛区(7 个赛点)、西北赛区(9 个赛点)、西南赛区(6 个赛点)、华北赛区(13 个赛点)、华东赛区(8 个赛点)、华中赛区(7 个赛点)、华南赛区(9 个赛点)。参赛规则如下：

图 3-48　德玛西亚杯　　　　　　　　　　图 3-49　《英雄联盟》全国高校联赛

① 在校大学生可参加高校联赛；

② 高校联赛 5 人组队参赛，且其中 3 人必须来自同一所高校；

③ 每支战队从比赛开始至全国总决赛最多可更换 3 名队员，且必须保证 3 人来自同一所高校；

④ 参赛队员须携带本人身份证和学生证；

⑤ 每位队员可自选赛区参加高校联赛，并且参赛次数不限，但从区域赛开始，每位队员只能参加一支战队代表一所高校参赛。

2.《DOTA2》国际邀请赛

《DOTA2》国际邀请赛(The International DOTA2 Championships，Ti)创立于 2011 年，是一个全球性的电子竞技赛事，每年举办一届，由 Valve Corporation(V 社)主办，奖杯为 V 社特制的冠军盾牌，每届冠军队伍及人员都会记录在游戏泉水的冠军盾中(如图 3-50 所示)。

图 3-50　《DOTA2》国际邀请赛 Logo 与冠军盾

《DOTA2》国际邀请赛是与 LOL S 赛具有同等知名度的全球赛事,并且它的独特之处在于其超高的奖金数额屡创新高,总会制造巨大的影响,Ti5 千万美元的总奖金让《DOTA2》登上舆论高峰,而 Ti9 的奖金额不但再次刷新 Ti 历史纪录,同时也成为电子竞技赛事历史上奖金最高的赛事,赛事奖金总额达到了 3431 万美元(如图 3-51 所示)。

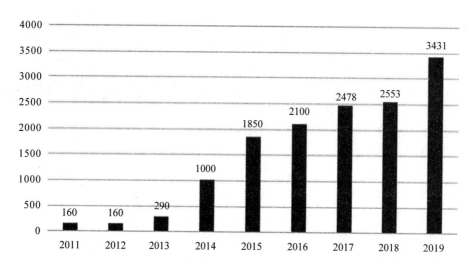

图 3-51　Ti 历届赛事总奖金金额(单位:万美元)

目前为止,Ti 赛事已经成功举办 9 届,除 Ti1 在德国科隆举办、Ti8 在加拿大温哥华举办、Ti9 在中国上海举办外,其余赛事都在美国西雅图举办。Ti 比赛采取邀请和选拔两种机制,中国战队曾在 Ti2、Ti4、Ti6 中获得冠军。

3. CS:GO Major

CS:GO Major 是《CS:GO》项目全球级别最高、奖金最高、荣誉最高的赛事,由 ValveCorporation 赞助,由第三方赛事主办公司承办,历史上 DreamHack、ESL、MLG、ELEAGUE、PGL 这些专业赛事主办方都曾成功举办过这一赛事(如图 3-52 所示)。

图 3-52　CS:GO Major

同时,CS:GO Major 并不是像 Ti 或者 S 赛那样固定一年举办一度,而是按照惯例每年举办 2~3 次,分别在每年 1~3 月、7~8 月、10~11 月。

比赛参赛战队会按照上届 Major 的成绩分为"传奇组"和"挑战者组",传奇组由上届 Major 小组出线的 8 强组成(2018 年 7 月扩充为 16 支),挑战者组则由各地区 Minor 预选决出的 8 支队伍组成,赛制分为小组赛和淘汰赛两个阶段。

第一届 CS:GO Major 是 2013 年 11 月举办的 DreamHack 冬季赛,最近一次已于 2018 年 7 月在英国伦敦进行,总奖金高达 130 万美元。

4.《绝地求生》系列赛

（1）《绝地求生》全球邀请赛。

《绝地求生》全球邀请赛（PUBG Global Invitational 2018，PGI 2018）是《绝地求生》官方举办的第一届全球范围内的邀请赛，也是绝地求生规模最大、荣誉最高的一项赛事（如图 3-53 所示）。

图 3-53 2018《绝地求生》全球邀请赛

PGI 于 2018 年 7 月 25～29 日在德国柏林举行，采用四人组队的形式，分为 TPP 和 FPP 两种视角展开角逐。随着《绝地求生》游戏的火热，PGI 是蓝洞官方第一次在全球范围内采用赛区选拔的形式挑选入围战队，是 PUBG 第一次真正意义上的世界大赛，赛区包括欧洲、北美、亚洲（除中国、韩国、日本）、中国、韩国、日本、拉丁美洲、澳洲、中东。

最终有 20 支战队参加，总奖金达到 200 万美元，中国的 OMG 战队凭借第一天 4 场 3 胜的超神级发挥拿下了 FPP 模式世界冠军。

（2）《绝地求生》全球总决赛。

《绝地求生》全球总决赛（PUBG Global Championship，PGC）是以《绝地求生》为项目进行的世界性电子竞技赛事，它是《绝地求生》所有比赛项目中荣誉最高、含金量最高、竞技水平最高、知名度最高的比赛（如图 3-54 所示）。首届赛事在 2019 年举办，来自全球 8 个赛区的《绝地求生》职业战队将经历层层选拔，获得全球总决赛的晋级资格。

图 3-54 2019《绝地求生》全球总决赛

全球 8 个大区的比赛将统一采用 64 人（16 支队伍，每支队伍 4 人）FPP 的比赛规则，采用海岛图和沙漠图作为比赛用图，统一积分制，统一游戏内设定。其中，8 个大区包括：北美、欧洲、中国、韩国、日本、东南亚、拉丁美洲和大洋洲。其中，北美、欧洲、中国、韩国、日本将采用职业联赛结构，如北美 NPL、韩国 PKL、中国 PCL、欧洲 PEL、日本 PJS；东南亚、拉丁美洲和大洋洲将采用职业巡回赛结构。

所有大区的职业比赛将使用统一赛历，一共经历三个阶段，在前两个阶段后，各大区选出表现最好的队伍参加第三阶段由官方主办的全球总决赛，一同争夺至少 200 万美元的奖金和年度冠军。

5.《守望先锋》联赛

守望先锋联赛(Overwatch League,OWL)是全球首个以城市战队为单位的大型电子竞技联赛,成立于 2016 年 11 月 4 日(如图 3-55 所示)。《守望先锋》联赛共拥有 20 支战队,分为太平洋赛区以及大西洋赛区,每个赛区由 10 支战队组成,是《守望先锋》电子竞技的最高殿堂。来自世界各地的顶尖职业选手享有稳定的薪金与福利,并且可以在贯穿全年的比赛中追逐《守望先锋》联赛冠军的荣誉以及数百万美元的奖金。

2016 年夏天,《守望先锋》火爆全球,暴雪随即开始打造以《守望先锋》为核心的电子竞技赛事,在经历一系列起起伏伏之后,《守望先锋》联赛成为其中的佼佼者。

2018 年是 OWL 的第一年,12 支战队从 1 月 11 日开始一直奋战到 6 月,赛制分为季前赛、常规赛、季后赛、总决赛,还包括一个全明星周末,第一赛季的冠军为伦敦喷火战斗机队,赛事奖金达到 100 万美元。

2019 年,达拉斯燃料队、亚特兰大君临队以及洛杉矶英勇队三支参赛战队将成为在自己主场城市举办比赛的先行者,OWL 计划在 2020 年全面实现主客场制。

6.《王者荣耀》职业联赛

《王者荣耀》职业联赛(King Pro League,KPL)是《王者荣耀》"嗨!电子竞技"体系中最高级别的全国性专业晋级赛事,代表着《王者荣耀》最顶尖战力之间的对决(如图 3-56 所示)。KPL 全年有春季赛和秋季赛两个赛季,每个赛季分为常规赛、季后赛及总决赛三部分。首届 KPL 由荣耀 V8 冠名赞助,分为入围赛、常规赛、季后赛及总决赛四部分,总奖金高达 185 万元,创下了移动电子竞技赛事奖金的新纪录。

图 3-55 《守望先锋》联赛

图 3-56 《王者荣耀》职业联赛

2019 年,《王者荣耀》职业联赛春季赛于 3 月 6 日在成都打响。2019 年,KPL 春季赛分为常规赛、季后赛及总决赛三部分,仍然采取东西部分区赛制,队伍数量由 14 支扩军至 15 支。赛区之间的对抗采用单循环赛制,每个俱乐部在常规赛期间与其他对手仅有一次交手机会,常规赛采用 BO5 全局 BP 模式,季后赛开始启用 BO7 全局 BP+巅峰对决模式,东西部队伍将按照对应名次直接相互交手,共同争夺春季赛总冠军。

◇3.4◇ 电子竞技赛事体系

电子竞技赛事体系是围绕某款特定游戏的赛事而形成的一个系统，一般由游戏厂商决定方向，以游戏本身为核心，以官方职业赛事为主体，以其他赛事为辅助的一套赛事系统。游戏厂商根据游戏的用户数量、游戏厂商的目的偏好、游戏厂商的战略方向等设定游戏的赛事体系。

电子竞技赛事的发展时间并不长，商业化的历史也很短，目前并没有较多成熟的赛事体系，只有在主流游戏中会有相对较为成熟的赛事体系：以《英雄联盟》为代表的电子竞技赛事体系，以《DOTA2》为代表的电子竞技赛事体系和以《守望先锋》为代表的电子竞技赛事体系。

3.4.1 以《英雄联盟》为代表的电子竞技赛事体系

以《英雄联盟》为代表的电子竞技赛事体系按举办方分为第三方赛事与官方赛事，再下一级的分类则是职业赛事与非职业赛事（如图 3-57 所示）。《英雄联盟》是一款全球游戏，它的游戏服务器的划分并不以国家为单位，而是以地区为单位，这个地区由拳头公司自己划分。《英雄联盟》的各种国际性赛事也由地区作为单位进行参赛，2018 年《英雄联盟》已拥有了 14 个赛区，而在地区内同一个服务器的比赛则由拳头公司决定具体规则（由于游戏版本、地区政策等各种客观原因，每个地区的内部比赛规则并不全球统一）。

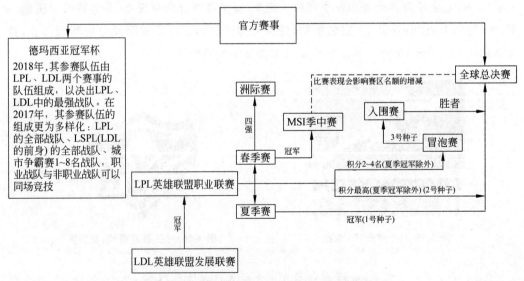

图 3-57 《英雄联盟》2018 年官方职业赛事体系

以《英雄联盟》在中国赛区的赛事体系为例。第三方赛事需要通过《英雄联盟》的游戏厂商拳头公司的授权才能举办，近年来拳头公司的商业战略有所改变，已经较少向第三方公司的授予举办《英雄联盟》赛事的资格。第三方赛事目前以 NEST、亚运会为代表，由于拳头公司的授权问题,并没有出现较为系统的第三方赛事体系。值得一提的是,NEST 职业组的冠军可以通往官方赛事德玛西亚杯的八强,这算是第三方赛事搭建起通往官方赛事桥梁的代表。

官方赛事在《英雄联盟》的赛事体系中占有较为重要的作用。官方赛事分为职业赛事与非职业赛事,并形成了一个相对完整的赛事系统。在《英雄联盟》的中国赛区中,职业选手需要满足拳头中国的注册条件,并在拳头中国进行职业选手注册,非职业赛事分为全球高校冠军杯邀请赛,城市英雄争霸赛,这两个赛事都是自主报名,参赛选手都为非职业玩家。拳头中国也将对城市英雄争霸赛中的选手进行数据记录,表现突出的选手有机会成为职业选手,登上职业比赛的舞台。职业赛事分为全球总决赛、英雄联盟职业联赛、英雄联盟发展联赛、洲际赛、MSI 季中赛、德玛西亚冠军杯。LDL 是比 LPL 低一等级的职业联赛,它与 LPL 形成了完整的两级职业赛事体系。2018 年,LDL 分为春季赛和夏季赛两个赛季,两个赛季成绩最优的 8 支队伍可晋级年度总决赛,最终决出的冠军将有机会获得晋级 LPL 的资格。德玛西亚杯则是较为特殊的官方赛事,2018 年,它的参赛队伍由 LPL、LDL 两个赛事的队伍组成,决出 LPL、LDL 中的最强战队。2017 年,德玛西亚杯的参赛队伍组成更为多样化,包括 LPL 的全部战队、LSPL(LDL 的前身)的全部战队、城市争霸赛第 1～8 名战队,职业战队与非职业战队同场竞技,搭建起了职业战队与非职业战队沟通的桥梁,填补了《英雄联盟》赛事体系中的空缺部分。LPL 与洲际赛、MSI 季中赛、全球总决赛紧密相关、环环相扣,构成了一个相对完整的职业赛事体系:LPL 赛事分为春季赛、夏季赛,LPL 赛事中春季赛的冠军将参加全球 MSI 季中赛,MSI 的成绩会对全球总决赛产生影响。而在全球 MSI 季中赛后,LPL 春季赛的四强则代表本赛区参加洲际系列赛亚洲对抗赛(参赛地区为 LCK、LMS、LPL),争取“亚洲最强”赛区。而 LPL 的夏季赛冠军则会直接晋级全球总决赛,成为 LPL 赛区的 1 号种子队伍。而在春季赛、夏季赛中累计积分最高的队伍(除夏季赛冠军队伍外)将直接晋级全球总决赛,并成为 LPL 赛区的 2 号种子队伍,春季赛、夏季赛中累计积分 2～4 名(除夏季赛冠军队伍外)将进行冒泡赛,胜者将成为 LPL 赛区的 3 号种子队伍。全球总决赛根据每个赛区的过往表现及参赛队伍成绩,每个赛区获得的参赛名额及参赛方式并不相同,北美赛区、欧洲赛区、中国赛区、韩国赛区各拥有 3 个参赛名额,其他 9 个赛区各拥有 1 个参赛名额。参赛名额也会受到 MSI 表现的影响:2017 年,由于 MSI 的优秀表现,GAM 战队为东南亚赛区争取到了一个 2 号种子名额;同时,由于 MSI 表现不佳,北美 LCS 赛区失去了 1 号种子资格。全球总决赛是官方职业赛事的终点,也是官方职业赛事金字塔构成的顶端,所有官方职业赛事都围绕全球总决赛进行,以全球总决赛为核心,形成了一个相对完整的赛事体系。官方职业赛事金字塔的底部则由各大赛区的职业联赛及其下一级职业联赛构成,从商业化的角度看,常规赛持续的时间较长,职业选手和赛事在这段时间内也得以维持长时间的曝光。同时,赛事作为电子竞技内容输出的核心,持续较长时间的赛事也在不断为电子竞技内容产出提供新的素材,相关的电子竞技产业也不断运作,维持了《英雄联盟》良好的电子竞技生态。从赛事本身的角度看,长时间的常规赛也较为正规和公平,极大地降低了运气成分对战队成绩、排名的影响,也有利于战队调整比赛战术、队员状态,提高比赛的竞技性及观赏性。

LPL 赛区率先进行了赛事的改革,首先是取消了降级制度(在 2017 年春季赛之前积分垫底的 LPL 队伍将与积分最高的 LSPL 队伍进行升降级比赛,胜者获得 LPL 资格),将赛区各个战队进行联盟化,每个战队将拥有自己的比赛场馆,比赛场馆分布在全国各个电子竞技氛围浓厚的城市,形成自己的主场并开始自己的本土化发展。

这种联盟化、主客场制、向传统体育看齐的赛事改革方向在电子竞技产业中是第一次出现,给中国电子竞技产业注入了动力。对于拳头来说,希望通过联盟化和联盟席位的设立让战队拥有更长久的经营理念及更长远的经营方式,可以打造一套新的生态系统,这样他们也能够尝试不同的策略,更放心地培养和挖掘新人、战术,在教练层面也可以更放心地执教。在探索的路上,找到适合自己的风格和经营方式能够更好地帮助俱乐部获得更好的发展。主场的设置也将电子竞技推向更多大众,主客场制可以帮助《英雄联盟》的电子竞技赛事深入全国各地的线下,联盟化和主客场制都会诞生更多新的发展机会。对于观众来说,设置主场将不再将观赛地点限于上海,在家门口就可以观赛,大大提高了观众的线下观赛热情,同时也有利于主场所在地观众对战队产生归属感,提升观众的观赛热情及参与度。对于当地来说,主场的设置有利于当地电子竞技产业的发展,也有利于培养当地的电子竞技氛围,扩大《英雄联盟》赛事的影响力。

总而言之,这次 LPL 的联盟化改革不仅在赛事体系上向传统体育靠拢,核心在于电子竞技以线上运营为主的运营方式正在向以线下为主的传统竞技体育进行转化。联盟化带来的是《英雄联盟》的长期发展及商业化的可行性,也使得《英雄联盟》职业赛事体系更加健康;主客场制带来的是电子竞技线下运营的基础,将电子竞技与地区紧密结合,使得电子竞技拥有了更多的发展机会。

3.4.2　以《DOTA2》为代表的电子竞技赛事体系

以《DOTA2》为代表的电子竞技赛事体系拥有第三方赛事与官方赛事、职业赛事与非职业赛事(如图 3-58 所示)。《DOTA2》游戏厂商 Valve(简称 V 社)将全球分为六大赛区:中国区、欧洲区、独联体区、东南亚区、北美区、南美区。在需要分配名额的国际性赛事上,V 社都将以赛区为单位分配名额。《DOTA2》最重要也是最受关注的官方赛事国际邀请赛 Ti(The International DOTA2 Championships)目前也是全球奖金最高的电子竞

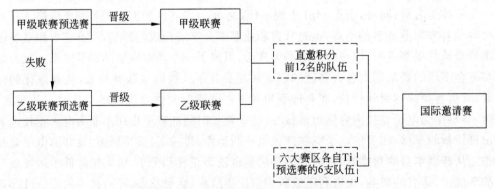

图 3-58　《DOTA2》2018 年赛事体系

技比赛,Ti8 的奖金高达 2479 万美元,其中,冠军的奖金高达 1123 万美元。

与同是 MOBA 类游戏的《英雄联盟》不同,《DOTA2》的第三方赛事与官方赛事之间并不泾渭分明。V 社将会赞助一些符合条件的第三方赛事,这样的赛事 V 社根据其规模分为甲级联赛(Major)和乙级联赛(Minor),战队通过参加甲级联赛及乙级联赛获得可以直接参加国际邀请赛 Ti 的 DPC 积分:甲级联赛中同名次的积分与奖金都远大于乙级联赛,而距离国际邀请赛 Ti 的举办时间越近,获得的积分也就越高。在 V 社 2018 年 9 月更改新规则后,甲级联赛与乙级联赛将绑定出现,所有战队首先参加甲级联赛的预选赛,落选的战队再参加乙级联赛的预选赛。可以看出,乙级联赛除了给二三线队伍赚取奖金的机会之外,更多的只是甲级联赛预选赛失败的队伍晋级甲级联赛的另一种途径。无论是 Major,还是 Minor,都必须设立六大赛区的预选赛,这一举措无疑是让全球《DOTA2》战队有了更多的交手机会,这也能促进全球《DOTA2》水平的进一步提高。

Major 总计有 16 支参赛队伍,其中每个赛区至少有 2 个预选赛名额,由 Minor 晋级 1 支队伍,而多余的预选赛名额分配将由 V 社指定。虽然 Major 及 Minor 属于第三方赛事,但这两种赛事的日程由 V 社直接管理,以避免几个赛事产生冲突。与赛事体系紧密相关的是 V 社创新地将积分与选手绑定,这一举措的本意是维护选手的权益。但由于在 Ti8 中一个高积分选手的转会轻松地将一个战队送入积分前 8 而获得了 Ti8 的直邀名额,这样的事例使 V 社做出了改变,现在积分不再与选手绑定,而是与俱乐部绑定,但俱乐部一旦"删除"某一个选手,就会失去 20% 的积分,这一举措保护了选手的利益,也使得战队更加大胆地进行阵容搭配,选手也有机会进入更适合自己的队伍。

就 2018 年 V 社所公布的赛事体系来说,赛事体系第一级并非《英雄联盟》的官方赛事与第三方赛事,而是职业赛事与非职业赛事,这样的新赛事体系也与《英雄联盟》金字塔结构的赛事体系完全不同,《DOTA2》的赛事体系更加扁平化,多个第三方赛事的 Major 与 Minor 直接与国际邀请赛挂钩。和 Riot 独掌大权的联赛体系不同,V 社一直在探索和第三方赛事的合作模式,从最初只有一个国际邀请赛到后来的国际邀请赛+特级锦标赛制度,再到现在的第三方赛事积分制度,其实这次公布的赛事排位积分可以说是 V 社在近两年终于探索出了国际邀请赛的合理邀请机制。

总之,《DOTA2》的某些第三方赛事是参与官方重要国际邀请赛的唯一途径,这样的赛事规则大大加强了第三方赛事的地位,极大地提高了战队的参赛热情,也使得更多的厂商愿意举办第三方赛事,增强了《DOTA2》赛事的活跃度与新鲜感,这也使得电子竞技大环境下第三方赛事的颓势在《DOTA2》这个游戏赛事体系中荡然无存。但是这个全新的赛事体系的弊端也逐渐显露出来,在 2018 年上半年还未优化赛事体系时,频繁的 Major 与 Minor 比赛不仅使战队疲于应对过长的赛事期,也使观众的注意力被分散,收视率逐渐降低,观赛热情也不再高涨,怎样应对这个难题将是 V 社接下来对赛事体系进行改革的重要目标。

除了这些 V 社赞助的第三方赛事以外,V 社对第三方赛事的授权也显得格外宽松,在游戏官网中就有专门的赛事报备页面,以方便赛事主办方申请 V 社对赛事的授权,而在游戏客户端中有专门的赛事页面,这个页面收录了所有报备的赛事,根据规模与类型分为业余组、职业组、顶级组三个类别,以方便观众及选手及时报名、观看赛事;游戏客户端的赛事也是第三方赛事,尤其是小型第三方赛事的一个重要曝光手段,这也体现了 V 社对第三方赛事的支持态度。

3.4.3 以《守望先锋》为代表的电子竞技赛事体系

以《守望先锋》为代表的电子竞技赛事体系与《英雄联盟》的电子竞技赛事体系比较类似,基本以官方赛事为主(如图 3-59 所示)。这里将除去暴雪举办的暴雪嘉年华、黄金联赛等系列赛事,只讨论官方赛事职业赛事体系。《守望先锋》的职业赛事有:守望先锋职业联赛、守望先锋下属联赛(OC)、民间战队联赛(OWOD)。在 OWOD 中前四的战队将参与 OC 试训,然后参与 OC 联赛。在 OWL 下属联赛发挥出色的队伍或者队员将有机会被选中参与 OWL 联赛。OWL 联赛分为常规赛和季后赛。在常规赛中,OWL 将分为太平洋赛区和大西洋赛区,两个赛区的第一名将直接成为 6 支季后赛队伍的头号种子,其他 4 支队伍将根据整个赛季的战绩记录(不分赛区)排名决定对阵。两个赛区的常规赛都将在暴雪竞技场线下举行。但尽管《守望先锋》在全球多地拥有服务器,OWL 的分队也包含各地队伍——太平洋赛区:达拉斯燃料队、洛杉矶角斗士队、洛杉矶英勇队、旧金山震动队、首尔王朝队、上海龙之队。大西洋赛区:波士顿崛起队、佛罗里达狂欢队、休斯敦神枪手队、伦敦喷火战斗机队、纽约九霄天擎队、费城融合队,但可以看出这 12 支战队中有 9 支战队来自北美,仅有 3 支队伍来自海外。不仅如此,虽然 OWL 也拥有线下比赛场地,但所有联赛队伍都集中在位于北美的暴雪竞技场,在其他地区的宣传资源也较为少见,线下影响力也只限于北美。

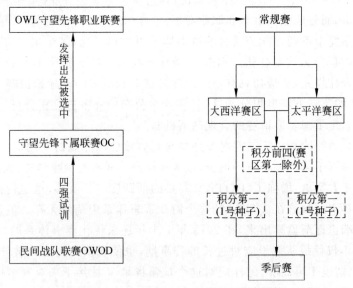

图 3-59 《守望先锋》官方职业赛事体系

暴雪明确表示将在下一赛季引入主客场制度,这一赛季的赛事体系可以视作是主客场制度的预热产物。从战队名字中的地区来看,这个赛事体系是为主客场制度进行准备的,但由于各种客观原因,线下比赛却只在一个地点进行,这又与主客场制度的核心有所违背,显得这个赛事体系并不完整。可以理解的是,《守望先锋》出现的时间较短,缺少赛事基础,在短时间内建立主客场制度并不现实,这个赛事体系作为主客场制度的基础可看作是不得已为之的一个选择。

《绝地求生》也是近年来崛起的主流游戏,存在需要 80 左右的人同时竞技线下赛事的执行难度较高、线上赛事又难以有效监管等客观原因,仅出现了 PGI 邀请赛这样的官方赛事,目前还未出现完整的职业赛事体系。

电子竞技赛事与传统体育赛事的不同是,电子竞技的比赛项目是有归属人的,但传统体育赛事的比赛项目没有归属人,这也造成了电子竞技比赛有第三方赛事和官方赛事之分。拥有游戏的游戏厂商利益也与比赛项目的受欢迎程度紧紧相连,赛事作为游戏的一大内容输出,游戏的赛事体系也尤为重要。赛事体系根据游戏的受众情况、厂商需求所变化:《英雄联盟》《守望先锋》的赛事体系以官方赛事为主,游戏的职业赛事也都是由官方赛事组成。《DOTA2》的赛事体系则以官方赛事为核心,以第三方赛事为基石,游戏的主要职业赛事是由第三方赛事组成。不同的赛事体系也造就了游戏在赛事市场上的待遇,愿意主办一个电子竞技比赛的第三方企业在《DOTA2》游戏中很容易拿到授权,但在《英雄联盟》《守望先锋》中就截然不同。将赛事主办权攥在手里的拳头和暴雪对职业赛事的掌控力要远高于乐于与第三方赛事合作的 V 社,在赛事运营、直转播、赛事质量、场馆搭建等方面,官方赛事都较为稳定。总而言之,没有最好的赛事体系,只有最合适的赛事体系。

3.5 电子竞技赛事的赛制与局数

3.5.1 电子竞技赛事的比赛赛制

根据电子竞技比赛项目的不同,各种不同的游戏项目类型中存在着不同的赛事规则与赛事机制,由于参赛人数、比赛的观赏性、比赛的公平性、降低比赛项目中的随机性等各个方面的原因呈现出了各式各样的赛制。

1. 比赛赛制的概念

比赛赛制是指从比赛开始、比赛进行直至比赛结束的过程中为合理比较参赛者的运动水平,公平排定参赛者的比赛名次所采取的组织和编排方式及完成竞赛的方法,又称竞赛制度,简称赛制。

常用的竞赛制度有循环赛制、淘汰赛制、混合赛制、扩展赛制、积分循环制、冒泡赛、格斗赛制等,如图 3-60 所示。

除此之外,还需要了解比赛轮次及场次。比赛轮次是指可同时对战的比赛次数。比赛场次是指所有参赛队伍比拼到冠军需要进行的比赛次数,而轮次表则是指每个轮次中战队的具体对战情况。

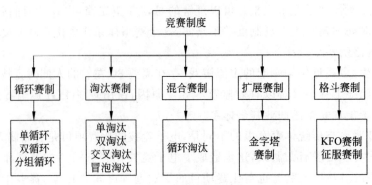

图 3-60　竞赛制度分类

2. 赛制分类简介

（1）循环赛制。

循环赛制是指每个队都能和其他队比赛一次或两次，最后按成绩（净胜球数）计算名次。这种竞赛方法比较合理、客观和公平，有利于各队相互学习和交流经验。

循环赛制使所有参赛队（或同组的所有队）轮流对抗一次，都有相遇的机会，最后根据各队胜负场次的积分决定名次。

循环赛的各个参赛者（队）的名次需在整个比赛结束且统计各自的积分后才能最终全部确定，所以一旦开赛就不便增减参赛者，否则就会影响各参赛者成绩的计算。

① 循环赛的特点。

优点：参赛队机会均等，实战和相互观摩学习的机会多，能准确反映出参赛队之间真正的技术水平，客观地排定参赛队的名次，比赛结果的偶然性小。

缺点：比赛总的期限长，占用场地和时间多，当参赛队较多时，直接采用大循环有一定的困难，应用范围具有一定的局限性。

较难合理安排比赛的顺序，避免在比赛时间、间隙、地点、场次和比赛条件等方面出现不均衡现象。

当比赛结果有两个或两个以上队的胜负场数相同、得失分相等时，较难根据不同项目的特点科学地解决最后的名次排定。

循环赛的每场比赛除了产生当事双方的成绩以外，还可能影响第三方的名次，这就为产生各种涉及人情、关系、利益的比赛埋下了隐患，会影响比赛的公平公正。由此可见，循环赛是封闭式、易受干扰的比赛制度。为避免循环赛进行时可能出现的麻烦，可选用排位赛制度予以代之。

② 循环赛的分类。

循环赛又可分为单循环、双循环、分组循环等。

• 单循环。

单循环赛制是指所有参加比赛的队均只相遇一次，最后按各队在全部比赛中的积分、得失分率排列名次。

比赛场次：X＝N(N－1)÷2(其中 X 为比赛场次,N 为参赛队数)。

如 8 个队参加单循环比赛,则其比赛总场次 X＝8×(8－1)÷2＝28(场)。

比赛轮次：参赛队数为奇数,轮次＝队数;

　　　　　参赛队数为偶数,轮次＝队数－1;

　　　　　如 9 个队参加单循环比赛,则其比赛轮次为 9 轮;

　　　　　如 8 个队参加单循环比赛,则其比赛轮次为 8－1＝7 轮。

轮次表排列：无论参赛队数是奇数还是偶数,一律按双数编排;

　　　　　队数为单数时,引入 0 号,遇 0 轮空。

轮次表(对战)制作：确定轮数;根据战队单数或偶数,编号分边准备排序;首先确定第一轮 U 形对阵;1 或 0 不动,其他位置按照顺时针(或逆时针)完成对战表。

以 6 支战队为例,对战表编排如表 3-3 所示。

表 3-3　单循环赛 6 支战队对战编排表

第一轮	第二轮	第三轮	第四轮	第五轮
1-6	1-5	1-4	1-3	1-2
2-5	6-4	5-3	4-2	3-6
3-4	2-3	6-2	5-6	4-5

- 双循环。

双循环是指所有参加比赛的队均能相遇两次,最后按各队在两个循环的全部比赛中的积分、得失分率排列名次。如果参赛队少,需要创造更多的比赛机会,则通常采用双循环的比赛方法。

双循环各项均为单循环的倍数。

比赛场次：X＝2N(N－1)÷2(其中 X 为比赛场次,N 为参赛队数)。

如 8 个队参加双循环比赛,其比赛总场数 X＝8×(8－1)＝56(场)。

比赛轮次：N 是奇数时,X＝2N;

N 是偶数时,X＝2×(N－1)(其中 X 为比赛轮次,N 为参赛队数)。

如 9 个队参加双循环比赛,其比赛轮次为 18 轮;

如 8 个队参加双循环比赛,其比赛轮次为 14 轮。

轮次表排列：和单循环类似,无论参赛队数是奇数还是偶数,一律按双数编排;

队伍为单数时,引入 0 号,遇 0 轮空。

轮次(对战)表制作：确定第一循环对战表;按照第一循环的逆顺序编排第二循环对战表。

以 6 支战队为例,双循环对战表编排如表 3-4 所示。

- 分组循环赛。

分组循环赛是指在参赛人员数或参赛队比较多时,可以通过分组的方法在各组内进行单循环或双循环。一般应事先确定种子选手或种子队,使种子选手或种子队分入各组,以免强手或强队集中。

表 3-4 双循环赛 6 支战队对战编排表

第一循环对战表

第一轮	第二轮	第三轮	第四轮	第五轮
1-6	1-5	1-4	1-3	1-2
2-5	6-4	5-3	4-2	3-6
3-4	2-3	6-2	5-6	4-5

第二循环对战表

第一轮	第二轮	第三轮	第四轮	第五轮
1-2	1-3	1-4	1-5	1-6
3-6	4-2	5-3	6-4	2-5
4-5	5-6	6-2	2-3	3-4

轮次表(对战表)制作:首先抽签分组;分组后使用单循环或双循环对战表编排法,当奇数队伍偶数分组时,同样采取 0 字编排法。

表 3-5 为 16 队随机分组的分组表。

表 3-5 分组循环赛 16 队随机分组表

第一组	第二组	第三组	第四组
1	2	3	4
8	7	6	5
9	10	11	12
16	15	14	13

- 积分循环制。

积分循环制又称"瑞士制",其基本原则是避免种子选手在一开始就交锋,是目前比较科学合理、用得最多的一种赛制。

积分循环制是公平的,是在循环制和淘汰制的基础上制定的。随机公平地编排第一轮比赛(一般由抽签决定),接着开始比赛,当某一轮比赛结束后,可以得到所有比赛选手的总积分,根据总积分的高低把比赛选手由高到低排序,接着是高分对高分、低分对低分,上一轮比过的下一轮就不会相遇,如此循环,直到所有轮次结束。

积分循环制的特点如下。

(a) 下一轮比赛的对阵表需由上一轮的比赛成绩推出,即编排第二轮对阵表,需要知道第一轮的成绩,编排第三轮对阵表就需要知道第二轮的成绩,以此类推。

(b) 相对高分 VS 相对高分,相对低分 VS 相对低分,保证了比赛的平衡性。

(c) 不淘汰选手,所有选手都有资格参与全部轮次的比赛,符合友谊第一、比赛第二的原则。

(d) 每轮比赛可以只由一场比赛构成,一场定胜负,不采用三局两胜制等制度,节省了大量时间。

积分循环制对战表的编排方法如下。

每轮的比赛编排都是根据总积分进行的,而总积分就是前面所有轮次积分的总和,体现的是选手的实力。也就是说,安排积分相近的两个选手比赛(当前名次相近的选手比赛)就等于安排实力相近的两个选手比赛,避免了强者对弱者的尴尬局面(避免了实力悬殊的出现),如图 3-61 所示。

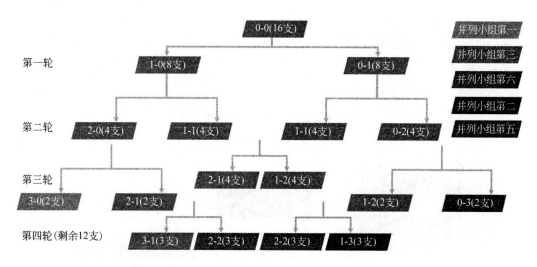

图 3-61　积分循环制 16 支战队对战图

例如,

第一轮:8 支队伍随机抽签对阵。

第二轮:4 支 1∶0 胜出的队伍抽签比赛;4 支 0∶1 的队伍抽签比赛。

第三轮:2 支 2∶0 的队伍比赛;4 支 1∶1 的队伍抽签比赛;2 支 0∶2 的队伍比赛。

具体轮次:$2^{x-1} \leqslant y \leqslant 2^x$(x 代表轮次,y 代表参赛人数)。

(2)淘汰赛制。

淘汰赛制是一种竞赛形式,每场比赛的负方将与竞赛的冠军或锦标绝缘,但不表示负方在出局后再没有比赛,有部分竞赛的负方仍需为排名角逐"名次赛"。

① 淘汰赛的特点。

(a)比赛的容量大。能在最短的时间内和较少的场地条件下安排大量选手进行比赛。

(b)对抗性强烈。由于单败淘汰制竞赛的负方将会出局,所以比赛的竞争十分激烈。

(c)泛用性强。淘汰赛的每轮都很关键,可以说没有无意义的比赛,可以在短时间内容纳大量参赛者,所以成为很多竞赛的比赛形式。

② 淘汰赛的分类。

• 单淘汰赛。

单淘汰赛是指参与比赛的队伍按照编排的对战表进行比赛,胜者进入下一轮,负者被淘汰,直到淘汰到最后一队,如图 3-62 和图 3-63 所示。

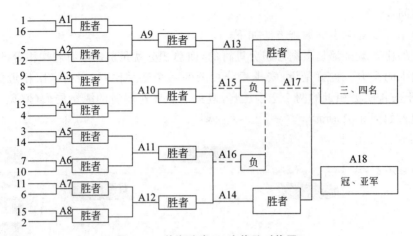

图 3-62 单淘汰赛 16 支战队对战图

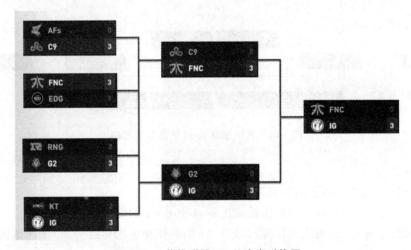

图 3-63 《英雄联盟》S8 总决赛对战图

轮次 $=\sqrt{N}$（其中 N 为参赛队数）。

如 9 支队伍参赛，则轮次 $=\sqrt{9}=3$。

如果 N 无法被直接开根号，则轮次为 $\sqrt{N}$ 最接近的一个较大整数。

如 15 只队伍参赛，则轮次 $=\sqrt{15}\approx4$。

比赛场数 $=$ 参赛者（队）数 -1。

轮空：当战队数非 2 的倍数时，使用淘汰赛时会产生轮空。

编排原则：保证第二轮的战队数是 2 的倍数；确定第一轮轮空战队的数量；编排时引入 0，遇 0 则轮空。

轮空数 $=$ N 最接近的较大 2 的乘方数 $-N$（N 为参赛队数）。

如当 N $=12$ 时，轮空数 $=16-12=4$。

轮空表的编排：计算轮空数 X；给队伍编号；随机找出 X 个队伍为轮空队伍。

- 双败淘汰赛。

参赛者负一场后并未被淘汰,只是跌入负者组,在负者组再负者(即总共已负两场)才被淘汰,即参赛者失败两次才退出比赛,直至产生最后的胜者的竞赛方法称为双淘汰赛(又称双败淘汰赛)。双败淘汰赛有很多形式,常用的有冠亚军淘汰赛、双败淘汰赛。双败淘汰赛把队伍根据每场比赛的结果分为胜者组与败者组,在经过第一轮的对抗之后,胜者进入胜者组,败者进入败者组,在之后的比赛中,胜者组失败一场后进入败者组,败者组失败一场后直接淘汰,如图 3-64 和图 3-65 所示。

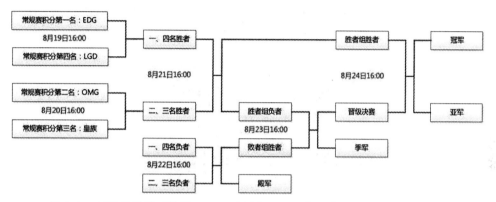

图 3-64 双败淘汰赛对战图 1——4 支队伍(2014《英雄联盟》职业联赛夏季赛)

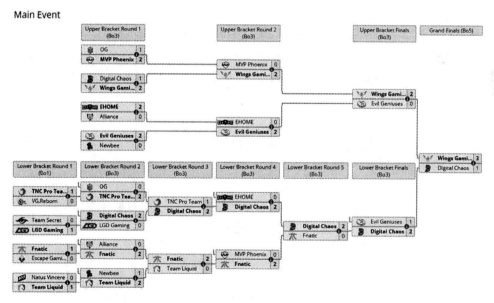

图 3-65 双败淘汰赛对战图 2——16 支队伍(《DOTA2》项目 Ti6 西雅图国际邀请赛)

比赛总场数＝X＝2×(N－1)(其中 X 为完成比赛的总场数,N 为参赛队数)。

双淘汰比赛的轮数分为胜者组和败者组:

胜者组轮次＝M(M 为单套赛轮数);

败者组轮次＝(M－1)×2；

总轮数＝M+(M－1)×2＝3M－2。

• 交叉淘汰赛。

将上一阶段比赛中不同名次的选手互相交叉进行比赛,胜者继续比赛,负者即被淘汰,称为交叉淘汰赛。

常见于第一阶段比赛将参赛者分为 A、B 两个组进行单循环,决出小组全部名次。

第二阶段 A、B 组的前 2 名进行交叉比赛,即 A 组第 1 对 B 组第 2,B 组第 1 对 A 组第 2,交叉进行比赛,两个比赛的胜者决出冠军,负者被淘汰或决出 3、4 名,如图 3-66 所示。

图 3-66　交叉淘汰赛对战图

• 冒泡赛。

冒泡赛是电子竞技中常见的一种比赛模式,一般为比赛中的前几名已经确定进入半决赛,而后几名为了争取半决赛资格而进行的比赛方式。其比赛方式是最后一名由下而上依次对上一名进行挑战,形如水中冒泡,故称冒泡赛。《DOTA2》《LOL》都曾采用过此赛制,如图 3-67 所示。

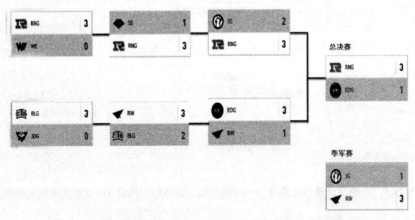

图 3-67　冒泡赛对战图(LOL 项目 LPL 春季赛季后赛对阵图)

具体比赛方式如下。

第一轮：倒数第一名 VS 倒数第二名。

第二轮：第一轮胜者 VS 倒数第三名。

第三轮：第二轮胜者 VS 倒数第四名。

⋮

最后一轮：上一轮胜者 VS 最后一队。

例如，2018 年 S8 LPL 第三种子队伍的选拔就采用了冒泡赛，根据 2018 年春季赛及夏季赛的积分情况决定冒泡赛的比赛名次。常规赛排名第 4 的 EDG 与第 3 的 JDG 进行 BO3 淘汰赛的较量，败者 JDG 被淘汰出局，胜者 EDG 和常规赛排名第 2 的战队 RW 进行第二轮冒泡赛，最终败者 RW 被淘汰出局，EDG 将代表 LPL 作为第三支种子队伍出征 S8 世界总决赛。

（3）混合赛制。

混合赛制（又称混合赛）是循环赛、冒泡赛、淘汰赛等在比赛中交叉使用的竞赛方法。比赛分为两个或多个阶段进行，每个阶段所采用的赛制有所不同。

① 混合赛制的特点。

混合赛制综合了循环赛和淘汰赛的优点，弥补了两者的不足，有利于参赛者互相交流，最大限度地减少比赛胜负的偶然性。同时随着比赛的进程，比赛逐步进入高潮，精彩激烈。

② 混合赛的分类。

• 循环淘汰。

由于参赛者较多，又要尽量保证比赛的合理性和公平性，可首先分组单循环，排定各小组名次，录取规定的小组名次进入下一阶段的淘汰赛，直到决出名次。这种赛制使得比赛场数较多，队伍的曝光率增加，比赛机会较多，同时也使比赛结果更加合理，受到的场外因素较少。现在大多数电子竞技职业联赛都是采用循环淘汰制度，比如《英雄联盟》中国赛区职业联赛（LPL）、《英雄联盟》韩国赛区职业联赛（LCK）、《守望先锋》职业联赛（OWL）、《王者荣耀》职业联赛（KPL）等。

• 淘汰循环。

在参赛选手过多，赛事既需求较多的赛事但又无法支撑过长的赛事时间时，可首先进行淘汰赛，当淘汰一定数目的队伍时，再进行循环赛。这种赛制使水平较高的队伍有更多的比赛机会，循环赛的比赛也更加具有观赏性，目前采用这种赛制的赛事并不多。

（4）扩展赛制。

扩展赛制是指比赛可以无限期地延续下去，不受时间跨度的影响的竞赛方法。扩展赛制有金字塔赛制、梯形赛制、水平轮转赛制等。

① 扩展比赛的特点。

（a）竞赛可以无限进行下去，但组织者可以根据实际情况规定一个期限，或者定期发布领先参与者以及比赛情况。

（b）每名参赛者的比赛场次不受限制，对比赛的管理要求不高。

（c）没有一名参赛者会被淘汰。但选择比赛对手的随意性比较大，比赛的最后排名可能不准确。

② 扩展赛的分类。

• 金字塔赛制。

金字塔赛制是将选手按实力的高低从上到下、从左到右地填充金字塔并进行比赛的一种赛制。

金字塔赛制的方法。比赛前参赛者随即抽签或按照参赛者的实际水平将其安排到金字塔的一个格子内,安排的规则是从上到下、从左到右实力逐渐降低。比赛开始后,参赛者可以纵向向金字塔上位置较高的参赛者挑战,也可以横向向金字塔上同一层参赛者挑战,获胜后互相交换位置。在规定的时间内,以金字塔内的位置高低排定名次,如图 3-68 所示。

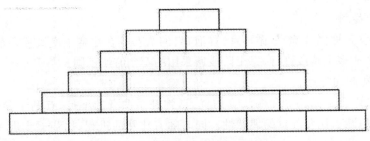

图 3-68　金字塔赛制中的金字塔形状

金字塔赛制的特点。由选手自己安排挑战,赛事举办方只负责决定时间。挑战的规则由主办方制定,可采用下面任意一种方式:只能挑战上一层;必须同层获胜 1 场后,才能挑战上面一层;可挑战左侧或上一层的选手,赢了就占据对手的位置(高位次不变),因此每一层最左侧的参赛者只能挑战上一层;不能拒绝挑战,否则被罚除名。

• 梯子赛制。

梯子赛制也称梯形赛制,是将选手按实力的高低从上到下填充梯子形状的格子并进行比赛的一种赛制。

梯形赛制的方法。比赛前参赛者随即抽签或按照参赛者的实际水平将其安排到梯子形状的一个格子内,按实力安排的规则是从上到下实力逐渐降低。比赛开始后,参赛者可以纵向挑战位置较高的参赛者,获胜后互相交换位置。在规定的时间内,以梯子形状内的位置高低排定名次。

(5) 格斗赛制。

① 格斗赛制定义与特点。

格斗类及卡牌类游戏较为特殊,是一个玩家操控多种角色、组合、职业进行一对一比拼的游戏,在游戏中常用的赛制称为格斗赛制。格斗赛制适用于具有多职业、多组合、角色差异较大的比赛,如《炉石》《拳皇》《火影忍者 online》等卡牌游戏和格斗游戏。

格斗赛制的特点。一般赛制的比赛对象都是战队或者玩家,但是格斗赛不仅用于战队或玩家,也适用于游戏内玩家操纵的角色。在格斗赛制中,如果完成一局游戏项目的时间较长,则会导致格斗赛制的比赛总时间难以把控。

② 格斗赛制分类。

• KOF 赛制。

KOF 即 the King Of Fighters 的简称。KOF 赛制在游戏内的比赛方法为：各选手准备 3 个不同职业的牌组进行对战，胜者不能换牌组，败者可以换未被击败过的职业。当某一方把另一方全部职业击败后，即可获得比赛胜利。

这种赛事容易出现实力碾压，出现"1 穿 3"的局面，对选手使用某个牌组或人物的实力能够更深刻地展现出来，给观众留下更深的印象。

KOF 赛制的比赛方法。两个或多个对战战队各自出战同样数量的选手进行一对一对抗，取得胜利的选手将继续迎战下一个选手，直到其中只有一个战队还有选手可以出战，如图 3-69 所示。

图 3-69　KOF 赛制对战图（注：框内数字为比分）

• 征服赛制。

征服赛制指参赛双方需预先准备若干套卡组进行一对一对战，获胜方的卡组不可再次使用，失败方可以选择不更换卡组或使用其他卡组，直到有一方的所有卡组均取得过至少一次胜利，那么该选手将获得本次比赛的胜利。

该模式首次运用于 2015 暴雪嘉年华的《炉石传说》赛制，为 BO5 的征服赛制，具体如下。

（a）比赛为 BO5，率先获得三场对局胜利者赢得比赛。

（b）每个选手必须事先提交三副不同职业的卡组。

（c）赢得比赛的选手，其每副卡组都必须且只能赢得一场对局。

（d）当一名选手使用一副卡组取得一场对局的胜利后，不得再使用这副获胜过的卡组。

（e）当场对局的败者在下局中可以选择更换卡组，也可以选择不更换卡组。

（f）比赛进行时，双方都会被告知对手哪些职业是可用的，但不会被告知对手下局对决会选择哪个职业，直到比赛开始。

在游戏内，征服赛制相比 KOF 赛制，其职业选择更加多样化，对于观众而言，比赛更具有观赏性；对于参赛选手而言，征服赛制更具有挑战性，需要掌握多种牌组或者人物，也更加考验选手的综合实力。

征服赛制在比赛时的比赛方法。两个对战战队各自出战同样数量的选手进行一对一对抗，取得胜利的选手将被换下不再上场，同一战队的另一选手继续迎战对方战队的选手，直到其中一个战队所有选手都取得一次胜利。

3.5.2 电子竞技赛事的比赛局数

比赛局数是每场比赛时进行游戏的总局数量,一般称为 BOX,X 为局数的具体数字。

BO1 是指一场定胜负,胜负的不确定性也较高。同时,BO1 的比赛时间也比较好把控:一般在 60 分钟内。

BO2 则是连赛两场,一般在循环积分赛中较为常见。和 BO1 一样,BO2 也很容易把控时间,更重要的是,在 MOBA 类游戏中,BO2 被认为是最公平的比赛赛制。在职业比赛中,蓝色方由于在 Ban 人和选人上都有优势,再加上地图的优势,胜率往往比红色方要高很多。在 BO2 的比赛中,每一方都有一次选择蓝色方的机会,所以从理论上来说没有一支队伍有劣势,而且 BO2 中爆冷的机会更小。BO2 带来了一种版本优势,因为在《英雄联盟》比赛中如何调整队伍的状态以针对对面的战术是很重要的,BO2 的间隔往往只有 10~15 分钟。BO2 还引进了一个打破平局的系统,连赢两局可以得到 3 分,两方各赢一局就是各得 1 分,连输两局就是 0 分。这样,如果一支战队在两个 BO2 中分别获得了 2-0 和 0-2 的成绩,而另一支战队则是两个 1-1,则前一支战队的分数就会高于后者。

BO3 则是最常见的三局两胜制,相对于 BO1、BO2 的比赛时间来说,BO3 较难把控比赛的时长,比赛时间的落差也较大,所用时间区间为 45~200 分钟。在 MOBA 类游戏中,BO3 的每局间隔时间为 5~15 分钟。BO3 的适用范围较广,不仅适用于积分赛,也适用于各类淘汰赛。相比 BO5,BO3 的优势在于时长适中,给选手与观众带来的疲倦感较轻。

BO5 是五局三胜制,时间更难以把控,所以 BO5 一般仅用于比较正式、重要的比赛,在常规赛中比较少见(常规赛一般赛程编排较为紧密,BO5 所用时间区间较大,难以控制下一场比赛的开始时间)。

循环赛、冒泡赛等一般是 BO1,其余赛事一般为 BO3,比较重要的场次(如四强赛、冠亚赛、季军赛)会采用 BO5。比较特殊的是一些 FPS 类游戏,比如《守望先锋》,因为一局游戏时长较短,因此为了观赏性及公平性,会在重要的场次采用 BO7。

第 4 章

电子竞技解说的游戏基础

解说是一项创造性的活动,作为创作主体的解说员必须具备一定与播音员相似的能力,根据创作内容的主要特点,解说员需要增强政治观念、提高业务水平、扩大知识结构。在提高业务水平当中就包括传播工具、传播内容、传播方式等各个要素,作为电子竞技解说的主要传播内容——游戏项目,积累一定的游戏基础、明确项目之间的差异、储备游戏背景知识、熟练掌握游戏术语是电子竞技解说必须要学习的。

◇4.1◇ 电子竞技游戏的分类

电子竞技游戏有多种分类形式,同电子竞技运动的概念一样,目前处于初级和研讨阶段,并会随着信息技术的发展和电子竞技本身的发展而不断完善。

4.1.1 按游戏硬件平台分类

按照游戏硬件平台分类,电子竞技游戏从传统意义上可以分为街机(arcade)、主机(console)、电脑(personal computer)、掌机(handheld)四大类,而在科技与时代不断发展的今天又出现了一项新的分类——手机(mobile phone)。

1. 街机游戏

街机是街机游戏的简称,也用来代指运行街机游戏的机器,或称为“街头的游戏机”,起源于美国的酒吧,是一种放在公共娱乐场所的经营性游戏机,操作均在街机的控制杆和按钮上完成,在一台街机上可以实现 PVE 和 PVP 等多种游戏模式。1987 年诞生在日本的街机游戏《街霸》是最早的具有对抗、比赛性质的电子竞技属性萌芽的游戏。

2. 主机游戏

主机是家用电视游戏机的简称,家用机通过连接电视实现将游戏投放到电视上游玩,操作由玩家手中的手柄完成,在发展过程中具有代表性的有任天堂在 1983 年推出的 FC(红白机)和 1988 年由世嘉推出的 MD,以及之后出现的次时代主机——索尼的 PlayStation 系列和微软的 Xbox 系列。由 KONAMI 制作开发的《实况足球》更是作为电子竞技表演项目成功登上了 2018 年雅加达亚运会。

3. 电脑游戏

电脑作为电子竞技游戏的主平台,人们今天所看到的大部分电子竞技项目都离不开电脑,多数电子竞技赛事也围绕着 PC 游戏而展开。随着网络的兴起,赞助商更倾向于利用赛事提高自身的知名度,而厂商也通过赛事推广自身的产品,于是孵化出众多不同类型的电子竞技赛事。快速便捷的互联网和运算强力的电脑在各方面的优势都凌驾于其他硬件,从早期广为人知的《星际争霸 2》《魔兽争霸 3》《CS》,再到今天的《英雄联盟》《DOTA2》《绝地求生》,电脑游戏仍然占据着电子竞技游戏的主流。

4. 掌机游戏

掌机是掌上游戏机的简称,也称便携式游戏机。顾名思义,掌机的特点是小巧灵活、便于携带,可以随时随地提供游戏和娱乐。具有代表性的是 1989 任天堂推出的 Game Boy 游戏掌机系列及 2004 年索尼 PlayStation 推出的 PSP 掌机系列。掌机因其设计目的是供人们在短时间内娱乐,所以不会设计太多的复杂性,机身条件限制也不能像电脑一样加载运行更精彩的画面和声音。在电子竞技的对抗属性上,掌机也受限于网络因素,在日常游玩过程中无法实现对战,所以掌机的电子竞技属性相较于其他硬件来说会被削弱很多。掌机中具有代表性的电子竞技项目是任天堂 1996 年开发的《精灵宝可梦》系列,至今仍在每年 8 月举行《精灵宝可梦》世界锦标赛,其玩法为回合制对抗。

5. 手机游戏

手机是目前新兴的电子竞技游戏载体,与掌机的属性相似,手机、掌机、平板电脑等移动端设备组成了移动电子竞技,而与早年间掌机不同的是,在网络与科技发展的今天,手机具有了掌机所不具备的网络优势,可以通过互联网进行电子竞技游戏的对抗,次时代掌机 Switch 和平板电脑也可以通过连接无线网络等方式轻松实现对抗,这让曾经以单机为主的手机游戏和掌机游戏厂商将游戏的开发重点转移到了电子竞技游戏,将劣势转变为优势,轻便的携带不受硕大机身的束缚,比赛的场地也变得灵活多变,不断普及的智能手机也让更多的玩家加入移动电子竞技。2018 年雅加达亚运会上,《Arena of Valor》(《王者荣耀》国际版)和《皇室战争》成为电子竞技移动端的表演项目。除此之外,《王者荣耀》《和平精英》《QQ飞车手游》等移动端项目也逐渐迎来爆发,赛事也逐渐完善。

4.1.2 按游戏运行方式分类

按照游戏运行方式分类,电子竞技游戏可分为单机游戏和网络游戏,两者都是相对而言的。

1. 单机游戏

单机游戏(Single-Player Game)又称单人游戏。区别于网络游戏,单机游戏不需要专门的服务器便可以正常运转,部分也可以通过局域网或者战网进行多人对战。游戏玩家只需要一台电脑就可以独立运作电子游戏,模式多为人机对战,包括一机多人、IP 直连和局域网对战三种方式。单机游戏讲究的是画质、剧情或玩法。单机游戏的种类有很多,其游戏平台有 PC、掌机、家用游戏机等。

随着互联网的急速发展,为适应防盗版、后续内容下载服务、满足玩家多人联机对战的需求,单机游戏逐渐加入了网络元素和社交元素,单机游戏除了单人游戏模式外,还存在多人合作模式,部分单机游戏更是需要全程联网才能游玩,发行商也需要为游戏搭载多人在线的服务器,单机游戏在向着多元化、网络化的趋势发展。

现在著名的单机游戏开发商及发行商(世界十大游戏公司)有:索尼、微软、任天堂、动视暴雪、美国艺电、卡普空、育碧、科乐美、Square-Enix、TAKE TWO 等。

代表性游戏有:《上古卷轴》系列、《古墓丽影》系列、《魔兽争霸》《黑破坏神》《红色警戒》《帝国时代》等。

2. 网络游戏

网络游戏(Online Game)又称在线游戏,简称网游,指以互联网为传输媒介,以游戏运营商服务器和用户计算机为处理终端,以游戏客户端软件为信息交互窗口的旨在实现娱乐、休闲、交流和取得虚拟成就的具有可持续性的个体性多人在线游戏。

网络游戏区别于单机游戏的人机对战,一般指由多名玩家通过计算机网络在虚拟环境下对人物角色及场景按照一定规则进行操作,以达到娱乐和互动目的的游戏产品集合。

4.1.3　按游戏内容架构分类

按照游戏内容架构分类,电子竞技游戏可以分为众多类型,如 ACT(动作游戏)、FTG(格斗游戏)、AVG(冒险游戏)、RPG(角色扮演游戏)、RAC(竞速游戏)、PUZ(益智游戏)、SLG(策略游戏)、SPT(体育游戏)、STG(射击游戏)、ETC(其他游戏)等。这些游戏的属性并非单一,是呈现交叉的,且具有多种子分类。如在 ACT 和 RPG 的分类下还存在 ARPG(动作角色扮演游戏)、MMORPG(大型多人在线角色扮演游戏)、SRPG(策略角色扮演游戏);在 SLG 的分类下还存在 TBS(回合策略游戏)、RTS(即时战略游戏);在 STG 的分类下存在 FPS(第一人称射击类游戏)、TPS(第三人称射击游戏)等。下面介绍几种常见类型与部分示例。

1. 动作类游戏

ACT(Action Game)动作游戏强调玩家的反应能力和手眼的配合,以游戏机为主、电脑为辅,主要表现形式为“动作”。动作游戏的剧情一般比较简单,主要是通过熟练的操作技巧就可以进行游戏。这类游戏一般比较有刺激性,情节紧张,声光效果丰富,操作简单。这类游戏主要包括格斗游戏和射击游戏。

(1) 格斗游戏。

FTG(Fighting Game)指格斗类游戏,这类游戏具有明显的动作游戏特征,并且很好分辨。画面通常是玩家在两边面对站立并相互作战,使用格斗技巧击败对手以获取胜利。这类游戏场景设定简单,场景、人物、操控等也比较单一,但操作难度较大,主要依靠玩家迅速的判断和微操作取胜,十分考验玩家的个人能力。

现在较为流行的 FTG 类游戏如表 4-1 所示。

表 4-1 FTG 类游戏

游戏名称	中国游戏运营商	游戏开发商
拳皇[2D]	无	日本 SNK
街霸[2D]	无	日本 CAPCOM
铁拳[3D]	无	日本 Namco

（2）射击游戏。

STG（Shooting Game）指射击类游戏，玩家需要操纵一个人物发射子弹击杀敌人，同时躲避敌人的子弹，包括子分类 FPS 和 TPS，分别以玩家的第一人称和第三人称的视角进行射击游戏，强调的分别是代入感游戏体验和动作感。

① 第一人称射击游戏。第一人称射击类游戏（First-person Shooter，FPS）是以玩家的主观视角进行射击的游戏。玩家从显示设备模拟主角的视点，观察存在的物体并进行射击、运动、跳跃、对话等活动，整个游戏过程主要使用枪械或其他远程武器进行战斗。这类游戏具有主动性和真实感，主要考验玩家的反应能力、团队配合能力以及战术运用能力。

现在较为流行的 FPS 类游戏如表 4-2 所示。

表 4-2 FPS 类游戏

游戏名称	中国游戏运营商	游戏开发商
反恐精英（CS）	完美世界	美国 V 社（Valve）
穿越火线（CF）	腾讯	韩国 Smile Gate
胜利之日（DOD）	无	美国 V 社（Valve）
使命召唤（COD）	腾讯	美国动视暴雪（Activision）
彩虹六号	腾讯	法国育碧（Ubi）
战地	无	美国艺电 EA DICE
毁灭战士（Doom）	无	美国 IDsoftware
全民枪战	英雄互娱	中国畅游云端
守望先锋	网易	美国暴雪娱乐（Blizzard）

② 第三人称射击游戏。第三人称射击游戏（Third-person Shooter，TPS）是射击游戏中的一种，与第一人称射击游戏的区别在于第一人称射击游戏中屏幕上显示的只有主角的视野，而第三人称射击游戏更加强调动作感，主角在游戏屏幕上是可见的，这类游戏有利于玩家观察角色的受伤情况和周围事物以及弹道。

现在较为流行的 TPS 类游戏如表 4-3 所示。

表 4-3　TPS 类游戏

游戏名称	中国游戏运营商	游戏开发商
坦克世界	空中网	白俄罗斯、英国 Wargaming
绝地求生	腾讯	韩国 PUBG
巅峰战舰	英雄互娱	中国英雄互娱

2. 策略类游戏

策略类游戏(StrategyGame)是模拟游戏(Simulation Game,SLG)的衍生游戏类型。策略类游戏提供给玩家一个可以动脑思考问题以处理较复杂事情的环境,允许玩家自由控制、管理和使用游戏中的人或事物,通过这种自由的手段以及玩家开动脑筋想出的对抗敌人的办法达到游戏所要求的目标。策略类游戏虽为一个大类,但在其他游戏中经常能看到它的影子,当今很多游戏都具有策略这一属性,在兼顾了策略的同时还要求玩家具有一定的操作能力。策略类游戏按照进行方式又可以分为回合制策略游戏和即时制策略游戏。

(1) 回合制策略游戏。

在回合制策略游戏中,所有玩家轮流操作自己的回合,只有在自己的回合中才能够操纵游戏,如表 4-4 所示。这类游戏的流行起源于桌面游戏,特别是战棋。回合制策略游戏又分为回合制战略游戏和回合制战术游戏,这里就不一一列举了。

表 4-4　回合制策略游戏

游戏名称	中国游戏运营商	游戏开发商
能源战争(War onFolvos)	无	斯洛伐克 Lonely Troops
三国志	无	日本光荣公司(KOEI 株式会社)
天使帝国	无	大宇资讯
《文明》系列	无	席德・梅尔

与战棋类平行的回合策略游戏主要是卡牌类游戏。

集换式卡牌游戏(Trading Card Game,TCG)又称 CCG(Collectible Card Game),是以收集卡牌为基础的游戏,玩家需要通过购买随机包装的补充包收集卡牌,然后根据自己的策略灵活使用不同的卡牌构组符合规则的套牌,从而进行游戏。这类游戏强调策略,玩家根据规则将卡片做变化组合,进行双人对战。通常情况下,这些卡牌都有一定价值,玩家之间可以交易自己的卡牌。TCG 游戏都以回合的方式进行,且回合进行遵循一定架构。

现在较为流行的 TCG 类游戏如表 4-5 所示。

(2) 即时制策略游戏。

即时制策略游戏又分为即时战略游戏与即时战术游戏。

表 4-5　TCG 类游戏

游戏名称	中国游戏运营商	游戏开发商
炉石传说	网易	美国暴雪娱乐（Blizzard）
皇室战争	腾讯	芬兰 Supercell
三国杀——阵面对决	北京游卡桌游文化发展有限公司（线下版） 杭州边锋网络技术有限公司（网络版）	中国传媒大学（线下版） 边锋（网络版）

① 即时战略游戏。即时战略游戏（Real-Time Strategy Game，RTS）是即时进行的，不是策略游戏中多见的回合制。这类游戏考验的是玩家的全局战略部署、宏观战术、细节操作、反应能力，通俗来讲是调兵遣将的宏观操作。

现在较为流行的 RTS 类游戏如表 4-6 所示。

表 4-6　RTS 类游戏

游戏名称	中国游戏运营商	游戏开发商
星际争霸	网易	美国暴雪娱乐（Blizzard）
魔兽争霸	网易	美国暴雪娱乐（Blizzard）
命令与征服	无	美国 Westwood Studios
帝国时代	无	美国微软全效工作室
红色警戒	无	美国艺电 EA

RTS 游戏在发展的同时创造了 MOBA 类游戏。

多人在线战术竞技游戏（Multiplayer Online Battle Arena，MOBA）是 RTS 游戏的衍生品，也可以称为 ARTS。这类游戏在即时对战的同时无须操作 RTS 游戏中的多个兵种、建筑、资源，而是控制玩家自己的角色。游戏中，玩家通常被分为两队，一名玩家控制一队其中的一个角色，以击垮对方队伍的阵地建筑为胜利条件。MOBA 游戏诞生于《星际争霸》中的自定义地图 Aeon of Strife，由此发展出了《DOTA》《英雄联盟》《王者荣耀》等现今火热的 MOBA 游戏。MOBA 游戏的特点是操作比 RTS 游戏要相对简单，更需要团队配合而不是单打独斗，需要在策略和操作上兼顾。

现在较为流行的 MOBA 类游戏如表 4-7 所示。

表 4-7　MOBA 类游戏

游戏名称	中国游戏运营商	游戏开发商
英雄联盟（LOL）	腾讯	美国拳头公司（Riot Games）
DOTA2	完美世界	美国 V 社（Valve）
虚荣	巨人网络	美国 Super Evil Megacorp
自由之战	盖娅互娱	中国逗屋网络
风暴英雄	网之易	美国暴雪娱乐（Blizzard）

续表

游戏名称	中国游戏运营商	游戏开发商
英雄三国	网易	中国网易
梦三国	杭州电魂	中国杭州电魂
天翼决	圣光天翼	中国圣光天翼
300 英雄	中青宝	中国跳跃网络
三国争霸	起凡游戏	中国起凡游戏
王者荣耀	腾讯	中国腾讯

② 即时战术游戏。即时战术游戏(Real-Time Tactic,RTT)指玩家以实时的方式在模拟的战场环境中进行战术指挥。在即时战术游戏中,只有战斗是即时的,完全没有采集、建造、发展等战略元素。

3. 角色扮演类游戏

角色扮演类游戏(Role-playing Game,RPG)的核心是扮演(如表 4-8 所示),在游戏玩法上,玩家扮演一名角色在一个写实或虚构的世界中活动。而 RPG 的子分类中,ARPG 为动作角色扮演游戏,强调的是动作与扮演,在玩角色扮演游戏的同时也在玩一款动作游戏,如暴雪出品的《暗黑破坏神 3》。MMORPG 强调的则是多人合作,在传统角色扮演游戏中,玩家扮演的大多数都为主角或拯救世界的英雄,而在 MMORPG 当中,玩家各司其职,仅凭个人的力量无法完成整个任务,代表作品是暴雪的《魔兽世界》。在竞技性上,《魔兽世界》的电子竞技属性没有体现在 PVP 对战上,而是强调团队合作的竞速通关。《魔兽世界》世界锦标赛时至今日依旧沿用竞速副本的赛制。SRPG 的代表作为《超级机器人大战》,SRPG 游戏以自由性著称,强调的是战略性,极高的自由度让玩家可以在相同开局的情况下,经过自身的设计拥有截然不同的结局,而战略性则体现在 SRPG 的回合制中,体育项目中的棋类项目与之相似,而不同于传统棋类的是各个兵种的克制、人物能力的特性、技能的加点等。

表 4-8 RPG 类游戏

游 戏 名 称	中国游戏运营商	游戏开发商
《暗黑破坏神 3》	网易	美国暴雪娱乐(Blizzard)
《魔兽世界》	网易	美国暴雪娱乐(Blizzard)
《超级机器人大战》	无	日本帕布雷斯特公司(Banpresto)
《仙剑奇侠传三》	无	大宇资讯股份有限公司(软星科技(上海)有限公司)

4. 体育竞技类游戏

体育竞技类游戏(Sports Game,SPG)指在计算机上模拟各类竞技体育运动的游戏,花样繁多,模拟度高。这类游戏是将传统体育移植到了电子端,让人们在电子端也能体会体育竞技除了身体对抗之外的乐趣。体育类游戏保持了传统体育项目沿用的规则,真实模拟体育竞技赛场,最大限度地满足了游戏者对体育的娱乐性要求。体育游戏也将体育明星等真实资料参数移植到游戏中,为游戏增添了更大的活力。

另外还有一种竞速游戏(Racing Game,RAC),通常也被并入体育竞技游戏中,如赛车、赛马,是一个狭窄的游戏类型,很少被单独列出。

现在较为流行的 SPG 类游戏如表 4-9 所示。

表 4-9　SPG 类游戏

游戏名称	中国游戏运营商	游戏开发商
FIFA	腾讯	韩国 NEOWIZ＋美国艺电 EA
NBA Live	英雄互娱	美国艺电 EA
实况足球	手游代理为网易	日本科乐美 KONAMI
NHL 冰球	无	美国艺电 EA
跑跑卡丁车	盛大	韩国纳克森 NEXON
极品飞车	无	美国艺电 EA

5. 休闲类游戏

休闲类游戏(Casual Game)是一个极其宽泛并包含大量游戏的分类,这个分类的定义目前尚不明确。现在较为流行的休闲类游戏有对战类、棋牌类、益智类、音舞类等,分类举例参见表 4-10。

表 4-10　休闲类游戏

游戏类型	游戏名称	中国游戏运营商	游戏开发商
休闲对战类	球球大作战	巨人网络	巨人网络
休闲棋牌类	欢乐斗地主	腾讯	中国腾讯
休闲益智类	俄罗斯方块	无	日本任天堂
休闲音舞类	劲舞团	久游网	韩国 O2Media

4.2　电子竞技游戏的背景知识

在电子竞技解说中,可以根据需要穿插介绍一些游戏的背景资料。有时,比赛场上没有进行比赛,观众在屏幕前等待时会感到很无聊,此时的画面往往是比赛场地的全景或漫无目的的凌乱画面。这时,解说员可以利用与选手和游戏有关的背景材料填充时间,既可以活跃气氛,也可以使观众增加对游戏和选手的了解。即使在比赛进行中,穿插一些与比赛有关的背景故事也可以增加解说的趣味性。

有些电子竞技项目的比赛持续时间较长,如《绝地求生》,在比赛开局平缓的和平发育期,解说员有较多空闲时间。还有些项目具有间断紧张性,比赛中有较长的停顿时间,包括比赛暂停等其他因素。解说这些电子竞技项目时可以准备一些与比赛有关的背景资料,以填充大量空闲时间。这些相关材料内容很宽泛,可以是该项目的发展历史、现状,参赛队和运动员的情况;比赛场地和城市风貌;还可以是与比赛有关的珍闻趣事。总之,要使观众在看不到精彩画面时用话语内容吸引他们,以防他们感到枯燥无味。有些解说员每次比赛都使用相同的背景介绍,虽然填充了时间,但却不一定能获得好的效果,因为电子竞技比赛有固定的观众群,他们每次都会收看比赛,重复他们知道的信息会使人厌烦,还不如不说。解说员应当尽可能使用最新的、第一次使用的背景资料。

　　本节对主要电子竞技项目的游戏发展背景做简单介绍,由于游戏版本更新较快,其他相关背景资料可跟踪游戏官方随时搜集、整理。

4.2.1 《英雄联盟》游戏发展背景

1. 拳头游戏的诞生与发展

　　拳头游戏的创始人马克·梅里尔(Marc Merrill)和布兰登·贝克(Brandon Beck)相

识于洛杉矶的南加州大学(如图 4-1 所示),他们都就读商业系,电子游戏让他们成为亲密无间的朋友。2004 年大学毕业后,他们选择了不同的职业发展道路:贝克就职于知名咨询公司贝恩,梅里尔就职于美林证券、美国合众银行,但他们都对商界工作不满意,离职后决定回到洛杉矶并肩作战。

　　刚开始,两人将办公室设在西好莱坞的一间小型公寓,里面几乎没有任何家具,只有两台巨大的游戏设备。最初,两个人只沉醉于游戏世界,并没有从专业角度进行调研。在游戏之外,他们也会到论坛上热情地捍卫或

图 4-1　马克·梅里尔(左)和
布兰登·贝克(右)

是批评某些作品,但很多他们所喜爱的开发商似乎并没有倾听玩家的声音,他们对此感到十分沮丧。直到 2005 年,贝克和梅里尔意识到当时市面上的游戏已无法满足玩家越来越高的要求,他们从企业软件中流行的"软件即服务"模式获得启发,想将这种服务理念引入电子游戏领域:通过以用户为向导的服务体系,他们得以倾听玩家心声,获得一手反馈,从而改进游戏,实现双赢。

　　于是,贝克和梅里尔开始招募员工。2006 年,拳头游戏(Riot Games)这个全世界玩家数量最多的工作室由此诞生(如图 4-2 所示)。

图 4-2　拳头游戏公司 Logo

2007 年,为避免游戏发行权旁落,梅里尔和贝克不再寻找发行商,踏上了寻找风险投资基金的道路,他们从天使投资人和家人那里筹集了 150 万美元。

2008 年,拳头游戏再度融资 800 万美元,引入腾讯、Benchmark Capital 及 Firstmark Capital 作为投资者,腾讯随后获得《英雄联盟》中国代理权。拳头游戏不断扩大规模,在招聘新员工时,梅里尔和贝克更重视应聘者是否富有激情,是否认同公司文化,而非他们的经验。2009 年 1 月,公司已经拥有 40 名员工。这时间,《英雄联盟》发展迅速,为了满足玩家不断增长的需求,拳头游戏在 2009 年又完成了新一轮的融资,投资方包括他们的中国合作伙伴腾讯。

2011 年,梅里尔和贝克决定不再受惠于多家投资方,他们将拳头游戏的多数股份卖给了腾讯(交易后腾讯持股 92.78%),交易为拳头游戏带来了巨大帮助。腾讯允许拳头游戏完全独立运作公司,拳头游戏不必再考虑如何取悦投资人,能够将所有精力投入游戏的设计。在美国,拳头游戏也因为一流的工作氛围受到很多人的称赞。

2013 年,拳头游戏将公司总部迁到新的办公大楼,商业杂志 Business Insider 将拳头游戏评选为雇员满意度最高的 25 家科技公司之一,排名第 4。

2015 年 12 月 17 日,《英雄联盟》开发商拳头在公司官网宣布其大股东腾讯收购了公司剩余股份,意味着腾讯对拳头游戏实现了 100% 控股。

2015 年,在企业点评网站 Glassdoor 和 Business Insider 组织的"美国最佳雇主排行榜"调查中,拳头公司高居第 18 名,是入围前 50 名的企业中唯一一家游戏公司。很多员工表示欣赏拳头公司的文化,称公司总是优先考虑玩家,并且鼓励员工每天都打几局《英雄联盟》。

2016 年,拳头游戏获得了美国著名杂志 Inc. 评选的"年度最佳公司"(Company of the year)称号。

2.《英雄联盟》的诞生与发展

在贝克和梅里尔决定创办游戏开发公司时,他们招聘的第一个人就是参与《DOTA:Allstars》地图更新的设计师"羊刀"史蒂夫·菲克(Steve Feak)。2006 年,菲克、贝克、梅里尔及其他几位来自 DOTA:Allstars 玩家社区的人成为拳头游戏最早的一批员工。他们很了解 DOTA 类游戏,并且觉得 DOTA 比较难,希望尝试开发一款更大众化的游戏,在公司创办后便立即投入了第一款游戏的创作。

2006 年 9 月开始游戏创作,最初的《英雄联盟》使用了同一套架构——后来将这种风格的游戏称为多人在线战术竞技游戏,也就是 MOBA——但更像是一张还非常粗糙的草图,甚至在当时还有另一个名字:冲锋(Onslaught)。

2007 年中期,拳头游戏将经过打磨的《冲锋》更名为《英雄联盟:命运之战》(League of Legends:Clash of Fates)。

2008 年 10 月 7 号,拳头游戏宣布推出《英雄联盟:命运之战》的 Pre-Alpha 版本,这是游戏第一次正式公布,并与腾讯达成合作协议,由后者负责游戏在中国的运营。

2009 年 2 月 21 日,《英雄联盟》内部开始测试,这时候有了这款游戏的宣传视频。同年 4 月 10 号,这款游戏进入了 Alpha 测试阶段,有 17 名英雄。封测开始,8 天后发布了第一个英雄,炼金和基兰都是在封测时加入的。5 月 9 号,第一张冬季图加入了自定义游戏选项,10 月 10 号加入了商城。10 月 22 日开放测试,10 月 26 日正式发布,这时候去掉了"命运之战",以《英雄联盟》问世,游戏模式免费,有 40 个英雄。

2009 年 10 月 27 日,经过 6 个月的 Beta 测试后,拳头游戏正式发布了《英雄联盟》。此时的《英雄联盟》是一款 F2P 游戏,拳头游戏为它制订了长远的更新计划,在游戏发售时就为玩家提供了 40 个可选英雄。

在游戏推出两个月后,《英雄联盟》就达成了第一个重要的里程碑数据:10 万名玩家同时在线。拳头游戏的员工聚到一起开香槟庆祝——当然他们同时还要不停工作,以保证游戏内容和服务器能够承载数量庞大的玩家游玩。

《英雄联盟》迅速发展成风靡全球的现象级作品。2011 年 7 月,《英雄联盟》在全世界范围内拥有 1500 万名注册玩家,超过《魔兽争霸》的 1200 万名,成为有史以来最具影响力的电脑游戏之一。

2014 年,拳头游戏曾公布《英雄联盟》的每月玩家人数约 6700 万名。2017 年,贝克也透露过《英雄联盟》每月的玩家人数已经突破 1 亿。

2019 年,《英雄联盟》迎来了十周岁生日,与此同时,《英雄联盟》全新的 Logo 也正式亮相,如图 4-3 所示。

图 4-3　《英雄联盟》图标与 Logo(左旧右新)

3. S 电子竞技赛事的崛起

在拳头游戏最初推出《英雄联盟》时,他们没有为这款游戏制订在电子竞技方面的任何计划,也不曾预想会有玩家将玩《英雄联盟》作为职业。《英雄联盟》的玩家都是自己组织比赛。

2009 年,就在游戏发布几个月前后,拳头游戏曾与欧洲当地一家公司合作,由于他们的合作伙伴没有共同理念,而且没有给予足够的支持,欧洲的玩家很难登上游戏,而且常常遇到技术性的掉线问题,有时候会持续整个周末。最终,拳头游戏说服这家公司,将游戏的运营权还给自己。从那以后,拳头游戏做出了另一个决策——瞄准了电子竞技领域,让《英雄联盟》电子竞技赛事蓬勃发展起来。

2010 年 7 月 13 日,S1 正式开始,当时它是 2011 年 Dreamhack 夏季赛的一部分,这时单排、3v3、5v5 也被加入游戏,全新的征招模式加入了所有的排位。该赛事还包括《反恐精英》和《星际争霸 2》的比赛。S1 吸引了 160 多万名观众,奖金为 5 万美元,冠军队伍为 FNC。

首届全球赛事后,拳头游戏决定自己运作《英雄联盟》电子竞技赛事,包括比赛直播以及制定每年的《英雄联盟》赛事的赛制和时间表。

2012 年 10 月 12 日,S2 在美国南加州举办。开始时比赛进展得比较顺利,直到第三天的淘汰赛,一系列的网络技术问题使得两个队伍在一场比赛中反复打了 7 个小时。拳头游戏吸取了这次教训,对电子竞技赛事进行了一次彻底的变革,并决定建立一个比赛系统。

到 2013 年 2 月的 S3 时,比赛段位加入了王者段位。10 月 3 日,S3 决赛在美国斯台普斯中心举办,当时全球有 3200 万名玩家观战,打破了所有电子竞技的观战纪录。

《英雄联盟》赛事迅猛,如图 4-4 所示,全球总决赛的观众数量呈十倍百倍的增长。

图 4-4　前四届《英雄联盟》全球总决赛现场的变化

4.2.2　《DOTA2》游戏发展背景

1. 从《DOTA》到《DOTA2》

(1) 源起 Eul 时代。

《DOTA》1.0 版是基于《WAR3》的一个 MOD 或者一张自定义地图,在 2003 年由作者 Eul 在《魔兽争霸 3:混乱之治》的地图编辑器上发布。最初的《DOTA》地图中的英雄技能与常规《魔兽争霸》的英雄技能并无差别,但其以独特的 10 人同时连线游戏进行 5v5 对抗的游戏模式而风靡全球。此时的《DOTA》只有 32 个英雄和 39 个物品。从 2003 年的 1 月到 7 月都是由 Kaye 负责更新地图,一直将《DOTA》从 1.0 更新到 1.62。后来他将自己的 ID 换成了 Sesshomoru 继续更新游戏,直到《冰封王座》发布之前将《DOTA》更新到了 2.9 版本。

在《魔兽争霸 3》的资料片《冰封王座》发布后,Eul、Konn 和 Softmints 这三个作者又分别发布了 DOTADX、DOTAEX 和 DOTAOutland 这三个版本。Kegsta 从 2013 年 11 月开始接手《混乱之治》时期的《DOTA》地图制作,并一直更新到了 3.6 版本。而这时的地图编辑器能更细致地定制物品、技能、模型和贴图。无数玩家开始对《DOTA》不断进行修改、更新,《DOTA》也出现了无数不同的作者和版本,另一个作者 GEO 从 Softmints 手上接过《DOTA》,基于 2.9 版本制作了《冰封王座》资料片下的《DOTA》,将各种版本地图及地图中的英雄汇集制作成了 DOTA Allstars。这时候《DOTA》进入了 Allstar 年代。之后,Eul 在制作了《冰封王座》版的 Qefense of the Ancients:Thirst for Gamma 后就再未更新地图。为纪念 Eul 的早期贡献,DOTA Allstars 中有一件物品被命名为"Eul 的神圣法杖"。

(2) 开荒羊刀时代。

到《DOTA》3.9 版本时,DOTA Allstars 停止了更新。这时羊刀(Guinsoo)出现了,基于 Meian 和 Ragn0r 的 DOTA Allstar 0.96b 发布了他所制作的 DOTA Allstars,正式接过了 Allstar 系列的大旗,开始持续更新。他增加了一个物品组合系统以帮助玩家获取更强大能力的英雄,也增加了一个强大的 Boss——Roshan,之后他还添加了击杀敌方时的配音。从 2004 年 4 月开始,《DOTA》正式进入羊刀时代。整个 2004 年,Guinsoo 将 DOTA Allstar 从 0.96bNA 更新到了 5.8404.12.11,合计 56 个版本。后来,地图版本在大约 600 版本的时候,副组长因为和组长的冲突退出了这个社团,工作组开始瓦解,制作者在 601 版本后停止了对 DOTA Allstars 的开发。此时游戏中已包含了 69 个英雄。除了 Boss 以羊刀的保龄球名字 Roshan 命名之外,为纪念他对 DOTA Allstars 的贡献,有一件物品被用羊刀的昵称命名——Guinsoo 的邪恶镰刀。

(3) 创造冰蛙时代。

2005 年,Neichus 从 Guinsoo 手中接过了 Allstars 系列的大旗,开始由他主导这个版本的更新。大约过了半年的时间,冰蛙(Ice Frog)从版本 6.02 开始接手,他基本将所有《DOTA》版本定型,在他之后只剩 3 个作者继续更新其他版本的《DOTA》,分别是:Ryude 于 2005 年中完成了对混乱之治时期 DOTA 系列 3.7~3.9 的更新;Quantum.dx 于 2005 年下半年完成了 DOTA 3.95~4.4 系列的更新;Weikeat 于 2005 年创作了 DOTA extreme 系列。

冰蛙接手后,修改的版本超过 100 个。他通过个人博客与玩家交流,回答玩家对他和游戏的问题,他也会报道一些即将发布的地图版本,包括新的英雄和物品。冰蛙较易接纳他人意见,许多新的东西就是经过讨论而创作的。他添加了游戏新功能、英雄,并且修复了当时羊刀时代留下的大量游戏 bug,每个版本都附带更新记录。

2006 年,其他所有版本的《DOTA》全部停止了更新,《DOTA》游戏完全定型。其他版本地图的消失还有一个重要原因是《DOTA》电子竞技开始在全世界兴起,为了进行统一,逐渐放弃了其他版本,所有比赛都使用冰蛙主导的 Allstars 版本。

之后,因为 Pendragon 和一些人想将 DOTA Allstars 做成商业化的产品,而冰蛙仍想保持 DOTA Allstars 的免费,所以冰蛙离开了 dota-allstars 网站,自己创办了 playdota 和 getdota 网站作为新的营地,并开始在上面继续开发游戏。

(4)《DOTA2》初起。

2009 年 10 月 5 日,冰蛙加入 V 社,并开始了《DOTA2》的制作。经过了一年的制作,2010 年 10 月 13 日,由 V 社发布的《DOTA2》在 Game Informer 杂志官方网站正式发布,游戏目前正处于封闭公测阶段中。12 月,《DOTA2》正式和玩家见面,而其版本和旧《DOTA》一致,为 6.70c。这个版本为《DOTA2》的测试版,过了几个月,正式版 6.7011.1.18 开始公测。

刚刚问世的《DOTA2》还面临一些争议。一方面,由于《DOTA2》采用的游戏引擎与《魔兽争霸》完全不同的,游戏中角色模型和魔兽争霸版的有较大出入,这让一些老玩家无法接受,并没有立刻投身到《DOTA2》中。另一方面,2011 年 4 月暴雪公司对于 DOTA 商标的所有权提出了异议,认为《DOTA》作为《魔兽争霸3》的自定义地图之一,其所有权应归暴雪所有。由此暴雪和 V 社打了大约一年多的官司,但是最终 DOTA 商标归 V 社使用。

2. Ti 电子竞技赛事的崛起

解决了商标问题以后,V 社开始全力扶持《DOTA2》的赛事。2011 年,一则关于《DOTA》新引擎表演赛的消息震惊了整个职业圈。在德国科隆游戏展上,《DOTA》这款在当时风靡世界的 RPG 将成为一个独立的游戏,作为《DOTA2》的首秀,V 社为《DOTA2》国际邀请赛的冠军提供 100 万美元的奖金,科隆游戏展也成了《DOTA》历史上的一个里程碑,它宣告了《DOTA2》赛事的诞生。

如此丰厚的奖金对当时的职业选手来说无疑是一个天文数字,这让全世界的《DOTA》职业选手都瞠目结舌。一时间,《DOTA2》的职业赛事成为玩家争相讨论的热门话题。各家职业俱乐部也开始大规模招募职业选手,同时还带动了周边越来越多的玩家开始关注《DOTA2》。一时间,《DOTA2》的热度如火箭般飙升。

2011 年 8 月 17 日,第一届《DOTA2》国际邀请赛在德国的科隆游戏展举办,而这也是《DOTA2》第一次正式和玩家见面,当时由 NAVI 夺得冠军。

随后,V 社告诉选手科隆游戏展的百万奖金并不是终点,它仅是《DOTA2》的起点。2012 年,V 社宣布国际邀请赛将在 V 社总部所在的西雅图举行,国际邀请赛的英文缩写就是 Ti,2012 年举行的西雅图国际邀请赛被称为 Ti2,而 2011 的科隆游戏展则被称为 Ti1,从此以 Ti 纪年成为《DOTA2》职业圈的习惯。

在最初几年,除首届 Ti 以外,每年 Ti 的参赛队伍都由众多直邀队伍与数支从预选赛中胜出的队伍组成。然而直到 2015 年,每年的直邀名单都是完全由 V 社内部决定的,并没有一个明确的评判标准。Ti5 结束后,V 社宣布推出四大锦标赛,越来越多的赛事不断涌现,仅仅在 Ti6 到 Ti7 期间,大型《DOTA2》赛事就包含波士顿秋季特锦赛、Sli 群星联赛 S3 等,奖金从 10 万美元到 300 万美元不等。然而特级锦标赛的成绩并不完全与 Ti 直邀名额挂钩,因此每年 Ti 的直邀名单实际上依旧是由 V 社自行决定的。

从 2017 年起,V 社开始使用积分制的《DOTA2》职业巡回赛体系取代之前两年遭受批评的特级锦标赛,成为新的评判哪些队伍可以获得每年《DOTA2》国际邀请赛直邀名额的体系。

4.2.3 《CS：GO》游戏发展背景

说起《反恐精英：全球攻势》(Counter-Strike：Global Offensive,CS：GO),必须从《反恐精英》(Counter-Strike,CS)开始。

《反恐精英》最初是 V 社旗下的游戏《半条命》(Half-Life)的其中一个游戏模组,由李明(Minh Lee)与杰西·克利夫(Jess Cliffe)开发。后该模组被 V 社购买,两名制作人在 V 社公司继续工作。《反恐精英》系列一共有五部,分别是《半条命：反恐精英》《反恐精英》《反恐精英：零点行动》(Counter-Strike：Condition Zero,CS：CZ)、《反恐精英：起源》(Counter-Strike：Source,CS：S)、《反恐精英：全球攻势》。

最初的《半条命：反恐精英》Beta 1.0~Beta7.1 是从 1999 年 6 月 19 日开始更新的,2000 年 9 月 13 日结束更新,这期间主要完善了《CS》的本体,平衡性等也是在这个时期建立的。而《半条命：反恐精英》V1.0~V1.5 是从 2000 年 11 月 8 日开始更新的,2002 年 6 月 12 日停止更新,这期间完善了游戏的细节部分,《CS》1.0 版就已经提供下载;《CS》1.1 版本加入了第六人称视角,又称上帝视角;《CS》1.3 版本不仅在游戏中加入了麦克风系统,并且人物还能连续跳跃;《CS》1.4 版本改善了动作以及伤害判定,并且修复了当时在游戏中出现的 bug;在《CS》1.5 版本时游戏已经具备很强的可玩性,并将《反恐精英》推入了 FPS 游戏的巅峰,但这个时候《CS》仍为游戏模组,而非独立游戏。

2003 年 9 月 15 日发售的《CS》1.6 版本使用了 Steam 联机,虽然仅是对《CS》1.5 版进行了优化,但是当时国内几乎没有玩家接触正版,而《CS》1.6 必须通过 Steam 平台才能进行游戏。正是这个原因导致《CS》1.6 没有发展起来,所以不少国内玩家依然回归了《CS》1.5。

2004 年 3 月 23 日,V 社发行了《CS》的资料片——《CS：CZ》,该片由 V 社和 Turtle Rock Studios 开发,不仅升级了画面,还提供了单人任务和任期模式、大幅增强的 AI 敌人、修正的平衡性与更高精细度的模型,对烟雾和天气的效果也进行了增强。游戏中的玩家作为特种部队的一员冒着生命危险营救平民,这使原来玩《CS》1.5 版本的玩家能更好地融入零点行动的世界中。

同年 10 月 7 日,V 社又推出了起源引擎重制的《CS：S》,几年间虽然进行了优化,但是引擎的更新换代导致了许多的不成熟,使得大多数玩家并没有接受这款续作。

2012 年 8 月 21 日,V 社联合 Steam 正式发布了《CS》的第四代续作《CS：GO》。V 社和 Hidden Path Entertainment 充分吸取了《CS：S》教训,推出了新的枪支和新的地图,以及新手训练、军火库模式等,并加入了偏向于真实世界的原理,如后坐力、开镜模糊、反作用力等。所以《CS：GO》一经推出就吸引了更多的玩家进入了全球攻势。

4.2.4　PUBG 游戏发展背景

2012 年 5 月,《绝地求生》最早的雏形《武装突袭 2》出现了,它是一款战术动作类游戏,具有逼真的武器系统,多种弹道和弹药种类,这种开放式的冒险游戏使得其一上线就使玩家数量呈爆炸式增长,运营两个月后,玩家数达到 88 万的高峰,但是由于其在优化、渲染方面的问题被玩家指责与抛弃,未能持久地经营下去,也间接催生了后来的独立版《DayZ》。

《DayZ》可以称得上是大逃杀类游戏的父辈,它于 2013 年 12 月 17 日在 Steam 上独立发行,早期是作为游戏《武装突袭 2》的一个 MOD 存在,类似于《CS》依附于《半条命》、《DOTA》依附于《魔兽争霸 3》。但独立版《DayZ》优化了《武装突袭 2》制作的 MOD 的众多问题,不仅加入了大型的开放世界、需要玩家搜集的战略生活物资以及与其他玩家的竞争关系,还改进了流畅的人物动作、形象的服装、人的自由度等。这个射击游戏一经出世就引爆了国内外玩家的热情,获得了较大成功。但最终因为更新缓慢、bug 众多、外挂猖獗等诸多因素被玩家所遗弃,慢慢没落了。

在《DayZ》之后出现的《H1Z1》于 2015 年 1 月 15 日发布。《H1Z1》在保留《DayZ》的僵尸开放世界求生的游戏模式外,还引入了"大逃杀"这一当时新颖的模式,也因为其画面大幅提升、世界更加开放、玩家能做的事情更多,更自由且优化后的《H1Z1》更易上手带给了玩家更好的游戏体验,《H1Z1》迅速聚拢了一大批玩家。游戏上线 4 天后就取得了Steam 周销售冠军的成绩。但是,《H1Z1》也只是火了一时,诸多原因致使它也走向了下坡路。

随后,游戏制作人员立即总结经验和教训,不断优化,《绝地求生》这款开放世界策略射击游戏应运而生,在 2017 年 12 月 21 日正式发行。

此外电子竞技项目在设计游戏的同时,还重视游戏文化的输出,各大游戏厂商在设计游戏的同时不只着眼于游戏玩法本身,同时也会设计合理的世界观架构、游戏背景故事。

例如暴雪系《魔兽世界》的世界观在《炉石传说》中延续了很多,并加以改进,在《魔兽》的正史中包括从《魔兽争霸》到《魔兽世界》的不停推进,通过《永恒之井》《恶魔之魂》《天崩地裂》三部曲阐述了《魔兽世界》这个游戏诞生之前的历史故事。《英雄联盟》也推出了"英雄联盟宇宙"以完善世界观的建立;《王者荣耀》中创造了以中国古代神话人物为主的二次创作背景;《绝地求生》更是涵盖了对电影的致敬、军事背景的还原以及战争中枪械的悉数出场。总之,可供解说的内容很多,上述几方面是内容的来源,但并非全部。确定想要说什么,最好让自己处于观众的地位,设身处地地揣摩观众心理,这样才能了解观众想知道什么,自己应该说些什么。

4.3　电子竞技游戏术语

在电子竞技解说过程中,解说员需要对场上信息进行描述和讲解,经常会使用"文字代称"形容电子竞技游戏内的相应元素、职业选手做出的操作、游戏内的战术运用,而不是传统意义上的特定学科领域中用来表示概念的称谓的集合,知晓游戏专业术语是每个解说员应该具备的能力。

4.3.1 MOBA类游戏术语

1. 名称类

根据游戏内英雄特点的不同而对英雄进行划分的术语。

T指Tank(坦克),即肉盾、护甲高、血量多、能够承受大量伤害的英雄。相应出现的有半T、半肉半输出型英雄。

Carry:后期核心,需要大量金钱堆积装备的英雄,成型后威力很大,起决定性作用。根据技能的属性又细分为ADC(Attack Damage Carry):物理核心输出,APC(Ability Power Carry):法术核心输出。

在《英雄联盟》中根据英雄的初期登场路线以及所占资源占比又分为SUP(Support)辅助、TOP(Topsolo)上单、MID(Midsolo)中单、ADC(Attack Damage Carry)、JUG(Jungle)打野。

2. 战术类

根据游戏内的战术特点、战术分工、战术意图进行代称的术语。

BP:BAN/PICK的简称,BAN为禁用,PICK为挑选,但这种概念引申到各类游戏上也有不同的细节含义。在队长模式中,比赛双方需要通过若干轮的禁用和挑选最终确定本场比赛对决的内容。

Gank:Gangbang Kill的缩写,游戏中的一种常用战术,指两个以上的英雄并肩作战,对敌方英雄进行偷袭、包抄、围杀。通常指以多打少,又称抓人。

Solo:一条线路上一个人,指英雄单独处于一路兵线与敌人对峙,经验高,升级速度远超其他两路。

3. 游戏技能类

根据电子竞技游戏技能的不同技能特点、技能效果、伤害类型进行划分的术语。

DPS:Damage Per Second的缩写,伤害每秒,特指能够对敌人造成大量伤害的英雄。

Stun:带有眩晕效果的技能的总称,也指打断对手持续性施法和施法动作的打断技能。

AOE:Area Of Effect的缩写,效果范围,引申为有范围效果的技能。

沉默:可以移动,能够进行物理攻击,但不可以使用技能。

禁锢:不能移动,能够使用技能,但不可以进行物理攻击。

眩晕:不能移动,不能攻击,不能使用技能。

天赋:随着召唤师的升级,会获得天赋点,玩家可以把天赋点投入攻击系、防御系和通用系,增强英雄的能力(不同的英雄可使用不同的天赋)。

符文:召唤师可购买符文以增强英雄的能力(不同的英雄可使用不同的符文)。

召唤师技能：英雄控制者(玩家)自己可以选定的技能,和使用的英雄无关。

技能：英雄一共拥有 5 个技能,1 个为英雄专属的被动技能;4 个为英雄普通技能。普通技能的 4 个施放键对应为 Q、W、E、R,其中前 3 个技能最高 5 级,最后一个技能为大招,最高 3 级。

4. 游戏元素类

根据电子竞技游戏当中的主要元素、操作方法、基础数值、物品特性进行划分的术语。

补刀：指对血量不多的小兵造成最终一击的技术,也就是攻击小兵最后一下获得的金钱,也可指对英雄的最后一击获得的金钱。

KS：Kill Steal 的简称,指专门对敌方英雄造成最后一下伤害而获得的金钱和杀人数,而实际上对这个英雄的多数伤害是由队友造成的,又称"抢人头"。

兵线：指双方小兵交战的线路位置。

对线：指己方英雄和敌方英雄在兵线附近对峙。

控线：高手通过技能和补刀,把兵线停留在自己希望的地方。

推线：运用技能或者高攻击快速消灭敌方小兵,并带领己方小兵威胁或摧毁敌方防御塔。

清兵：运用技能或者高攻击快速消灭敌方小兵以获取金钱,又称刷兵打钱,英文为 farm。

草丛：地图上主要道路边的草丛,在草丛中的单位可以隐蔽,草丛外的敌人无法看到,但是可以看到草丛外的敌人。

物理攻击：普通攻击,简称物攻。

魔法攻击：技能攻击,简称法伤,英文简写为 AP。

护甲：物理防御,减免受到物理攻击的伤害。

魔抗：魔法防御,减免受到技能攻击的伤害。

CD：Cool Down,技能冷却时间,指技能再次释放所需要的时间,CD 中的技能无法使用。

BUFF：杀死特定的野怪后获得的增益魔法,持续一段时间后消失,若持有 BUFF 的同时被杀死,那么敌人将获得这个 BUFF 的增益效果。

假眼：岗哨守卫,隐形,可以显示周围的区域。

真眼：真视之眼,隐形,可以显示周围的区域,并且可以侦测隐形。

超级兵：在己方兵营被摧毁后,敌方会生产超级兵,拥有超高攻击、超高防御以及超多的血量,在己方兵营重建后敌方会停止生产超级兵。

4.3.2 FPS 类游戏术语

1. 名称类

根据游戏内角色位置相应特点的不同而对角色进行划分的术语。

突击手：战斗开始前寻找有利位置接近对手,看准合适时机突袭敌人,在近距离发动强大的火力压制,给对手造成最大的压力,让对手必须第一时间解决近点的敌人。要求枪感好,反应速度快,近距离对枪能力强,能驾驭各种近战强力武器。

狙击手:战斗开始前有效侦查,寻找位置不佳的敌人,打开场面,奠定先手优势。战斗开始后,压制敌方突击手和狙击手,利用狙击枪迅速造成敌方减员,形成以多打少的局面。在远距离用火力保护突击手,威慑敌人不能攻击暴露的队友。要求枪法优秀,动态视力强,心态良好。

支援位:战斗开始前辅助狙击手进行侦查。战斗开始后,侦查第三方势力的加入,保护暴露的队友。发动突袭后,架枪或跟进,在突击手倒下后立刻补充伤害,在队友倒下时找机会救援,灵活跑动形成掎角之势。要求时刻关注队友的状态,执行力要强,在某一队友陷入劣势时找机会帮助。

自由人:单独行动,驾驶载具或徒步在战斗开始前绕后或切到侧方提供火力,对敌人进行包围和干扰,并为队友提供视野和信息,给队伍拉扯空间。要求拥有优秀的意识与大局观,能迅速对场面做出判断,适合作为队伍的指挥,可以冷静对待战斗,第一优先保证自身安全。

2. 战术类

根据游戏内的战术特点、战术分工、战术意图进行代称的术语。

抢点:迅速抢占游戏内地理位置较好的战术区域,利用较好的点位进行进一步的侦查、作战、撤离。

转点:从一个点位转移到下一个点位的过程。

拉枪线:在交战过程中利用位置的调整和变换取得较好的攻击位置,创造较广的火力覆盖范围,配合队友进行多位置的打击,取得交战的主动权。

架枪:为队友创造移动空间,在自己的火力覆盖范围内行动,让对手无法对己方队友进行打击,实现火力压制,确保队友的安全。

封烟:利用道具烟雾弹实现视野压制和视野保护,在进攻过程中阻断敌方部分视野,可以在劣势地形减少劣势。在防守过程中可以保护受伤或倒地的队友,让敌方无法进行下一步强有力的进攻。在转移过程中可以为己方制造安全转移路线,避免在行进过程中被敌方干扰而无法执行下一步战术。

3. 游戏元素类

根据电子竞技游戏中枪械、道具、地图的基础构成、主要元素、操作方法、基础数值、物品特性进行划分的术语。

后坐力:由射击引起的反冲力。每把枪的后坐力都不同。后坐力会影响玩家的连续射击精度。

弹道:弹道是弹头出枪膛或炮口后飞行的轨迹。

压枪:指玩家在熟悉后坐力和弹道的情况下,利用反方向控制子弹的分布,多体现于连续射击。

开镜速度:指安装了瞄准镜的枪械在使用瞄准镜时,从单击鼠标右键开镜到真正打开镜头的时间。

威力：指枪械单方面的杀伤能力，属性值越高，单方面的杀伤能力就越大，威力不等同于杀伤能力，杀伤能力还和射程有关。

射程：指弹头射出后所能达到的距离。

子弹初速：子弹飞行的速度。

射速：射击武器在单位时间内发射的弹数。

归零距离：可调整的密位距离。

射击间隔：打出两发子弹之间的时间。

后坐力偏正：枪口自然复位时间。

4.3.3　游戏术语的应用

电子竞技解说中的一大基础是场面描述，也就是对场面上选手的动作进行解释说明，这些话语带有专业性，需要解说用简单易懂的方式说出来。例如，在解说《英雄联盟》比赛中的 BP 环节时，经常会涉及双方阵容的特点，是速推体系、四保一体系还是三核发育体系，以及各种阵容的优劣势以及产生结果等。如何在照顾新观众的同时又不缺乏专业性的点评是电子竞技解说应该注意的重点。

解说员用语言描述比赛场面时，不应当仅做一般的口语描述，而应当从体育角度对画面进行解释。例如在伊泽瑞尔释放 Q 技能"秘术射击"的时候，是用"放了一个 Q"还是"甩了一个 Q"或是"丢了一个 Q"，应根据场上的形式以及这个技能的出手动作分解来看，在对线上显然用"甩"更加生动形象，如果所有技能只用"放"这样的日常用语表示，解说的意义就会大大削弱。

解说在对术语的拿捏尺寸上也要注意什么能说，什么不能说。例如在《英雄联盟》中，用英雄绰号还是英雄本身名称对英雄进行称呼。其中包括几种情况，英雄"麦林炮手"的特征是一个小个子英雄拿着一门炮，玩家给她的爱称是"小炮"，相同的还有可以变成豹的女子"豹女"，拿着古琴的女子"琴女"，在解说过程中能让观众根据特征迅速理解。还有因为名字过长而称呼其简称的"德玛西亚皇子"，简称"皇子"；"死亡歌颂者"简称"死歌"；"诺克萨斯之手"简称"诺手"。而有些带有色彩的称呼，在官方场合应尽量避免，比如把"盲僧"叫作"瞎子"。还有很多以人物长相为现实生活中人物的绰号也应该闭口不提。解说在这里要做的是帮助观众和引导观众更好地关注比赛，从比赛中关注更多的内容，而非要在术语方面为了显得自己很专业，故作高深体现自己，非要把一场团战描述中的英雄全名和技能全名喊出来彰显基本功。便于观众理解，让观众得到更多的享受才是电子竞技解说的重点。

第5章

电子竞技解说的语言基础

5.1 语音发声基础

电子竞技解说是以语言为主要载体将内容进行传播，并且它不完全等同于生活语言，它来源于生活语言，但高于生活语言，是通过艺术化加工的语言，因此它不仅要规范清晰，还要纵控有节、感染力强、变化丰富。在解说时，"嘴上功夫"过硬可事半功倍。艺术化的语言要求字音规范清晰、用声自然持久，并且能够根据内容、情感和语境的变化而变化。本章从语音与发声的角度呈现艺术化语言的理论基础。

5.1.1 发音器官和发声原理

声音是依靠什么发出来的？它是怎么发出来的？作为语言工作从业者，需要充分认识发音器官，并了解它们分别在发音过程中起到什么样的作用以及发出声音的原理，从而能够更好地控制它、利用它。

1. 呼吸器官

呼吸器官包括肺、胸廓、膈肌等。

（1）肺和气管。

肺是人体的呼吸器官，也是人体重要的造血器官，位于胸腔，左右各一，覆盖于心脏之上。肺有分叶，左二右三，共五叶。肺是气体交换的场所。

气管以软骨、肌肉、结缔组织和黏膜构成，它是连接喉和肺的通道。气管下端有左右两侧支气管，支气管再反复分叉，末梢称为分支气管，然后转为肺泡入口。

图 5-1 所示为肺和气管。

（2）胸廓。

胸廓像是一个鸟笼，由脊柱胸椎、肋骨、胸骨构架而成，如图 5-2 所示。通过胸廓肌肉群的运动，扩大或缩小胸廓的容积，从而进行吸气与呼气。

（3）膈肌。

膈肌又称横膈膜，位置在肺的下面，具体的位置在胸廓的下口，呈双顶圆形突入胸腔，通过下降牵动肺下拉，扩大肺的容积，从而吸入气息，如图 5-3 所示。当膈肌放松的时候，恢复到圆顶上升的状态，气流则呼出。据科学数据统计，膈肌每下降 1 厘米，胸腔容积相当于增大 250～300 毫升,膈肌升降幅度是 3～4 厘米。可见,膈肌的运动对于气息量的增加具有多么重要的作用。

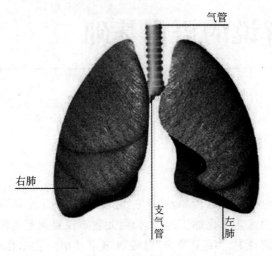

图 5-1　肺和气管

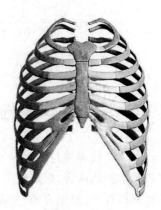

图 5-2　胸廓

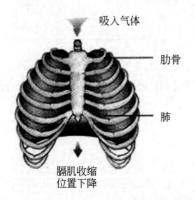

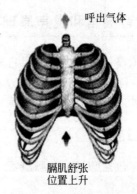

图 5-3　膈肌运动

（4）呼吸肌群。

除了以上器官外,在呼吸的过程中还有一些肌肉也参与了呼吸运动。吸气肌群包括胸锁乳突肌、前斜角肌、后斜角肌、胸小肌、胸大肌、前锯肌、斜方肌、腰方肌、肋间外肌等,这些肌群的收缩可促使肋骨的提高和扩展,从而扩大胸腔容积。

呼气肌群有肋间内肌、下后锯肌、腹横肌、腹直肌、腹内斜肌、腹外斜肌等,这些肌肉的收缩可以缩小胸腔容积。呼气时,腹直肌、腹内外斜肌向内收缩,促使膈肌上升。

图 5-4 所示为吸气、呼气肌群。

呼吸的基本原理建立在胸腔容积的扩大或缩小的基础上。呼吸时肺在周围肌肉组织的带动下容积扩大或缩小,通过气压差的原理使空气吸入或排出。呼吸既是为生命提供氧气,同时也是为发音提供动力支撑。

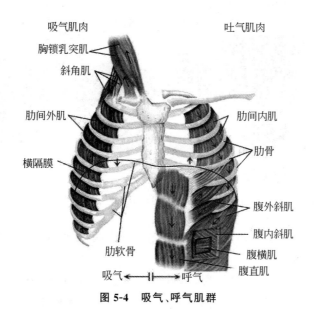

图 5-4　吸气、呼气肌群

气息在发音过程中的主要作用有两个：一是促使声带振动，发出声音；二是直接作用于吐字器官，塑造不同的字音。例如，语音中的清塞音、清擦音、清塞擦音就是气息直接作用吐字器官而形成的。

2. 喉和声带

喉和声带是发音的声源，又称喉头，俗称"嗓子"，如图 5-5 和图 5-6 所示。喉位于气管顶端，是由甲状软骨、环状软骨、勺状软骨、会厌软骨组成的室状器官。声带处于喉室的中央，是发音体，声音是由于它被呼出的气流冲击振动而产生的。

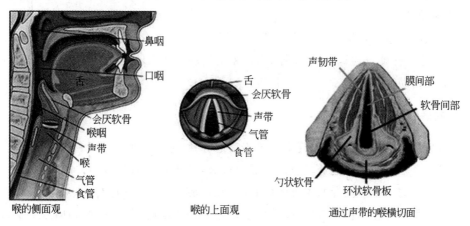

图 5-5　喉的侧面观、上面观与横切面

喉是由许多借助关节和韧带连接起来的软骨所组成的，具体分为喉软骨和喉肌。

喉软骨有甲状软骨、环状软骨、勺状软骨、会厌软骨；喉肌有环甲肌、甲杓肌、环杓后肌、环杓侧肌、杓肌。下面对发声有直接意义的喉部软骨做简单介绍。

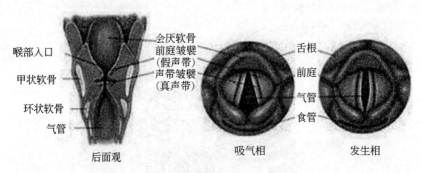

图 5-6　喉的后面观与吸气相、发生相

环状软骨：喉的基础软骨，前窄后宽，紧接气管上端，是形成喉腔的"基座"，对保证喉的畅通有重要作用。

甲状软骨：喉软骨中最大的一块，在环状软骨之上及喉支架的中部，成遁甲状。

勺状软骨：位于喉的后部，左右对称各一块，形状近三面椎体，底部的前角为声带突。勺状软骨的运动可以调整声带的松紧和声门的开闭。

会厌软骨：呈树叶状，富有弹性，在甲状软骨上部及喉的入口处，会厌软骨主要是在吞咽食物时关闭喉通道，以防食物掉入气管。

声带是发声器官的主要组成部分，由声带肌、声带韧带和黏膜三部分组成，左右对称。声带的前方甲状软骨角的内侧，后方分别固定在左右勺状软骨的声带突上。声带的固有膜是致密结缔组织，在皱襞的边缘有强韧的弹性纤维和横纹肌，弹性大。发声时，呼出的气流经过声带，声带被气流冲击产生振动，从而发出声音。两条声带中间的矢状裂隙为声门裂，可以分开，也可以闭拢。通过声带的分开与闭拢可以营造出耳语声、假声和真声。

了解喉和声带主要是为了明确：声音的高低和音色变化取决于声带的拉长缩短、开和关闭、紧张或松弛、边缘变薄或变厚；而声带的运动变化又取决于喉肌和软骨的牵引，它的变化必须借助喉的力量。

3. 发音腔体

从声带发出的声音很微弱，既不能被清晰地听到，也没有辨义意义，被称为"喉元音"。当这个喉元音辐射到口鼻之处，经过咽、喉、口、鼻，腔体腔形的调节和共鸣形成了能被听到的各种音色的声音。发音的主要腔体有咽腔、口腔、鼻腔。除此之外，参与发声的共鸣腔体还有胸腔和头腔，当咽、口、鼻腔造成了足够大的声响时，能够扩散到胸腔和头腔，那么胸腔和头腔就能够产生共鸣，因此在发声过程中，如果想要利用胸腔和头腔，就必须加强对咽、口、鼻腔的锻炼。

口腔是最重要的发音腔体。口腔中的发音器官有唇、齿、舌、上颚（硬腭、软腭）、下颌。变化口腔空间状态主要通过控制嘴唇、舌头、下颌和软腭的运动实现，包括：

舌——可以前伸、后缩、抬高、降低、平伸、卷翘等；

唇——可开可闭，可圆可扁，可以有"开、齐、合、搓"等各种形态；

下颌——可开可闭，播音发声通常说"提打挺松"中的"打牙关"就主要通过下颌的放松打开实现的；

软腭喉部——可上升或下垂，这些动作相互配合，形成了不同的共鸣腔体，也就产生了多种多样的声音。

口腔空间的改变，除了依靠口腔腔体中的发音器官外，一些面部肌肉群（图 5-7）也参与到发声活动（尤其是艺术语言发声），包括颧肌（颧大肌、颧小肌）、笑肌、咬肌、口轮匝肌、唇上方肌、唇下方肌等。在发音时，这些肌肉协同运动，帮助增减口腔的纵向空间以及横向空间，让口腔空间有目的地发生变化，营造或圆或扁、或厚或薄等丰富的语音色彩。

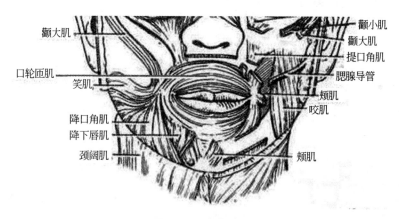

图 5-7 面部肌肉群

4. 发声原理

认识了发音器官，由此可知发音过程是这样的：首先在大脑的指令下，呼吸器官协同动作形成提供声音的动力——气流，气流通过喉部振动声带，使之产生非常微弱的喉元音。

5. 语言工作对用声持久性的要求

在日常生活中，很少有大段连续性的高强度用声，人们都是按照自己的意愿和目的说说停停，即便是因为需要连续说话或本身发音器官有生理上的不适而感觉说话说到嗓子疲累，这种情况也都是极个别的现象，在日常语言交流中不常出现。解说用声的强度往往大于生活用声，一天的解说或直播就是几乎连续不间断的数个小时的工作，尤其是在赛事精彩紧张的部分还需要高强度用嗓。如果不经过训练，嗓子没有持久性，那么刚开始的时候还觉得比较轻松舒服，可是越到后边就越觉得嗓子不干净、紧绷、使不上力、高音上不去、低音下不来，久而久之恶性循环。

5.1.2　吐字归音——字正腔圆，自如流畅

汉语发音中，一个汉字就是一个音节，音节组成词、句，从而进入语意的流通过程，因此，字音清晰与否很大程度上是由字头的清晰决定的。一个汉语音节一般可以由声母、韵母、声调组成，声母就是汉语音节起头的辅音，想要把字头发清晰，主要指起头的辅音要发清晰。汉语语音学将 21 个声母按照发音部位分成了双唇阻、唇齿阻、舌尖前阻、舌尖中阻、舌尖后阻、舌面阻、舌根阻 7 类；按照发音方法分为塞音、擦音、塞擦音、鼻音和边音 5 类，同时还有浊辅音和清辅音、送气和不送气两种区别。字头不清晰，往往是因为对发音部位只有模糊概念而未能明确，对发音方法不重视而导致的。本节将重点分析如何明确发音部位和矫正发音方法。

1. 明确发音部位很关键

什么是发音部位？发音部位在语音学上指辅音发音时口腔或者咽腔中受到阻碍的位置。

汉语普通话中的 21 个声母按照发音部位划分为 7 类，分别是：

双唇阻——b、p、m

唇齿阻——f

舌尖前阻——z、c、s

舌尖中阻——d、t、n、l

舌尖后阻——zh、ch、sh、r

舌面阻——j、q、x

舌根阻——g、k、h

然而很多人都只是模糊地知道按发音部位划分的 7 类声母的成阻部位是什么，例如双唇阻，顾名思义，就是双唇成阻，而舌尖后阻大概就是舌尖和齿龈后部成阻……但是很少有人能够明确知晓其中具体的位置，也就是具体的"点"，于是就造成了字音从某种程度上准确，但是却未必清晰的结果。

（1）双唇阻 b、p、m 和唇齿阻 f 的注意事项。

双唇阻声母力量集中的要点在于：力量集中在唇内延及唇中央 1/3 处，唇与唇、齿与唇的接触面要越精确越好，成点不成面，切忌裹唇、满唇用力；发双唇阻成阻时要有力量，持阻时要加强蓄气，除阻时不能忽视对唇部的后续控制。发唇齿阻齿和唇要自然放松地靠在一起，发音时不要使拙劲，点到为止即可。

练习：

斑驳	辨别	把柄	爸爸	卑鄙	本部	表白	步兵
婆婆	拼盘	品评	平抛	偏颇	批判	爬坡	澎湃
埋没	美妙	茂密	牧民	弥漫	密码	迷茫	美满
发福	仿佛	犯法	伏法	丰富	奋发	夫妇	反复

（2）舌尖中阻 l 与 d、t、n 的区别。

l 虽然是舌尖中阻，但是它的位置要比 d、t、n 偏后，发音时舌头稍后缩，舌面中部下

凹,舌尖抵紧前硬腭,舌的两边不能和上槽牙接触,必须呈现出一定空间。除阻时用力向外喷。认识清楚成阻部位对克服 n、l 不分是有益处的。

练习:

等待	单调	到达	断定	当代	道德	大地	顶端
天堂	探听	跳台	团体	梯田	体贴	推脱	探讨
奶牛	南宁	难弄	男女	能耐	恼怒	泥泞	扭捏
理论	琉璃	玲珑	罗列	冷落	劳力	兰陵	榴莲
尼龙	脑力	能量	暖流	烂泥	辽宁	老年	留念

(3) 舌尖后阻 zh、ch、sh、r。

zh、ch、sh、r 这组声母发音时舌尖翘起,但不是"卷舌",发音时的状态是:舌头整体平缩,舌前翘起,用舌叶部分和硬腭紧贴(zh、ch)或接近(sh、r),舌的两边略卷起和上齿相接,舌中部和上颚呈现出不太宽的空隙。另外在发这组音时不要把注意力放在嘴唇上而造成"撅唇"动作,练习时可采用"微笑练习法"防止嘴唇外翻。

练习:

庄重	主张	支柱	转折	指针	战争	正值	挣扎
超产	长城	船厂	穿插	车床	出产	长处	乘车
山水	双手	神圣	闪烁	砂石	绅士	手术	赏识
仍然	柔韧	容忍	闰日	融入	扰攘	如若	荏苒

(4) 舌根阻 g、k、h。

这组声母因为位置比较靠后,很容易发出类似"咯痰"的声音,十分难听,请自行体会。所以,当发这组声母时,应该尽量减小口腔上下空间,把隆起的舌根往前推进,将字音往前送,方能清晰干净。

练习:

改革	巩固	高贵	光顾	公共	感官	规格	灌溉
开垦	宽阔	刻苦	可靠	空旷	坎坷	困苦	开口
欢呼	荷花	航海	回话	浑厚	红花	黄昏	黄海

2. 掌握发音方法是保障

什么是发音方法?发音方法就是发音时喉头、口腔、鼻腔节制气流的方式和状态,包括发音时构成阻碍和克服阻碍的方式,气流强弱的情况及声带是否振动等几个方面。

汉语普通话声母的发音方法有以下几种:

塞音(爆破音、闭塞音):辅音发音方法的一种,发音时气流通路完全闭塞。闭塞后突然解除障碍发出噪音即为爆破音,不解除障碍的为闭塞音:b、p、d、t、g、k。

擦音:发音时,两个发音器官彼此靠拢,形成狭窄的通道,气流通过时造成湍流发生摩擦,发出噪音。与塞音不同,擦音 f、s、sh、x、h、r 可以持续一段时间。

塞擦音:气流通路紧闭然后逐渐打开而摩擦发出的辅音,如普通话语音的 z、c、zh、ch、j、q。塞擦音的起头近似塞音,末了近似擦音,所以称为塞擦音。

鼻音:汉语语音的辅音 m、n、ng 须经鼻腔发出,发音时,口腔气流通路阻塞,软腭下垂,鼻腔通气发出声音。

边音:发音方法的一种,发音时,口腔的气流通路的中间被阻塞,气流从舌头的两边通过,例如声母 l。

另外,汉语普通话声母还有清与浊、送气与不送气两种分别。

- 清浊的区分。

清辅音发生时声带不振动,汉语普通话声母中大部分都为清辅音。

浊辅音发音时声带振动,汉语普通话中有 5 个是浊辅音,其中 4 个是声母 m、n、l、r,以及另一鼻尾音 ng。

- 送气与否的区分。

送气与不送气只在塞音与塞擦音中进行区别,送气音发音时呼出的气流较强。如普通话中的 p、t、k、c、ch、q 六个音就是送气音,分别同 b、d、g、z、zh、j 六个气流呼出较弱的不送气音相对。

(1)清辅音要加强蓄气。

清辅音发音的清晰度是由强气流造成的,声母中的 b、p、f、d、t、g、k、h、j、q、x、zh、ch、sh、z、c、s 都是清辅音,想要把这类辅音发得和元音一样清晰响亮,就要加强口中蓄气,增强发音时的气流。

清辅音蓄气的情况有所不同,可以通过表 5-1 学习掌握。

表 5-1 清辅音发音形式

清辅音字母	口腔和肺中气流状态	成阻阶段	持阻阶段	除阻阶段
b、d、g	不送气塞音	断开	断开	断开
p、t、k	送气塞音	断开	连接	连接
zh、ch、j、q、z、c	塞擦音	断开	连接	连接
f、s、sh、x、h	擦音	连接	连接	连接

由此可见,发 b、d、g 时全靠口中气流强有力的冲击才能发得清晰,其余的清辅音也需要加强口中蓄气以增强清晰度。

那么,如何增强口中蓄气呢?很简单,只要把发音部位逼紧或逼近,把口内的容积缩窄,口腔中气流的压力自然就增强了。

(2)浊辅音要努力读响。

普通话里有 5 个浊辅音,它们是 m、n、l、r、ng。浊辅音既有噪音成分,又有乐音成分,再发这类辅音时,口中即受到阻碍,同时声带也会振动,因此浊辅音虽然不如元音响亮,但是它也有自己的响度。想要把浊辅音字头发清晰,就必须把它的亮度强调出来。

长知识:5 个浊辅音中,ng 不是声母,不能放在音节的起头,它是作为韵尾而存在的。浊辅音有自身的共鸣,这一点它和清辅音是有区别的,因此浊辅音是可以延长的,而凡是可以延长的声音都能造成音响。

把浊辅音读响,可以运用哼唱的方式,像 m 和 ng 都可以用哼鸣的方式加强音响。尤其是在用 m 进行哼鸣练习时,应该注意放松舌肌和喉肌,上提上颚,这样可以扩大声腔,形成较强的音响。

（3）发擦音要节制气流。

擦音是由于发音部位接近而不接触形成的辅音，发此类辅音时应该注意节制气流，否则不仅会严重影响字音的清晰度，还会在发音过程中损耗大量气息。

如何节制气流呢？从理论上来说，只要缩窄气流通道就可以实现。在发擦音时，舌与颚的肌肉局部紧张，能够造成口腔内部的压力，从而节制气流，并且集中气流的冲击力。

（4）塞擦音要力在开头。

普通话声母中有塞擦音 z、c、zh、ch、j、q，发这类辅音时，要把力量集中在开头的塞音部分。同时，当从塞音部分向擦音部分过渡时，仍要保持肌肉一定的紧张状态，进行气流的节制。

长知识：塞擦音的擦音部分比塞音的部分要长，尤其是送气的塞擦音的擦音部分更长，正因如此，在发塞擦音时，要把力量着重放在开头的塞音部分，增强蓄气，集中气流的冲击力，否则会造成塞擦音与擦音在听感上的混淆。例如在练习"数枣"绕口令的时候，当速度提上来时，如果不注意塞擦音的字头用力，则很容易将"一个枣，两个枣"数成"一个嫂，两个嫂"。

3. 零声母音节字头的处理

在汉语音节中，有一类音节没有开头的辅音声母，称为零声母音节。零声母音节由于缺少前面的辅音限制，发音器官没有局部紧张，因此节制气流的作用较弱，气流的消耗量就比较大，也比较容易含糊不清，想要将零声母音节发清楚，就要人为地给它创作一个类似阻碍的摩擦音。按照四呼分类的零声母音节，具体发音要领如下。

（1）齐齿呼(i 开头，iong 除外)的零声母音节，发音时舌面前部和硬腭前部接近，留出窄缝，气流通过时产生摩擦成分。

（2）撮口呼(ü 开头，包括 iong)的零声母音节，发音时舌面前部和硬腭前部接近，留出窄缝，但气流通过时，除了舌和颚之间产生摩擦成分外，双唇也要产生摩擦成分。

（3）合口呼(u 开头，包括 ong)的零声母音节，发音时双唇靠拢，留有窄缝，气流通过时双唇产生摩擦成分。

（4）开口呼(a、o、e 开头，ong 除外)的零声母音节，发音时喉部闭拢，然后打开，气流冲击，喉部有爆发成分，就像咳嗽前的喉部状态。

5.1.3 口腔控制——字腹越响，字越清晰

汉语音节除去开头的声母，后面的部分主要由元音构成，把元音发响也是实现字音清晰的关键。发元音时，声带闭拢，气流通过声门时冲击声带，使声带振动，因此产生了乐音性的声波。同时，声波到达口腔，通过口腔形状的变化，从而产生了不同音色的元音。想要把元音发得响亮，就要通过扩大口腔共鸣实现，如何全面打开口腔显得尤为关键。除此之外，由于不同元音所需要的口腔形状不同，有的扁，有的宽，因此如何将宽窄元音统一位置也是发音清晰的重要因素。

1. 全面打开口腔空间

（1）打开口腔与张开嘴巴的辩证。

你真地了解什么是打开口腔吗？是不是张开了嘴巴就是打开口腔了呢？

理论上来说，声音的响度一方面取决于气流的强度，另一方面则取决于共鸣腔体的大小，并且和声带与喉头肌肉的松紧程度也有一定关联。在普通话的 10 个元音因素中，舌位有高低的区别，口腔形状有大小深浅之分，唇形有圆扁之分，就是因为这些组合变化才能发出 10 个不同的元音音色。从剖面图上可以看出，口腔是一个有深度的空间体，打开口腔指打开整个口腔。

而我们通常所说的嘴巴的概念，更趋向于嘴唇。张开双唇固然可以带动口腔空间的扩大，但其实只是扩大了口腔的前半部分，如果仅仅靠张开双唇打开口腔空间是远远不够的，这就是为什么很多人在训练时为了"打开口腔"而使劲张大嘴巴说话，字不但没有读响，反而落下"面目狰狞"的毛病。

所以，张开嘴巴并不等于打开口腔。

只有全面打开口腔，才能充分扩大口腔容积，让元音更加饱满响亮，提高有声语言的清晰度。

（2）如何全面打开口腔。

全面打开口腔需要做到四个字：提、打、挺、松。

口腔是最重要的发音腔体。口腔中的发音器官有唇、齿、舌、上颚（硬腭、软腭）、下颌，变化口腔空间状态主要通过控制嘴唇、舌头、下颌和软腭的运动实现。除了依靠口腔腔体中的发音器官外，一些面部肌肉群也参与到发声活动（尤其是艺术语言发声）中了，它们有颧肌（颧大肌、颧小肌）、笑肌、咬肌、口轮匝肌、唇上方肌、唇下方肌等。在发音时，这些肌肉协同运动，帮助增减口腔的纵向空间以及横向空间，让口腔空间有目的地发生变化，营造或圆或扁、或厚或薄等丰富的语音色彩。

提颧肌以颧肌为支点，实现参与发音的面部肌肉的积极活跃状态。

"打"和"松"是有着密切关系的，下颌也是可开可闭的，播音发声通常说的"提、打、挺、松"中的"打开牙关"就是主要通过下颌的放松打开实现的。

挺软腭不仅能实现不同的音色，还能造就不同的音高。软腭后部可上升或下垂，这些动作相互配合，形成了不同的共鸣腔体，也就产生了多种多样的声音。同时，发音时口腔腔体需随着音高的变化而扩大或缩窄，软腭的升降在这一过程中起到了不可忽视的作用。

2. 窄元音宽发、圆唇元音发响

如上所述，响度与共鸣腔体的大小有着非同寻常的密切关系，共鸣空间越大，字音就越容易响亮，在窄元音的发音上就需要格外注意了。

根据口腔开合度的大小，把元音分为宽元音和窄元音。宽窄是指舌隆起最高点与上颚之间的距离，距离越大的越宽，距离越小的越窄。10 个元音中，a、o、e、ê、er 可以归为宽元音，i、u、ü、-i 前、-i 后可以归为窄元音。

发窄元音时容易产生噪音的成分，响度会因此而有所下降。同时，当声音越高时，舌和肌肉就越紧张,越容易往上提,声带也跟着紧张。因此在发窄元音时,为了缓解紧张和增加响度,需要适当"宽发"。

至于宽到什么地步,只需要在舌位准确的基础上实现最大范围的开度就可以了。尤其是当音高出现变化时,随着声音的提高,口腔需要逐渐放宽,这一点在声乐中用得比较广泛,艺术语言和声乐艺术在发声上虽有区别,但还是有共通之处的。

在普通话中,u 和 ü 是窄元音,同时还是圆唇元音,因此往往在发 u 和 ü 的时候感觉比较吃力,总是没有其他非圆唇元音发得响亮清晰。道理很简单,因为圆唇元音比非圆唇元音在前面多延长了一个小空间,就像给口腔多加上了一个套筒,导致声音发暗发闷。试问:如何能比非圆唇元音清晰呢?

解决的方案就是缩短这个"多余"的空间。

发 ü 时,口腔内部尽量保持一定开度,舌头略微降低,舌位点略向后移,实际口腔容积比同舌位的 i 要大一些,双唇聚敛,唇齿相依,唇孔成扁圆形。

发 u 时,双唇不能太圆,需略微打开,唇不能主动向前伸,要用双唇中部撮敛的力量带动嘴角前移,但上唇比下唇略突出,唇孔比 ü 略大一些。

练习:

字词

集体	机器	激励	漆皮	习题	脾气	奇迹	栖息	霹雳	启迪
节烈	贴切	铁屑	趔趄	姐姐	斜街	谢谢	结界	爹爹	戒牒
求救	绣球	九流	优秀	牛油	酒友	悠久	琉球	妞妞	牛柳
辛勤	紧邻	贫民	亲近	濒临	拼音	薪金	殷勤	临近	民心
英明	庆幸	定性	另行	明星	经营	性情	轻盈	应景	姓名
区域	趋于	女婿	语序	聚居	序曲	语句	旅居	曲剧	语句
雀跃	月缺	决绝	绝学	约略	雪月	跃跃	缺略	略略	雪靴
军训	均匀	循循	菌群	逡巡	群运	芸芸	熏熏		
朴素	祝福	出租	无辜	初步	读物	目录	鼓舞	督促	图书
归队	汇兑	退回	回味	垂危	水位	悔罪	推诿	回归	追随
自私	此次	子嗣	四次	赐死	次子	恣肆	字字	私自	孜孜
知识	纸质	直至	事实	指示	实质	支持	咫尺	值日	日食

绕口令

山上五棵树,架上五壶醋,林中五只鹿,箱里五条裤。伐了山上树,搬下架上的醋,射死林中的鹿,取出箱中的裤。

村里新开一条渠,弯弯曲曲上山去,河水雨水渠里流,满山庄稼一片绿。

桃子李子梨子栗子橘子柿子槟子榛子,栽满院子村子和寨子。刀子斧子锯子凿子锤子刨子尺子做出桌子椅子和箱子。名词动词数词量词代词副词助词连词造成语词诗词和唱词。蚕丝生丝热丝缫丝染丝晒丝纺丝织丝自制粗细丝人造丝。

史老师，讲时事，常学时事长知识。时事学习看报纸，报纸中的是事实。常看报纸要多思，心里装着天下事。

薇薇、伟伟和卫卫，拿着水杯去接水，薇薇让伟伟，伟伟让卫卫，卫卫让薇薇，没有人先接水，一二三，排好队，一个一个来接水。

隔墙听见人分银，不知多少人分多少银，只听见人说，人人分半斤银余银四两，人人分四两银余银半斤。

孙村温村过新春，春雷一声响昆仑。竹林怀春出春笋，春联春雨处处春。

蓝天上是片片白云，草原上是白色的羊群。近处看，这是羊群，那是白云。远处看，分不清哪是白云，哪是羊群。

春风送暖化冰层，黄河上游漂冰凌。水中冰凌碰冰凌，集成冰坝出险情。人民空军为人民，飞来银鹰炸冰凌。银鹰轰鸣黄河唱，爱民歌声震长空。

3. 发音偏后也会影响清晰度

有的人说话总会给人一种"牙尖嘴利"、嘴巴还没张开字就迫不及待地跑出来的感觉，而有的人说话则会让人觉得"憨厚老实"，字音在喉部深处怎么抠都抠不出来。这种感觉多半是因为吐字位置造成的，吐字位置偏前的人"牙尖嘴利""叽叽喳喳"；吐字位置偏后的人"憨态可掬""吭哧吭哧"，且不说孰优孰劣，就清晰度来讲，吐字偏后会在一定程度上影响字音的清晰。

太过于靠后的发音，一般舌面低平，舌体前松后紧，这种状态容易造成辅音和元音的力量松散，从而导致字音不清晰，这也就是为什么在声音造型中，一般老年人的声音塑造要求将发音位置后移，这是为了从生理学的角度模仿，人到老年因发音器官机能下降、肌肉松弛所产生的效果。

矫正发音位置偏后，除了从意识上控制外，还可以采用"以窄带宽"的方式训练，通过体会舌位较为靠前的音的发音位置带动舌位较靠后的音。

5.1.4 音高控制——调值到位，锦上添花

汉语是声调语言，每个汉语音节都有一个贯穿始终的声调，声调不仅具有区分语意的作用，它还能增添汉语的音乐美。在语言表达中，调值到位能够让字音更加清晰。

1. 音高的声调与调值

汉语的声调有四个调类：阴平、阳平、上声和去声。调类是按声调的实际读法归纳的，代表声调的某种类型，而不是实际调值。如图5-8所示，四个声调调类的实际调值分别是：

阴平——55，高平调；

阳平——35，高升调；

上声——214，降升调；

去声——51，全降调。

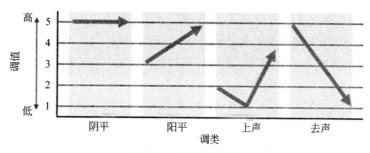

图 5-8 声调、调值图

想要把调值发到位,除了从意识上对调值有正确的认识,听辨上有正确的判断外,剩下的就是通过发音器官有效地实现音高对应调值的变化了。

2. 音高与发音器官的关系

声音的高低是由发声体声带振动的频率实现的,而声带振动频率的快慢是由声带的状态、气流的强弱、口腔的状态决定的,如喉肌在发声上的作用有:

- 环甲肌有增加声带紧张度的作用,可以使声带拉紧、拉长;
- 环杓侧肌有旋转勺状软骨的作用,使得肌突向内旋转,促使声门后部变窄;
- 甲杓肌有松弛声带和调节声带紧张度的作用,可使声带缩短;
- 杓肌能够使两个勺状软骨彼此靠近,使得声带靠拢。

发高音时,声带绷得比较紧,而在发低音时,声带较为松散,音高的变化是喉肌配合协作的结果。

除了通过喉部控制声带的松紧变化外,气息的使用也和音高变化有着密切的关系。音高变高或变低,都比在正常音区用声对气息的消耗更大,所以无论是高音还是低音的状态,都需要用到更强的气流才能实现。

最后,声音的高低还与口腔有着一定的联系。例如当音高变低时,口腔肌肉仍要保持一定的紧张度,否则喉肌也就紧张不起来了,如果低音一松到底,那么就相当耗费气流了。

3. 音高发声训练

① 每棵小草都是美的感召,都孕育着春天的希望。

② 爱是人生辛劳的果实,慵懒的人终生难得品尝。

③ 应该清楚自己的特点,否则,拿着一手好牌也不会打赢。

④ 迪斯科为什么受到青年人的喜爱?是不是它反映了今天青年人的精神状态?表现了他们的健美、青春、奔放、韵律、活力、拼劲?

⑤ 面对责任的时候,敢于说"我",这正是今天需要的时代精神。

⑥ 练习了一个问题可能有几种答案的思维方式,我们便聪明了几倍。

⑦ 一个全身干事业的人,往往活得不轻松,往往在无止境地发展事业的同时,永远对自己不满意,永远对现状不满意,想做的事永远超过能做的事。

⑧ 成功的保证就是意志的坚定,对于要走的路,要挣扎到最后一步。假如这是唯一有希望的一条路,一定要迫使自己走下去。

⑨ 有时候,苦难是一种积蓄,是一种不断给人的生命意志补充养分的积蓄。尊崇人类的苦难吧。

⑩ 人可以再生吗?可以。如果一个人按照社会的需要重新塑造了自己,那么,他变成了今天的主角、生活的主角。

5.1.5　气息控制——控制得当,稳若泰山

"气乃音之帅也"。气息是发声的基础,本节首先围绕胸腹联合式呼吸法这一重点充分讲解其原理和操作方法,同时结合不同的稿件内容和思想感情需求训练气息的变化技巧,为艺术化的语言表达提供更坚实和灵活的动力支撑。

1. 气息运用的原则

(1) 几种常见的呼吸方式。

日常生活中几种常见的呼吸方法分别是胸式呼吸、腹式呼吸、胸腹联合式呼吸。

胸式呼吸是通过扩大上胸围实现胸腔周围径扩张进气的呼吸方式;腹式呼吸是通过隔膜下降的力量使胸腔上下径扩大进气的呼吸方式;胸腹联合式呼吸是通过胸廓和横膈膜共同运动,同时使得胸腔的周围径和上下径都扩张进气的呼吸方式。

艺术发声中的气息运用原则是以胸腹联合式呼吸为主的多种呼吸方式的组合。

一般情况下,人的主要呼吸方式就是胸腹联合式呼吸,较少数的人(有生理上的缺陷)或在较少数的情况下(例如在激烈运动中)才会使用胸式呼吸或腹式呼吸。艺术语言发声过程中,主要以胸腹联合式呼吸法为主,根据情感和语境的具体变化辅以其他呼吸方式。

另外,在气息的训练中一定不能忽视气息和情感、吐字、用声的关系。

(2) 胸腹联合式呼吸的要领。

取坐姿,身体重心在臀下当中椅子的前部。腰直、胸含、肩松;完全自然地像叹气一样,将体内气息全部吐出来,然后从容自然地吸气。注意体会吸气时小腹自然地外凸、两肋后部及腰两侧自然张开、撑起的感觉。吸到正常的程度自然地呼气,注意体会两肋下塌、腹壁渐松复原。

以慢吸慢呼的方式,在第一练习的基础上,以坐姿体会稍有控制的吸气和呼气。

在将体内余气全部吐出来之后,吸气时有意识地强调"吸到肋底、两肋打开、腹壁打开"的感觉进行慢吸慢呼。在吸气的过程中,着重体会两肋后部渐张、腹肌渐渐向"丹田"集中。腹壁从松弛状渐渐绷紧"站定"的感觉。当吸气至比日常自然吸气稍多的五六成满时,调整吸气肌、呼气肌的控制感觉;屏气一瞬间立即慢慢地呼气。

呼气时要注意两点:一是尽量保持两肋张开支撑感(实际仍会塌下收回一些);二是着重体会在这种呼吸肌的配合中靠腹肌收缩向外送气流的感觉。这一步练习主要体会胸

腹联合式呼吸方式中,腹肌参与吸气、呼气控制,特别是收腹呼气的感觉。随着呼吸控制能力及膈肌与腹肌配合能力的增强,吸气量可加大到八九成满,只需注意呼气时仍不要有明显的"扼喉"感。

(3)换气方法。

正常换气的气口通常是以一个较为完整的意思为单位,可以是一个句子,也可以是句群。正常换气可以以标点符号为参考,但不一定非得依照标点符号。

偷气是发音过程中一种无声补充气息的方式,在长句子中可以利用短暂的顿挫进行无声补气。

抢气是发音过程中一种带有明显吸气声的补气方式,一般是为了符合较激烈的情感表达需求。

就气是在有停顿的地方,由于表达连贯的需要,不急于补气,利用余气把话说完,以达到连贯、回味的效果。

换气方法应该结合篇章进行综合训练。下面通过案例进一步分析。

例:她挤进人群,上前观看。不错!那就是她的母亲,画底下有行字:"我仍然爱着你……快回家!"她站在画前,泣不成声,不敢相信这是真的。

这时,天已黑了下来,但她不顾一切地向家奔去。当她赶到家的时候,已经是凌晨了。站在门口,任性的女儿迟疑了一下,该不该进去?终于她敲响了门,奇怪!门自己开了,怎么没锁?!不好!一定有贼闯了进去。记挂着母亲的安危,她三步并作两步冲进卧室,却发现母亲正安然地在床上睡觉。她把母亲摇醒,喊道:"是我!是我!女儿回来了!"

(《未上锁的门》)

训练提示:《未上锁的门》讲述的是一个误入歧途的年轻女孩在母爱的感召下回家和母亲团聚的故事,上文节选的内容描述的是这个年轻的女孩回到家见母亲的令人激动的情节。在这样一个段落中,除了正常换气外,同时运用到了偷气、抢气和就气。例如:"终于她敲响了门……不好!一定有贼闯了进去"这一段话,为了表现一种紧张感,这段话虽然有标点符号,但是不应该断开,同时,"不好"之前应该做抢气处理,这样才能体现女儿紧张的情绪。"记挂着母亲的安危……母亲正安然地在床上睡觉"一句中就需要用偷气的方式小量补足气息。还有最后一句"是我!是我!女儿回来了",在情感的处理上,两个"是我"之后需要停顿一下,给受众一个回味的空间,但是为了保证意思的连贯性,因此需要用到就气的方式。

2. 气息运用中的误区和常见问题

(1)气息运用中存在的误区。

在气息的训练中,如果过分地强调"气息下沉"就会造成表达上的僵化。事实上,根据不同内容和情感,气息的使用方法应该是多种多样的,既需要下沉,也需要上提,既需要收着,也需要外放;既需要流畅,也需要凝滞。气息的运用应该是"组合拳",而不是单一化地追求"下沉",下面通过案例进一步分析。

例:站在水边,望到那边,居然觉着有些远呢!这平铺着,厚积着的绿,着实可爱。她松松的皱缬着,像少妇拖着的裙幅;她轻轻的摆弄着,像跳动的初恋的处女的心;她滑滑的明亮着,像涂了"明油"一般,有鸡蛋清那样软,那样嫩,令人想着所曾触过的最嫩的皮肤;她又不杂些儿尘滓,宛然一块温润的碧玉,只清清的一色——但你却看不透她!

(朱自清《绿》)

训练提示:《绿》这篇散文由朱自清写于 1942 年,是一篇写景散文,全文通过热情的基调对梅雨潭的风光景致进行了生动的描绘,文章赞颂了祖国大自然的绚丽风光,表达了作者对于探索、追求美好事物的忘我境界。上文的段落节选是对梅雨潭潭水的静态描写,作者说梅雨潭潭水像少妇的裙幅,像少女的初心,像鸡蛋清,像一块碧玉。这几种意象给人带来的情感是浓厚温柔的、纯洁灵动的、清澈透明的、婉转温润的,这几种情感感受在表达过程中气息是变化的,"温柔浓厚"时气息下沉,给人一种朴实的感觉;"少女的初心"时气息稍提,体现灵动感;"鸡蛋清"时气息再提同时可以稍微屏着,传达出一种"清澈的仿佛动一下都会破坏它的美好"的感觉;"温润的碧玉"一句气息缓缓下沉、余气托送,展现婉转温润的形象特征。

例: 我看见过波澜壮阔的大海,玩赏过水平如镜的西湖,却从没看见过漓江这样的水。漓江的水真静啊,静得让你感觉不到它在流动;漓江的水真清啊,清得可以看见江底的沙石;漓江的水真绿啊,绿得仿佛那是一块无瑕的翡翠。船桨激起的微波扩散出一道道水纹,才让你感觉到船在前进,岸在后移。

《桂林山水》

训练提示:《桂林山水》这篇文章是现代作家陈淼写于 1962 年的文章,文章先用"桂林山水甲天下"开篇,然后分别叙述漓江的水如何清、静、绿,桂林的山如何奇、秀、险,桂林的山和水如何相互映衬,连绵成画,引起读者无穷的回味与遐想。上文选段是描述漓江的水的一段。其中"静""清""绿"三处描述如果没有气息变化,则很难展现出相应的艺术美感,因为在实际朗读中,静的感觉可以通过气息稍凝滞体现,清的感觉可以通过稍提气息呈现,绿的感觉则可以尝试叹着气表达。

(2)气息训练时经常会遇到的问题。

① 气息不够,解说"上气不接下气"。

气息不够这个问题可以从三个层面理解:一是吸气时进气量不够大;二是呼气时不够持久;三是对气流不够强,以致需要"强控制"时达不到理想效果。

关于进气量不够大的问题,除了受发声者本身呼吸器官构造所限外,主要就是因为吸气方式不对导致的。例如吸气时膈肌和胸廓扩张不够,导致进气量小,又或者是在吸气时动作不够迅速,导致来不及吸满。解决这个问题就要明确正确的呼吸要领,加强对呼吸肌群的控制能力,熟练掌握快速进气的方法要领。

呼气不够持久,一方面因为进气量不够大,也就是"燃料不足"的道理;另一方面,主要也是对呼吸肌群的控制力弱而导致的。解决这个问题就需要加强气息持久性训练,提高"慢呼"的能力,同时还应该配合恰当的换气方式,让气息持久、灵活。

气息不够强,归根结底还是对呼吸肌群的控制力弱导致的,气流的瞬间爆发力量不够;另外,听感上"不够强"不能完全归结于气息问题,它与吐字力度、速度以及音色也有密不可分的关系,在练习"强控制"时一定要综合考虑。

② 吸气时胃疼、肚子胀。

有的人在进行吸气训练时,常常会觉得胃疼、肚子胀,总归是不那么舒服。产生这些现象的原因是在呼吸的过程中错误地以大腹作为支点,一味地鼓小腹吸气。参与呼吸的腹部有"大腹"和"小腹"之别,大腹直接连接在胸廓下边,在吸气时,胸廓向外扩张,大腹自然会被带着向外扩张,如果大腹保持不动,小腹一个劲地往外鼓,显然违反了自然规律,自然就造成了生理上的不舒服。

③ 屏气。

屏气也是气息训练中一个较为常见的问题,很多人的吸气方法是正确的,但是在说话的过程中喜欢憋着气不用,形成好像在屏着气说话的感觉。解决这个问题的根本还在呼气的训练上。在练习过程中,气声结合的训练很重要,同时还可以通过叹气的方式找感觉。

5.1.6 气息控制能力训练

艺术化语言用声对于气息的总体需求是稳劲、持久,而如何获得稳劲持久的效果,一方面需要加强对参与呼吸的器官和肌群的有力控制,另一方面需要熟练掌握快速无声气息、快速有声吸气、发声的同时无声进气的吸气方式,以便为换气方法提供坚实保障。

1. 呼吸肌训练

艺术语言发声中的呼吸训练主要是锻炼呼吸肌群的力量,日常生活中的呼吸所需要交换的气流并不多,据科学统计,一般每次吸进的气流平均数值是 500 毫升,非运动状态或不受情绪波动的影响下,一般吸气与呼气的时间比是 1∶1.5。因此,在平日里的呼吸有时仅仅只通过胸廓的扩张或者膈肌的上升与下降就能满足。艺术语言对气息的使用量比生活中的多得多,因此必须高于自然呼吸方式,将全部呼吸肌群配合起来,以增强气息的控制力量。

(1)呼吸训练方法。

吸气前:保持"腰背颈直立、肩胸喉放松"的状态,小腹微收,气息呈"半提"状态,感觉像"手里端着一碗热汤",这个时候小腹的状态是微微紧绷的。

吸气时:声门打开,口鼻同时进气,与此同时膈肌下降、胸廓扩张,肋下两侧打开,以气贯丹田的感觉引导气息吸满。

呼气时:小腹收缩,膈肌和其他吸气肌群不放松,在力量对抗中让膈肌有控制地上升。

(2)可以设定多种需求进行练习。

练习1:深呼吸。深吸气直到吸满,感受膈肌下降、两肋打开的综合感觉,然后放松,将气息吐净,做若干组。

练习2:快速吸气。吸气肌群瞬间发动,快速吸满。此训练锻炼的是膈肌和两肋的灵敏度。在此练习中,可以借助惊喜或惊吓的情感代入练习。

练习3:快吸慢呼。快速吸满一口气,然后用膈肌、两肋与小腹的抗衡能力尽可能慢地呼气。

2. 膈肌弹发训练

膈肌弹发训练是增强膈肌力量的练习,可以用弹发"嘿""哈"音或弹发数字进行练习。

练习1:无声膈肌弹发。无声膈肌弹发用只出气不出声的"嘿""哈"音进行练习,开始可以先一个个音节进行弹发,一口气一个音节。熟练以后可以变成一口气四个音节、一口气七个音节等。

练习2:有声膈肌弹发。有声膈肌弹发可以用"嘿""哈"音进行练习,开始可以先一个个音节进行弹发,一口气一个音节。熟练以后可以变成一口气四个音节、一口气七个音节等。

练习3:笑的弹发练习。以笑的方式锻炼膈肌力量,在做这个练习的时候可能难以找到感觉或是不好意思张口出声,那么可以先从无声的笑开始,然后过渡到出声的笑,最后过渡到喷弹大笑。从口腔的控制上,可以先从"哼哼"的冷笑开始,再过渡到"哈哈"的大笑。

例如:呵呵呵呵……哈哈哈哈……噗哈哈哈哈……

练习4:抽泣的弹发练习。以抽泣的方式锻炼膈肌力量,在做这个练习的时候可能难以找到感觉或是不好意思张口出声,那么可以先从较慢的速度开始,然后过渡到快速并且连续不断。从口腔的控制上,可以先闭口抽泣,再过渡到开口抽泣。

3. 气声结合训练

深呼吸训练是为了掌握正确的呼吸方式和状态,锻炼的是如何增加进气量;快吸慢呼训练是为了掌握呼气时对呼吸肌的控制,起到气息持久、稳劲的效果,但是气息的持久性训练不能仅无声单练,还要和用声结合起来,很多人吸气吸得很满,气流很足;在单练呼气的时候也很持久,可是一旦用声,还是觉得气息不够用,这说明还需在"节流"方面下功夫。

(1)数数练习。

数数的材料可以根据情况自行选择,可以直接数"一、二、三……",也可以数"葫芦"、数"枣儿"等,在练习时可以多尝试变化几种数数材料,可以使得口腔与气息得到全面练习。每次练习应以一口气完全用完为止。

练习1:一口气数数"一、二、三、四……",尽量一口气数得越多越好。

练习2:一口气数"一个葫芦、两个葫芦、三个葫芦……"。除了数量外,还应该注意吐字的清晰度。

练习3:数枣。

出东门,过大桥,大桥底下一树枣,拿着杆子去打枣儿,青的多,红的少。一个枣儿,两个枣儿,三个枣儿,四个枣儿,五个枣儿,六个枣儿,七个枣儿,八个枣儿,九个枣儿,十个枣儿。十个枣儿,九个枣儿,八个枣儿,七个枣儿,六个枣儿,五个枣儿,四个枣儿,三个枣儿,两个枣儿,一个枣儿。这是一段绕口令,一口气说完才算好。

训练提示:数枣的气息训练应该注意分段目标,一开始的时候可以先把内容分成两段,分别用两口气完成,熟练后再尝试一口气完成。其次应注意字音的清晰度,尤其是在较快的语速中,应注意"枣"字的字头,加强塞擦音的字头成阻力量,避免加快后变成"枣子变嫂子",第三应结合内容、情感和语境,进行生动化表达。

(2)结合音高、语速变化的数数练习。

一般的数数训练先从自然音高开始,当练到一个阶段以后,可以结合音高的高低变化再进行进阶式训练。在艺术用声中,需要根据表达的内容进行声音高低的变化,音高变高或变低都比在正常音区用声对气息的消耗更大,因此当正常音区的气息持久性训练稳定后,建议进行结合音高、语速变化的进阶式训练。

练习1:每次数数前,音高起高半个调,数数过程中保持不变,一直到一口气用完。每次结束后,新的一轮练习再起高半个调,直到触碰高音极限。

练习2:每次数数前,音高降半个调,数数过程中保持不变,一直到一口气用完。每次结束后,新的一轮练习再降半个调,直到触碰低音极限。

练习3:上山式、下山式。数数时,音高由低过渡到高再由高过渡到低,直到一口气用完。

练习4:变速练习。先用正常速度数数,开始在慢数的阶段,最好能一口气数到二三十个数。当这个阶段稳定后,可以转入快数阶段,用同样一口气的时间快速数数,所数的数量要加倍。快数的训练除了锻炼呼气适应语流加速外,还训练口腔肌肉动作的敏捷性,在快数过程中,不仅要保证气息够用,还要保持字音的清晰度,不能因速度加快而含糊不清、拖泥带水。

试试下面的训练。

报　菜　名

我请您吃——蒸羊羔、蒸熊掌、蒸鹿尾儿、烧花鸭、烧雏鸡、烧子鹅、卤猪、卤鸭、酱鸡、腊肉、松花小肚儿、晾肉、香肠、什锦酥盘、熏鸡白肚儿、清蒸八宝猪、江米酿鸭子、罐儿野鸡、罐儿鹌鹑、卤什锦、卤子鹅、山鸡、兔脯、菜蟒、银鱼、清蒸哈什蚂、烩鸭腰、烩鸭条、清拌鸭丝、黄心管儿、焖白鳝、焖黄鳝、豆豉鲇鱼、锅烧鲤鱼、清拌甲鱼、抓炒鲤鱼、抓炒对虾、软炸里脊、软炸鸡、什锦套肠、卤煮寒鸦、麻辣油卷儿。

地　理　图

我出南口往西,走永安路到虎坊桥,往北,走琉璃厂和平门、新华街、府右街、西华门大街,穿过厂桥,到德胜门,走关厢、马甸、祁家豁子、北沙滩、清河、沙河,到昌平,奔南口、青龙桥、康庄子、怀来、沙城、保安、下花园、辛庄子、宣化、沙岭子、宁远、张家口、柴沟堡、天镇、阳高县、聚乐堡、周氏庄、大同、丰镇、集宁、十八台、卓资山、三道营、旗下营、呼和浩特、萨拉齐。

看　花

我的邻居张伯伯是一位老花匠,昨天他带我到他的花圃去参观。这里有人称花中之王的红牡丹、白牡丹、粉红牡丹,还有芍药、玫瑰、蔷薇、朱瑾、米兰、栀子花、昙花、樱花、桂花、茶花、金银花、金盏花、金芙蓉、金鸟花、月光花、鸡冠花、凤仙花、杜鹃花、喇叭花、玉簪花、玉兰花、玉蝉花、燕子花、蝴蝶花、天女花、八仙花、海棠花、海桐花、腊梅花、太平花、石榴花、石楠花、石菖蒲、十样锦、夹竹桃、美人蕉、美人樱、虞美人、洋绣球、晚香玉、百里香、满天星……哎呀呀,数也数不尽,看也看不完。简直忘记了现在是春天、夏天、秋天还是冬天,一年四季各式各样的花都出现在了眼前。

4. 不同感情色彩的气息运用

早年的戏曲表演理论中就有：声欢，降气；声恨，提气；声悲，噎气；声竭，吸气等有关用气的理论技巧。一般语言工作者虽然与戏曲艺术有所不同，但是它们都以情感作为审美前提的属性是相同的。在艺术化语言创作中受到不同感情色彩的影响，气息的使用是丰富的，不同的感情色彩有着不同的用气规律。

（1）平实的情感色彩。

在平实的情感色彩下，呼吸一般比较放松、自然、通畅，因为如果太过追求压力比较大的下沉状态，则会显得比较呆板僵硬。平实情感色彩中还有具体的分寸，比如说平静客观、语重心长、理解支持、坚定不移等，不同的分寸在用气时也会有具体的区别变化，应结合具体色彩分寸和语境反复体会。

例如：目前两支队伍都处于平和发育的阶段，打野也都在各自野区里有条不紊地获取经验和金钱。

（2）喜悦的情感色彩。

人们在喜悦的状态下，气息一般较为上浮，呈比较浅的状态，这样能够有一种灵动变化的感觉，所以在喜悦愉快色彩的情感下，用气不仅不宜过深，有时还需要用到胸式呼吸。喜悦的色彩下也会有各种不同的分寸，例如轻松愉悦、情不自禁、热情赞美、昂扬积极、充满希望等，不同的分寸对气息的具体要求也是有变化的，在训练时应结合具体的分寸和语境反复体会。

例如：这波团战 IG 赢了！在经济落后五千的情况下，还能凭借团战的拉扯、灵活的走位弥补劣势，并且顺势拿下大龙，我们期待已久的转折点来了！

（3）批判否定的情感色彩。

批判否定的情感色彩，气息比较沉，出气力度比较强，曲艺艺术中常说"怒时气在胸中转"，就是在描述怒的状态下的气息感觉，这种感觉其实就是用气时胸部支点下降，仿佛气息在胸中郁结不散。批判否定的色彩中有不同的分寸，例如否定、严肃、谴责、愤怒等，根据程度的不同，用气也会产生细微区别，同时否定色彩越重，吐字力度一般也越强，练习时应结合不同的分寸反复体会。

例如：这是我们最不想看到的情况，拥有巨大经济优势的红色方，并没有通过阵容前中期的强势扩大优势和视野抢占，这不就是将唾手可得的胜利拱手让人嘛。

（4）悲伤的情感色彩。

悲伤沉痛的时候，声音沉闷，气息压抑，呼吸缓慢，间隔时间也较长，有时为了增强效果，还会伴有大口吸气或叹气。不同分寸的悲情色彩，例如遗憾惋惜、委屈、凝重、悲痛等，对气息的要求也是有差别的，练习时应结合不同的分寸和语境反复体会。

例如：中国战队止步半决赛，所有战队和选手在 S7 赛季努力拼搏的画面在此刻定格。

（5）惊讶恐惧的情感色彩。

惊讶的感情色彩在用气时有吸气感，气息骤提，悬在前胸；恐惧的色彩有时也有吸气感，气向后背贯，再向下沉，压抑不放松。惊惧色彩也有不同的具体分寸，在训练时应结合不同分寸和语境反复体会、灵活变通。

例如：快看！The Shy 的剑魔宛若"天神下凡"，以一敌众，我们甚至不敢相信，这只是拥有三个大件的剑魔！

5.1.7 喉部与共鸣控制——丰富音色，圆润动听

对于电子竞技解说的声音音色的优化方式可以通过学习逐步掌握正确的喉部控制和共鸣控制。下面先介绍电子竞技解说的喉部控制，了解喉部控制要领可以有针对性地确定学习和训练的方向；然后介绍电子竞技解说的共鸣控制和训练方法，明确共鸣腔体的运用技巧。

1. 喉部控制

喉部肌肉的放松或收缩可以控制声带的松紧，也可以控制声门的开合。在发声过程中，喉部的状态和控制能力直接影响声音的音色本质和情感表达，甚至会影响嗓音的艺术寿命，因此要合理掌握喉部控制的方法，科学合理地利用自己的嗓子。

（1）喉部控制要领。

① 喉头相对稳定。喉头位置相对稳定可以保证声音变化时的和谐通畅以及音色的基本稳定。试想，如果喉头上下移动范围过大，会使得喉部过于紧张，造成声带的负担变重，不仅音色单薄难听，还会使声带容易疲劳，久而久之产生病变。因此，要让喉部在发声时保持吸气时的放松状态，尤其是发高音时应尽量避免仰头伸下巴等不良习惯，尽量控制喉头不要过高，当然也不要过低，让喉头保持在一个相对稳定的位置。

② 喉头相对放松。在发声时，喉部积极而放松的状态是喉部控制的最佳状态，要做到这一状态，需要"抓两头、放中间"。其中，抓两头是指加强口腔控制和气息控制；放中间是指放松喉部。在发声时，声带最好的状态是轻松靠拢而不是紧密闭合；否则，发出的声音力大而拙，可变性差，表现力也不会好到哪里去。

（2）喉部控制训练。

① 螺旋式上下绕音。发一个长长的元音"i"，从说话的正常音高的某个音开始螺旋式向上绕，绕到力所能及的一个音高极限，然后螺旋式地向下绕回。

② 阶梯式高低训练。可以采用一个单元音或者一个音节，从说话的自然音高的某一个音开始，一次次地连续发音，并且一个个音阶地连续升高或降低，直到高低音极限为止。

③ 上下滑音训练。发一个长长的单元音"i"，从说话的自然音高的某个音开始上滑到高音极限，然后下滑到低音极限后结束。

④ 气泡音训练。气泡音是一种充分放松喉头后的一种发声，学习它可以体会声音挂在声带上的感觉。早上，我们懒散地平躺在床上，做打哈欠状，从高到低发"啊"这个音，当发音到最低音区时，就会听到声音如一串气泡冒出来。随着气息的调节，气泡可大可小，可稀疏可密集，有点像青蛙的鸣叫，又像摩托车的引擎声，这就是气泡音。看似简单，但对声音却有很神奇的作用，慢慢练习就可以掌握了。

2. 共鸣控制

共鸣控制是播音员利用共鸣原理对声道中的共鸣腔进行适当的调节,以达到提高语音清晰度和美化声音音色的目的。播音的共鸣控制原则是加强口腔和咽腔共鸣,保持适当的胸腔共鸣和鼻腔共鸣。加强口腔和咽腔共鸣是通过口腔控制调整各个元音的发音部位,找到既准确清晰又有较好声音色彩的最佳发音部位,要求播音员根据不同字音,特别是不同元音的发音特点调整发音状态,纠正不良发音习惯。因此加强口腔和咽腔共鸣是与吐字密切相关的问题,它与语音的具体音段有直接关系。

与口腔和咽腔共鸣不同,鼻腔和胸腔共鸣具有超音段性质,两者可表现在各个元音中。根据一般共鸣原理,共鸣腔大小和开口度对共鸣频率与强度有直接影响。作为容积相对固定的腔体,胸腔和鼻腔的调节主要是通过对腔体开口的控制取得的。胸腔的开口是声门,发音时声门适当打开,喉呈放松状态并适当降低音高,可增加胸腔共鸣。鼻腔的可控制开口在软腭部位,发音时软腭上抬可减少鼻腔共鸣。播音员的共鸣控制并无统一的标准,应根据共鸣控制的基本原则并结合每个人不同的声音色彩和有声语言表达的需要而定。

3. 口腔共鸣训练

练习1:加强胸腔共鸣练习。

(1)动物模仿训练(牛的叫声:mou,声音不要过亮,感觉是从胸腔发出的较浑厚的声音)。

(2)a音词练习(用稍低的声音练习)。

暗淡　反叛　武汉　计划　宝宝　发放　出嫁

练习2:改善口腔共鸣练习。

(1)动物模仿训练(青蛙、小狗的叫声,清脆明亮、积极欢快)。

(2)嘴角略微上提,消除消极音色。分别用嘴角下垂和嘴角上提两种方式播读以下散文片段,比较音色及播读效果的不同。

盼望着,盼望着,东风来了,春天的脚步近了。

一切都像刚睡醒的样子,欣欣然张开了眼。山朗润起来了,水涨起来了,太阳的脸红起来了。

(3)改善ü、u、o的音色,可在发圆唇音的同时让唇齿靠近,减少突出,可让沉闷音色得到改善。用以下韵母做唇突出和唇齿贴近的对比训练:ao ou iao iou u ua uai uei uan uen uang ueng ong ü üe üan ün。

练习3:鼻腔共鸣练习。

(1)用带有鼻音m、n的音节或词做练习,带动元音适当鼻化(增加鼻腔共鸣)。

妈妈　买卖　猫咪　阴谋　弥漫　隐瞒　出门　戏迷　分秒　人民　姓名　朽木　南宁

(2)在鼻韵母音节中的元音过度鼻化会造成发音中的鼻音。通常在音节元音部分的后半截出现元音鼻化,不会产生鼻音。播读以下双音节词,发音时捏住鼻子,根据鼻腔振动确定合适的鼻化时间。

渊源 黄昏 剪短 湘江 光芒 荒凉 中唐 种养

练习4：共鸣变化练习。

共鸣产生的声音变化在语言表达中可以塑造形形色色的人物形象，在以下训练中要根据人物性格、背景定位、区分旁白和人物对话，尝试用声音的变化塑造不同的人物。

公平的遗产

列夫·托尔斯泰

商人有两个儿子。商人很喜欢大儿子，打算去世后把自己的全部财产都留给大儿子。商人的妻子很可怜小儿子，请求丈夫先不要把这个决定告诉两个儿子。她要想办法使两个儿子都得到公平的对待。商人听从了妻子的意见，没有马上向儿子们宣布自己的遗嘱。

有一天，商人的妻子坐在窗前哭泣，一个智者朝她走了过来，问她为什么哭泣。商人的妻子如实以告："我怎么能不哭呢？两个都是我的儿子，可他们的父亲却要把财产都留给大儿子，什么也不给小儿子。我请求丈夫在我还没想出帮助小儿子的办法之前，先不要宣布他的决定。可我没有钱，真不知道该怎么帮助我的小儿子。"

智者说："这很简单。你现在就去告诉你的两个儿子，说你丈夫的所有财产都将留给大儿子，小儿子什么也不会得到。最后，他们得到的肯定会是同样多的。"

小儿子知道父亲什么也不会留给自己后，就毅然决然地离开家到外地谋生去了，他勤奋学习，很快就掌握了几门手艺和技术；大儿子则一直留在父亲身边，什么也没有学，因为他知道他以后会衣食无忧。

大儿子什么也不会做，等父亲死后，父亲留下的遗产很快就挥霍光了；而小儿子在异乡练就了一身生存的本领，早已富甲一方。

掩 耳 盗 铃

春秋时期，晋国世家赵氏灭掉了范氏。有人趁机跑到范氏家里想偷点东西，看见院子里吊着一口大钟。钟是用上等青铜铸成的，造型和图案都很精美。

小偷心里高兴极了，想把这口精美的大钟背回自己家。可是钟又大又重，怎么也挪不动。他想来想去，只有一个办法，那就是把钟敲碎，然后分别搬回家。

小偷找来一把大锤子，拼命朝钟砸去，"咣"的一声巨响，把他吓了一大跳。小偷着慌，心想这下糟了，这钟声不就等于是告诉人们我正在这里偷钟吗？

他心里一急，身子一下子扑到了钟上，张开双臂想捂住钟声，可钟声又怎么捂得住呢！钟声依然悠悠地传向远方。

他越听越害怕，不由自主地抽回双手，使劲捂住自己的耳朵。"咦，钟声变小了，听不见了！"小偷高兴起来，"妙极了！把耳朵捂住不就听不见钟声了吗！"

他立刻找来两个布团，把耳朵塞住，心想，这下谁也听不见钟声了。于是就放手砸起钟来，一下一下，钟声响亮地传到很远的地方。人们听到钟声后蜂拥而至，把小偷捉住了。

5.1.8　情、声、气结合

"情"是依据，是根源，任何艺术的审美都来自于情感的共鸣，任何艺术形式在创作的过程都是一个感受—理解—提炼—个性化—表达的过程。首先，在感受的过程中，情感起到类似"共鸣器"的作用，通过这个"共鸣器"的共鸣才能产生感受；在理解的过程当中，也需要通过参考以往经历激发相应情感；通过对这些相应情感的提炼产生高于现实的具有突出代表性和表现力的元素符号；再通过个性化，如创作者独特的嗓音、身段等，以基础手法（如线条、旋律等）完整地呈现在受众面前。所以情感是一切艺术作品的出发点和孵化器。在语言创作中，没有情感作为依托的表达是僵化的，是没有根据的。因此在训练过程中，需要"以情带声"地练习。

1. 什么是情、声、气

电子竞技解说员在语言中会透露出情绪色彩，这种情绪色彩融合在了内容和声音当中。在解说创作中，情、声、气的来源与表达内容密不可分。如果是在对比赛结果的阐述中，情、声、气来源于解说员对于结果现状的分析；如果是在对局当中场上局面的描述中，情、声、气来源于解说员对于专业知识的深入程度。

情、声、气的本源是内容，内容决定感情、声音、气息状态以及表达分寸。

不同感情色彩的片段，在情、声、气三方面的把握也会有所不同。

2. 情、声、气之间的关系

生活中，情、声、气的自然结合使语言表达变得生动，但是部分学习者会出现声音呆滞、一成不变的情况，这是因为没有合理处理情、声、气三者之间的关系，注意力只集中在如何把字音发到位，忽略了内容的本质。情、声、气在表达中的作用和形成关系可以简单归纳为：

情是内涵，是依托；

声是形式，是载体；

气是基础，是动力；

气随情动，声随情出；

气生于情而融于声。

在表达中，感情是基础，气息连接感情和声音，以情带声是使用声音的正确途径。语言虽然以声音为表现形式，但连接着更深层面的思想感情，两者融于一体才能将丰富的感情色彩融于公式化的声音中。

3. 情、声、气与声音对比变化的主要方式

声音对比变化的主要方式主要分为较为简单的单一声音要素对比和较为复杂的声音要素对比。

单一声音要素对比是最常见的声音对比变化，主要包括声音的高与低、强与弱、实与虚、快与慢、吐字的松与紧等可对比的声音要素。

较为复杂的声音对比变化主要以要素混合的复合对比形式出现,多用表示感情或气息状态的词语描述其变化,主要包括"刚与柔""纵与收""厚与薄""明与暗"。

4. 情、声、气关系处理不当容易引发的问题

(1)过分注意声音和气息状态会影响感情表达。

无论是即兴表达还是文稿播读,如果过分注意自己的声音和气息状态,注意力就容易分散,会影响情绪体验,造成表达平淡。自信心是创作的基本条件,要相信自己的声音和气息。

(2)忽视情感在表达中的作用。

忽视情感是表达不准确、不深入甚至出现错误的重要原因。如果不注重平时的思想和学识修养,在即兴表达中很容易流露出不正确的个人情感,表现为观点的偏激或无知、语言不得体、内容混乱等,在解说中会很难体会选手和战队的感情,从而影响效果的传达。

情感来源于世界观、人生观和价值观,来源于生活态度、道德水平、生活阅历、沟通愿望等。如果没有积极的人生态度,缺乏积极的情感,就会漠然对待周围的事物,无法产生情绪体验,语言会单调、平淡、乏味。

(3)缺少形象化的内容体验。

情绪来源于对具体事物的感受。首先要有可以感受的形象,有感情的语言来源于具体感受。在语言感知中,一定要伴随形象感受。有形象的感受才是具体的,声音才会随之发生变化。

解说时,要把场上的复杂局势变成连贯、简单的影像,帮助情感与气息运动起来,获得"声随情动"的效果。

(4)过度的形象体验会影响表达速度。

解说创作时,需要一定的形象体验帮助我们感受和体验片段中蕴含的情感,但是过多的形象体验会影响表达速度,造成语句拖沓,显得肤浅做作。应根据需要对形象体验进行删减,突出重点,弱化非重点。

(5)缺少气息和声音变化的能力。

气息和声音变化能力是表达的基础,要通过各种练习掌握声音变化的技巧,不断提高声音的"阈值",拓展声音变化能力。

(6)忽视对象和环境的影响。

主要体现为解说中眼睛只盯着稿件,忽视传播对象和环境,应在解说前确定受众群体和环境。

5. 练习材料

(1)句段练习。

提高以情带声的能力。练习前可设定不同情感色彩的语境,在情感的带动下加强音高、音色、音长等声音要素的对比能力,力求生动、自然。

①(高)孩子们有的在跑,(低)有的在跳,(高)有的则坐在那里发呆。

②（弱）第一锤打下来,他的双手感到有些震动。(增强)第二锤,震得他虎口发麻。(强)第三锤打下来,他的整个身子都弹了起来。

③（偏实）我轻轻地问:"(虚)大夫来过了吗?"(用虚声表示亲切随和的感情色彩)

④（实）虽然大多数都是这样,(虚)但也有例外。(以虚声留下悬念,使人感兴趣)

⑤（实）这些树有些笔挺,像威武雄壮的战士。(虚实之间)有的端庄,像文静的书生。(虚)有的婀娜多姿,像天上的仙女。(用不同音色加强景物的形象感)

⑥记得是春季,雾蒙天,我正在蓬莱阁后面捡一种被潮水冲得溜光滚圆的鹅卵石,听见有人喊:"(虚)出海市了。"(用虚声模拟大声呼喊)

⑦他爬上山顶大声呼喊:"(虚)张华,你在哪里?"

(2)篇章练习。

练习提示:《天山景物记》是一篇写景状物、极具抒情色彩的散文。在作者的笔下,巨大的雪峰、冲激的溪流、翠绿的原始森林、五彩缤纷的野花、迷人的夏季牧场都变得惟妙惟肖、无比生动,充满了活力,表达出了对大自然和生活无比热爱的情感。

从总体上看,《天山景物记》用声自然平和,气息饱满稳健,音色虚实结合,吐字舒展流畅。注意体会三篇短文的不同之处,学会运用气息、吐字、共鸣等技巧予以区别。

天山景物记(节选)

碧 野

朋友,你到过天山吗?天山是我们祖国西北边疆的一条大山脉,连绵几千里,横亘准噶尔盆地和塔里木盆地之间,把广阔的新疆分为南北两半。远望天山,美丽多姿,那长年积雪高插云霄的群峰,像集体起舞时的维吾尔族少女的珠冠,银光闪闪;那富于色彩的连绵不断的山峦,像孔雀正在开屏,艳丽迷人。

天山不仅给人一种稀有美丽的感觉,而且更给人一种无限温柔的感情。它有丰饶的水草,有绿发似的森林。当它披着薄薄云纱的时候,它像少女似的含羞;当它被阳光照耀得非常明朗的时候,又像年轻母亲饱满的胸膛。人们会同时用两种甜蜜的感情交织着去爱它,既像婴儿喜爱母亲的怀抱,又像男子依偎自己的恋人。

如果你愿意,我陪你进天山去看一看。

野马·蘑菇圈·旱獭·雪莲

夜幕中,草原在繁星的闪烁下或者在月光的披照中,该发生多少动人的情景,但人们却在安静的睡眠中疏忽过去了;只有当黎明来到这草原上,人们才会发现自己的马群里的马匹在一夜间忽然变多了,而当人们怀着惊喜的心情走拢去,马匹立刻就分为两群,其中一群会奔腾离你远去,那长长的鬣鬃在黎明淡青的天光下,就像许多飘曳的缎幅。这个时候,你才知道那是一群野马。夜间,它们混入牧群,跟牧马一块嬉戏追逐。它们机警善跑,游走无定,几匹最骠壮的公野马领群,它们对许多牧马都熟悉,相见彼此用鼻子对闻,彼此用头亲热地摩擦,然后就合群在一起吃草、嬉逐。黎明,当牧民们走出蒙古包,就是它们分群的一刻。公野马总是掩护着母野马和野马驹远离人们。当野马群远离人们站定的时候,在日出的草原上,还可以看见屹立护群的公野马的长鬣鬃,那鬣鬃一直披垂到膝下,闪着美丽的光泽。

练习提示：追求真实与自然是人物传记类纪录片的一大特色。梁思成与林徽因是我国建筑教育史上的两位重要人物，学识渊博，才华横溢，极具人格魅力。为体现创作者对梁、林的尊敬和热爱的情感，播出时，用声应平和自然，接近生活口语的状态；气息自然稳健，音色虚实结合，吐字清晰缓慢，声音对比层次丰富、细致。

纪录片《梁思成与林徽因》：第一集《父亲》（节选）

梁思成、林徽因，一对学者伉俪。在离去多年后，他们的名字，渐渐走入公众的视野。人们传说着他们不寻常的家世学识，传说着她的美丽、才华、爱情，传说着他半个世纪前对一座古城的痴迷与眷恋。众多记述和传奇，让他们离我们更近，而有时，却仿佛更远……

2007年秋天，一些尘封多年的私人收藏，把我们带到美国东北部的一片浓密的森林里。这里曾经住着享誉世界的历史学家——费正清，一位在西方世界开创了中国近现代史研究的学者。他诸多有关中国历史的鸿篇巨作在这里诞生，同样在这里，小心翼翼地保存着半个多世纪前费正清、费慰梅夫妇和梁思成、林徽因的亲密交往。我们的故事从这几百封珍藏在费家的梁林书信开始。

（中央电视台纪录片频道2010年10月17日首播）

练习提示：这两则文化简讯颇具轻松活泼的情感色彩。播出时，声音应明朗轻快，气息可稍上提，送气量较小，吐字轻巧快速，口腔共鸣较丰富。

国际热狗速食大赛在美举行

好，现在让我们来看一条轻松的新闻：4日，一年一度的美国"内森"国际热狗速食大赛在纽约科尼艾兰举行，来自世界各地的"大胃王"在比赛中各显神通，以狼吞虎咽之势狂扫一个又一个的热狗。一起去看一下。

随着主持人的一声令下，选手们便纷纷开始抓取桌上的热狗塞入嘴中。在这里，用"塞"字毫不为过，因为仅仅是经过简单的咀嚼，选手们就迅速把热狗吞下，双手左右开弓，速度之快令人咋舌。

男子组参赛者共17人，最终，来自美国的切斯纳特以10分钟内吞下62个热狗的成绩获得了冠军，领走了1万美元的奖金，这也是绰号为"大嘴"的切斯纳特连续5年包揽该项赛事的冠军。据了解，一个正常人每天摄入的热量约为2000卡路里，而切斯纳特吃下的这62个热狗，相当于他在10分钟内就吃下了200卡路里的热量。另外，这位"五冠王"的个人最好成绩是在2009年创下的68个（热狗）。

女子组参赛者共9人，最终有"黑寡妇"之称的美籍韩裔托马斯以40个热狗的成绩夺冠。

"内森"国际热狗速食大赛始于1916年，每年7月4日举行，是纽约庆祝美国独立日的传统特色活动之一，也是享誉世界的顶级竞食赛事，每年吸引数万人现场观看。

（中央电视台国际频道《中国新闻》2011年7月5日播出）

美国加州：狗狗冲浪也疯狂

4日，第六届小狗冲浪比赛在美国加利福尼亚州的帝王海滩举行。大大小小的宠物犬在主人的带领下踏上冲浪板，穿梭于此起彼伏的海浪之中，成为海滩的一道独特的风景。让我们来一睹为快。

当天的比赛吸引了上百名当地居民前来观战。比赛开始前,有的小狗还在悠闲地享受主人的按摩,有的却已经踏上滑板,跃跃欲试。在众人的加油声中,主人带领着小狗下水了。按照规则,狗狗需在10分钟内,努力冲上两个浪头。连续冲浪距离较远并且表现自信的选手将胜出。

这位选手出师不利,才滑了不到一米就掉进海里,开始狗刨了。再看这位,蹲在滑板末端稳如泰山,可惜一个不留神,也被海浪冲了下去。大赛还设置了多条小狗在同一滑板上冲浪的项目,考验它们的配合能力。也有主人和小狗为观众呈上了"同板滑行"的精彩表演。经过多轮激烈的角逐,表现出众的小狗艾比获得了小型犬类别的第一名。按照大赛的奖励规则,艾比和它的主人将获得免费在洛斯·科罗纳多湾胜地度假的机会。

(中央电视台国际频道《中国新闻》2011年6月6日播出)

练习提示:体会和掌握在忧伤惆怅的情感中气息沉缓深长、声音沉稳迟滞的控制能力。

柳永的《雨霖铃》是一首抒发离愁别绪、婉约含蓄的词。上片写临别时的情景,下片主要写别后情景,将作者离开汴京与恋人惜别时的真情实感表达得缠绵悱恻、凄婉动人。

朗读时,应气沉声缓、用声自然(接近生活用声的状态);气息悠长饱满,语速较慢,口腔共鸣与胸腔共鸣的色彩兼而有之。

雨 霖 铃
柳 永

寒蝉凄切,对长亭晚,骤雨初歇。都门帐饮无绪,留恋处,兰舟催发。执手相看泪眼,竟无语凝噎。念去去,千里烟波,暮霭沉沉楚天阔。

多情自古伤离别,更那堪,冷落清秋节!今宵酒醒何处?杨柳岸,晓风残月。此去经年,应是良辰好景虚设。便纵有千种风情,更与何人说。

练习提示:体会和掌握在大气脱洒的情感支配下气息厚实粗重、声音明亮的控制能力。

《将进酒》《满江红》《念奴娇·赤壁怀古》三首古诗词,或是借景抒情,或是借古悲今,或是抒发报国之志,均为气壮山河、千古传诵的名篇。三篇作品都将"浪漫不羁、气势雄浑、随性洒脱、大气磅礴"等风格融为一体,情感浓烈充沛。

朗读时,用声应豪迈大气,气息以强控制为主,送气量较大,吐字有力,胸腔共鸣较明显,要注意对"小层次"的把握,在强控制的基础上要有所变化。

将 进 酒
李 白

君不见,黄河之水天上来,奔流到海不复回。

君不见,高堂明镜悲白发,朝如青丝暮成雪。

人生得意须尽欢,莫使金樽空对月。

天生我材必有用,千金散尽还复来。

烹羊宰牛且为乐,会须一饮三百杯。

岑夫子,丹丘生,将进酒,杯莫停。

与君歌一曲,请君为我倾耳听。

钟鼓馔玉不足贵,但愿长醉不复醒。

古来圣贤皆寂寞,惟有饮者留其名。

陈王昔时宴平乐,斗酒十千恣欢谑。

主人何为言少钱,径须沽取对君酌。

五花马,千金裘,

呼儿将出换美酒,与尔同销万古愁。

满 江 红
岳 飞

怒发冲冠,凭栏处、潇潇雨歇。抬望眼,仰天长啸,壮怀激烈。三十功名尘与土,八千里路云和月。莫等闲,白了少年头,空悲切!

靖康耻,犹未雪。臣子恨,何时灭?驾长车,踏破贺兰山缺。壮志饥餐胡虏肉,笑谈渴饮匈奴血。待从头,收拾旧山河,朝天阙。

念奴娇·赤壁怀古
苏 轼

大江东去,浪淘尽,千古风流人物。故垒西边,人道是,三国周郎赤壁。乱石穿空,惊涛拍岸,卷起千堆雪。江山如画,一时多少豪杰。

遥想公瑾当年,小乔初嫁了,雄姿英发。羽扇纶巾,谈笑间,樯橹灰飞烟灭。故国神游,多情应笑我,早生华发。人生如梦,一尊还酹江月。

练习提示:寓言和童话故事短小精炼、文字生动,多运用夸张、比喻、拟人等手法讲述通俗易懂的道理,适合初学者练习,要把握"化身为形,准确造型"的原则。

谦虚过度(寓言故事)

水牛爷爷是森林世界公认的谦虚人,很受大家尊重。小白兔夸它:"水牛爷爷劲儿最大了!""唉,过奖了,犀牛、野牛劲儿都比我大";小山羊夸它:"水牛爷爷的贡献最多了!"它就说:"哎,不能这样讲了,奶牛吃下的是草,挤出来的是奶,它的贡献比我多。"

狐狸艾克很羡慕水牛爷爷谦虚的美名。它想:"我也来学一下谦虚吧。这谦虚太好学了。"它想:"水牛爷爷的谦虚不就是两点吗?一是把自己什么都说小一点;二是把自己什么都说少一点。嗯,对! 就是这样。"

一天,艾克遇到一只小老鼠。小老鼠看到艾克有一条火红蓬松的大尾巴,不禁发出由衷的赞美:"哎呀,艾克大叔,您这条尾巴真大呀!"艾克学着水牛爷爷的口气,歪歪嘴:"哎,过 0 奖了。你们老鼠的尾巴比我大多了。""啊,什么?"小老鼠大吃一惊:"你长那么长的四条腿,却拖根比我还小的尾巴?"艾克谦虚地说:"哎,不能这么讲了,我哪有四条腿,三条了,三条了。"小老鼠以为艾克得了精神病吓跑了。

艾克的谦虚没有换来美名,倒换来了一大堆谣言。大家说:"唉,森林世界出了一只妖狐狸,只有三条腿,还拖一根比老鼠还小的尾巴……"

谦虚也要实事求是,不实事求是就是瞎谦虚,那就不知道该叫什么了。

请，谢谢！（童话，节选）

[德]曼弗雷德·迈

小狐狸坐在门前，不知道该做些什么。是自己玩还是找朋友洛特尔一起玩呢？正当他思考这个问题时，看见姑妈走了过来，她手里还提着一个大手提包。

"这里面的礼物都是给我的吗?"小狐狸迎上前问道。

"你是不是应该先向姑妈问个好，然后再问里面的礼物是给谁的?"姑妈教育小狐狸说。

"您好!"小狐狸说道。

姑妈把手提包放在地上，小狐狸想立刻打开手提包。

"住手！你不能这样！你得先问我同不同意才能打开。"姑妈说道。

"请问姑妈，可以让我看看这个包吗?"小狐狸说。

"嗯，这还差不多，一个可爱的小狐狸就要这么说话。"姑妈笑着回答。

（改编自朱显亮翻译的德国童话《请，谢谢!》，吉林摄影出版社 2008 年版）

5.2 语言表达基础

语言表达的基础是对解说表达的内外部技巧的学习、训练和表达，最终都要体现在综合性和整体感上的要求。要求学生在掌握各种技巧的基础上，对于准确把握节奏和基调、体现比赛基调和主旨、呈现整体意蕴也有熟练的运用。

5.2.1 电子竞技解说语言表达的对象感

对象感是指播音员产生交流感的一种心理技巧。播音员在面对话筒、面对摄像机播音时，虽"目中无人"，但却要努力做到"心中有人"，一方面要对听众、观众进行具体设想，依据稿件提供的条件对他们的收听心理进行分析，使播音有的放矢；另一方面，播音员要时时刻刻地在想象中感受到听众、观众的存在和反应，由此引起更强烈的播讲愿望，用更饱满的感情强化播音的语言表达，从而产生情感上的交流与呼应。

1. 对象感

解说时，通常都在一个相对封闭的空间进行有声语言及副语言信息的传播活动，解说员的眼前是屏幕、镜头和话筒，在看不见受众也不了解受众群体的情况下，需要播音员通过设想对象的存在以及对象的反应从感觉上认识到受众的心理、愿望、情绪等，把面前的"目中无人"（镜头）转换成"心中有人"（对象感的设想）。因此对象感尤为重要，如果没有对象感的支撑，节目及稿件就会不生动形象，无交流感，读出的稿件如白开水一样索然无味，很难引起受众的共鸣及互动。

2. 对象感的作用

对象感对语言表达的作用是十分重要的，主要表现在以下几个方面。

影响播讲愿望。播讲愿望从根本上说是一种企图转告人、说服人、回答人、批驳人、打动人、启发人的一种愿望。传播对象的需要是激发播讲愿望的重要因素之一。知道对象的需要就会使播讲愿望更加强烈;反之,对象不明,需要不清,播讲愿望肯定不会强烈。

影响思想感情的运动状态。内容是影响思想感情运动的决定因素,对对象感也有很大影响。对象感可以使创作者的思想感情更加强烈、充沛和具体,自始至终处于积极的运动状态。

影响语言传播的亲切感。亲切感主要来自对象感。当面交谈时总是比较亲切,为什么有的人隔着屏幕解说时会显得不亲切呢? 这主要是因为缺乏对象感。心中无对象,没有交流呼应,怎么亲切得起来呢?

影响表达方式。对不同的传播对象应采用不同的表达方式,才会产生好的传播效果。例如不同的游戏有不同的受众群体,通过对该受众群体心理特点和视听习惯的设想,可以更好地调整表达方式。

3. 对象感的实现

首先,前期准备应该做足做好,对稿件要深入理解、内化甚至可以脱稿;其次,可以增加一些相符的表情动作作为情绪和感情的辅助;最后,可以将抽象的、不存在的对象在脑海中设想出具体的有依据的形象,还要有感情的双向流动,有互动,有交流,有情感上的共鸣就可以。很多人说,对象感有什么难的,不就是和别人交流说话吗? 确实,对于演员和节目现场的主持人来说,这种对象感比较好找,因为有人给你搭戏,有人与你呼应,这种交流是一种自然而然的状态。但是棚内的解说员要想找到对象感就要靠感受、靠想象,努力做到"目中无人"但"心中有人"。

下面通过几个广播电视节目的例子进行说明。

例 1:央视主持人:听说你已经赶到了芦山县人民医院的救援现场,能不能给我们介绍一下现场受伤人员的情况及救援情况。

央视记者蒋林:好的,您现在所看到的画面就是我们发出卫星信号的地方。我先来说一个变化。在我们通道的这个位置,整齐划一地有八排白色帐篷,这是当地应急抢险部门调用之前的应急储备临时搭设起来的。我们今天到这的时候才搭了几顶帐篷。为什么要搭这样的帐篷? 现在大家应该能通过我们的画面感觉到,现在的芦山县是个大太阳天,很多的受伤群众,特别是在早上,有这种伤,有这种虚脱的,如果一直被太阳直晒,对其后续的抢救会加大难度,所以赶快搭起了帐篷,给大家提供一个背阴的地方,这是非常重要的。那么,现在和今天早上我们来之前已有了一些好的变化,先和大家说一下,咱们吃个定心丸(了解受众所想,向其交代最新进展),帐篷现在比之前多了,比如我们旁边的帐篷是急诊一号棚(蒋林通过手指的方向让镜头推进),旁边是急诊二号棚,已经开始接急诊,比如说一个医生、几个护士带上骨科医生和脑外伤科的医护人员组成了一个抢救队。我们再来看一下里面的情况。(记者在前面边走边解说,摄像机采用跟拍的手法,记者通过副语言的手势语及面部表情、身体姿态使得解说更加形象,并且让摄影师通过记者的语言表达及副语言更准确地寻找拍摄镜头)

在直播报道中,因为受众通过镜头无法感受到现场的真实情况,这时需要主持人通过镜头带领着大家在灾区穿梭,通过他的语言表达及副语言表达让摄像机另一边的受众可以感同身受,比如"现场有刺鼻的气味""顺着我手指的方向""每不超过 50 米的地方就有帐篷"这些都需要记者发掘新闻点,在表达时,对象感及副语言的合理运用才能让报道更有生命力。

例 2：《养生堂》主持人现场制作养生饮品模拟主持。

主持人：今天节目的一开始啊,大家可能发现了,我穿上了白大褂,而且准备了非常好看的护目镜。我要做什么呢？其实,今天我的身份除了主持人之外,我还要现场带大家来做一个实验。我们来看这是一个什么实验呢？大家往这边看,其实材料非常的简单,面前放了三个小碗,分别是白糖和醋,接下来我要给大家调制一个据说是史上最好喝的饮料,有多好喝,等我调制出来以后,请大家尝一尝。先让我来调制这个饮料,先放一点白糖。下面有叔叔在笑了啊,说这糖放的也太多了吧,不要钱啊。再加一点醋,我再加一点矿泉水稀释它一下。好啦,接下来倒出来三杯,请我们现场的观众尝一尝。

对象感不是仅设想对象的一般情况和个性要求,还要解决传播者与受众的关系问题,他们之间是息息相通的、平等的、朋友式的关系,主持人切记不可"装腔作势""居高临下",当然也不可迎合媚俗。比如这个节目中,一开场主持人一句："大家可能发现我穿上了白大褂"很快就拉近了主持人与受众之间的距离,并增强了对象感,"这是一个什么实验呢？大家往这边看"通过现场提问及主持人表达时副语言中的手势语、面部表情及走位将受众的兴趣及好奇心调动起来,在制作实验的过程中,存在了部分的冷场,"下面有叔叔在笑了,说这糖不要钱啊"说明主持人时刻在把控现场的状况,用幽默化解了尴尬,"请我们的现场观众尝一尝"则在过程中咨询口感与感受。主持人在节目中对象感强、一气呵成、自然、大方。

例 3：《天气预报》主持人在虚拟演播室中对象感的把握(节选)。

主持词：晚上好,一起来关注天气。最近两天,华南地区有阴雨,华北气温有阳光加持,所以出现了华北比华南气温还高的情况,明天,南北地区的气温将会同步回升,华南地区的升温幅度会更大一些,那么整体来看,从华北到华南地区的气温都是不相上下,不过对于北方来说,昼夜温差会比较大一些,到了晚上,白天所积攒的温暖感觉将会荡然无存,明早在华北地区,气温都是不到 0 摄氏度的,特别是位置偏北的地方。再来看看北京,我们看到未来三天天气晴朗,最高气温 13、14 摄氏度,可以说是温暖如春,但是最低温度只有 0℃上下,可以说有一种冬天的寒冷感觉,天气在玩"穿越",所以我们在衣服的增减方面也得跟上节奏。

这段练习要掌握对象感、情景再现、副语言的关系,天气预报的主持人拿捏得恰到好处。

只有在节目中体现出对象感,播者才会言之有物,听众也会参与体验。对象感在播音中至关重要,如果有充分的对象感,播者就会很积极,有一种内心无法熄灭的播讲冲动,就是达到想说、不吐不快的感觉。除了积极的播讲状态之外,还会让人有一种情感真实的感觉,因为"真实的诉说对象"感情容易到位和准确。再者就是获得亲切自然的"交流感",想象听众始终在脑海里浮现着,好像和他们面对面地说话一样。

5.2.2 电子竞技解说语言表达的停连和重音

本节要点：以语言作为信息的载体，基于其稍纵即逝的特点，首先应该做到听感上的清晰，而听感上的清晰来源于字音的清晰；其次需要注意的是表意上的清晰，通过停连、重音等表达技巧促进听者对语义的理解。

1. 停连

停连，顾名思义是指停顿和连接，两者就像一扇门一样有开门就必定有关门。从稿件的第一句话到稿件的最后一句话，停顿和连接都是如影随形的。停顿的位置、时间长短和连接的方法是根据稿件的内容和表情达意的需要确定的，因此正确和恰当的停连能够加强受众对内容的理解和感受。

古时候有一个由于停连不当造成的笑话：

一位吝啬的富人准备请一位私塾先生教其子女读书。当问及伙食标准时，私塾先生写下了"无鸡鸭也可无鱼肉也可唯蔬菜不可少分文不取"。富人将其理解为"无鸡鸭也可，无鱼肉也可，唯蔬菜不可少，分文不取"，便请了这位先生。但教书第一天，当私塾先生看到席上只有一碟蔬菜时便勃然大怒，拿着条子说，明明说好的"无鸡，鸭也可；无鱼，肉也可；唯蔬菜不可，少分文不取"，你怎么不守诺言呢？！

由此可见，"停连"具有表情达意的作用。

【停】

停，即停顿（用"/"表示），这是诵读过程中声音上的暂时间歇，除了生理需要，更是内容和感情表达的需要。恰当的停顿可给听众领略、思考的余地。虽不出声，仍表达着情感和意愿，是"此时无声胜有声"的境界。

例如：而当你终于无视地/走过在你身后落了一地的朋友啊那不是花瓣那是我/凋零的心（席慕蓉《一棵开花的树》）

这里的停顿强调悲痛或惋惜之情。

我是你/簇新的理想刚从神话的蛛网里/挣脱（舒婷《祖国啊，我亲爱的祖国》）

这里的停顿表示喜悦或陶醉之情。

在无数蓝色眼睛和褐色的眼睛之中，我有着一双/宝石般黑色的眼睛（王怀让《我骄傲我是中国人》）

"一双"后的停顿表示感慨与激动。

【连】

连，即连贯（用"—"表示），指语流中声音的延续。为了表达的需要，在有标点的地方并不停或停得很短，尽量连读下来；尤其是在意思连贯或激情澎湃的地方，必须一气呵成。

例如：你以伤痕累累的乳房喂养了迷惘的我、—深思的我、—沸腾的我。（舒婷《祖国啊，我亲爱的祖国》）

表达对祖国的感恩之情和自责、思索、奋发之情，使感情的波澜层层推进。

又如：这些石刻狮子，有的母子相抱，—有的交头接耳，—有的像倾听水声，千姿万状，—惟妙惟肖。（茅以升《中国石拱桥》）

前两处表示图像接连闪过,后一处款款送出赞美之情。感情停顿运用得好,最能抓住受众;但滥用也易给人矫揉造作之感。

知道了停连的位置和种类,怎样用有声语言表达出来呢?这是我们学习的目的。

(1) 停顿方式(↓:落停。↑:扬停。→:缓收。▲:强收。△:停而徐连)。

① 落停缓收。

- 盼望着,盼望着,东风来了,春天的脚步近了。↓

- 一缕粽香,寄托着我们浓浓的思念;五彩花线,裹着我们深深的祝福。愿那翠绿的粽叶给你带去一分安详与如意,那甜甜的馅儿能给你送去无限开心与甜蜜,让那长长的五彩花线连同一种朴素的思想、纯洁的情愫,融入浓浓的端午粽香,随风悠悠飘散。→

- 今天,在我们祖国九百六十万平方公里的大地上,一片姹紫嫣红,气象万千;全国人民朝气蓬勃,精神振奋,到处充满着青春活力,洋溢着胜利的豪情。全国人民正以昂扬的斗志和辛勤的劳动,阔步前进在建设有中国特色社会主义道路上。↑

② 扬停强收。

- 他抱着嗤嗤冒烟的炸药包,以迅雷不及掩耳之势跃出哨位,奋不顾身地扑向敌人。▲敌人被他的举动吓破了胆,掉头就跑。

- 来到吴家花园,起初组织上还是要给彭总派护士、派公务员,他不要,他说:"我没有病,要什么护士,现在是个闲人了,还要人家来打扫卫生、料理生活,▲那真是岂有此理!"

(2) 连接方式。

连接的总体原则:声断气不断;气断意不断;意断情不断。

① 停而徐连。

这种连接似停非停,以连接为主。停的时间只是小小的顿挫,顿挫之后悠着起,要声挫气连,不换气或偷气。

例如:

- 涉及▲核技术、能源与交通技术、电子通信技术、△新材料、新工艺、△测试分析技术、化工技术机械工程与矿山技术、△医疗卫生与生物技术、环境保护技术、管理工程与软件技术等方面。

- 一项名为"境外华文传媒老总最关心的'两会'话题"的调查今天揭晓,房价、△物价、△教育、△医疗等民生话题成为最受关注的"两会"热点。

② 停后紧连。

这是一种在有标点符号但内容紧密相连的地方停顿后迅速连接,不用换气,听上去似乎没有接点,紧连快带,有一种紧迫感和急促感的连接方式。在紧连的前后用舒缓的语气造成快慢结合的节奏感。

例如:

- 他听到一声似乎是树倒的声音。▲不好,有人偷树了。他大声喊:▲"谁,站住。"一边喊,一边追了上去。

- 火车站的汽笛一响,她立刻背上包袱,▲拽着儿子,▲抱起才一岁多的女儿,匆匆跟随大家往里涌,▲生怕挤不进去。

2. 重音

重音是指朗读或说话时需要强调突出的词、短语或者某个音节,特指语句重音,不包括词语的轻重音格式。

例如:

我是北京大学的学生。(谁是北京大学的学生?)

我是北京大学的学生。(你是教师还是学生?)

我是北京大学的学生。(你是哪个大学的学生?)

这句话中,强调的重音位置不同,语意也随之发生变化。

(1) 重音的运用原则。

① 少而精。

- 12 月 17 日凌晨,意甲第 16 轮首场角逐,AC 米兰客场 2 比 2 战平佛罗伦萨。
- 元旦、春节将至,一系列"文化下乡"活动在各地红红火火地展开。然而一些在城里无法立足的"草台班子"也鱼目混珠,将那些趣味低下、内容陈腐的所谓文艺节目送到农村"贺岁",跳艳舞、唱煽情歌曲、极尽污秽表演之能事而骗取不义之财。"打一枪换一个地方"的"游击战术"让管理部门防不胜防。

② 有对比。

- 植树节前夕,洛阳市政府统计全市所辖九个县去年的造林面积,下面汇总上报的数字是 42 万亩,(但是)市政府林业局到各县进行现场测量、核实的结果是全市造林面积实有 28 万亩。(不仅如此)在这 28 万亩中,真正合格的也只有 16 万亩。(因此)市领导突然发现:一向引以为自豪的全省绿化先进单位的称号,原来里面竟掺进了这么大的水分。
- 我们要造成民主风气,要改变文艺界的作风,首先要改变干部作风,改变干部作风首先要改变领导干部作风,改变领导干部作风首先从我们几个人改起。

③ 讲分寸。

- 于是点上一支烟,再继续写些为"正人君子"之流所深恶痛疾的文字。(反讽)
- 你们把困难全部要走了,一点都不给我们剩,可真够"自私的"。(反语)
- 狼总是不甘寂寞,它在吃了羊之后,还要表示自己是"善良"的。(反讽)

(2) 重音的选择。

① 核心词。

(a) 突出主干、陈述事实的名词。

- 从今天(1 号)起,京津冀地区将逐步实施区域通关一体化,三地海关将打破原有的关区界限,简化手续,为企业提供便利。
- 今天,中核集团对外发布我国自主研发的 400 兆瓦低温供热核反应堆,这是目前世界在研最大的供热核反应堆,供热面积可达 2000 万平方米,相当于同时为 20 万户三居室供热。

(b) 显示态度、表示判断的动词。

- 农村村民法治状况问卷调查显示,45.3%的村民<u>不愿</u>打官司。
- 7年来,他全家5口人只挤在王文进爱人的一间由旧书库改成的房子里。现在,3个孩子大的已有18岁,小的也有11岁,但一家人<u>依旧</u>挤在这不足13平方米的斗室里。

② 修饰词。

(a) 形容词。

- 故事发生在一个<u>风雨交加</u>的夜晚。
- 在这个<u>紧要关头</u>,他奋不顾身地冲了上去。

(b) 副词。

表示程度:很、太、最、十分、非常。

表示范围:都、全、只、统统、仅仅。

表示时间:正、刚、又、曾经、终于。

表示否定:不、未、没有。

表示语气:偏偏、也许、简直、难道。

(c) 数量词。

国家发改委、国家统计局昨天发布的数据显示,10月份,全国70个大中城市新建商品住房销售价格同比上涨<u>6.6%</u>,涨幅比上月提高<u>0.3</u>个百分点,其中北京以<u>10.7%</u>的涨幅名列首位。

(d) 象声词。

- 干柴,在火中<u>噼里啪啦</u>地响着。
- 风,<u>呼呼</u>地刮着,雨,<u>哗哗</u>地下着,黑暗笼罩着大地。

(3) 重音的表达技巧。

想要突出强调重音,归根结底,需要**对比**。

因此,强调重音的方式并不是只有加重音强,重音可以通过轻重缓急、高低虚实的方式组合呈现,原则就是**形成对比,合情合境**。

首先是形成对比,意思就是需要强调的词或词组在音高(声音的高低)、音强(声音的强弱)、音长(声音的时长)、音色(虚实明暗等变化)以及停连上有别于周围临近的音节。在这一点上值得强调的是,由于重音名叫"重"音,所以很多人在强调时比较认同"加重""加高""加长"等突显方式,而忽略了重音也可以使用"弱化"的方式进行处理,那么什么时候用"弱化"方式处理就要符合第二个原则——合情合境。

重音高低强弱、虚实快慢的组合变化需要符合思想感情,例如下面这个例子。

漓江的水真静啊,静得让你感觉不到它在流动;漓江的水真清啊,清得可以看见江底的沙石;漓江的水真绿啊,绿得仿佛那是一块无瑕的翡翠。

《桂林山水》

上文是描述漓江的水的一句。其中"静""清""绿"三个重音应该如何强调呢?理论上当然可以重读,但是重读了以后从效果上是不是很难体现出"静谧""清透"的空灵感呢?这个地方就可以利用"重音弱读"的处理方式,清些、虚些,再在前面加个回味性停顿,完美。

然而重音高低强弱、虚实快慢的组合用法并不是随心所欲的,除了符合情感,还需要符合语境。比如说在电子竞技解说中,由于解说的真实客观属性,重音的强调方式就不需要这么多"花样"了,一般情况下在强弱、音高、语速和停连上下足功夫就足够了。

5.2.3 电子竞技解说语言表达的语气

语气是播音语言表达的重要技巧之一,是在一定具体的思想感情支配下的具体语句的声音形式。出于全篇稿件和整个思想感情的运动状态的要求,各个语句的本质不同,语言环境不同,每个语句必然呈现出"这一句"的具体感情色彩和分量,并表现为千差万别的声音形式。语气的色彩和分量是语句的灵魂,但必须固定在一定声音、气息的形式和形态中。语句中所包含的是非、爱憎方面不同程度的区别也称分寸或火候,其分量的差异要具体把握,并要在表达中用重度、中度、轻度分别。

1. 语气

语气是思想感情运动状态支配下语句的声音形式,由具体的思想感情和声音形式构成,简单来说就是指朗读或说话时的口气和语调。同一句话因情感不同,口气和语调也必然不同。

例如:

你为什么没有吃饭?(亲切询问:平直调)

你为什么没有吃饭?(严厉责问:下降调)

你为什么没有吃饭?(疑惑好奇:上升调)

你为什么没有吃饭?(冷嘲热讽:弯曲调)

这句话中,根据情感状态的不同,口气和语调也有所不同,句子最终呈现的语气也不同。

2. 语气的情感色彩

什么是语气的感情色彩?下面是对几种基本色彩的解析。

(1)平和的色彩。

用处:平和的色彩指较为平静、温和的,内心情感比较平静的色彩。在解说中说明或科普某种事物、介绍或描述某些概括性信息或普遍性状态的时候,一般多用平和的色彩。平和的色彩中还有具体的分寸,比如平静客观、语重心长、理解支持等,不同分寸在用气时也会有具体的区别变化。

用法:平和色彩音量中等,有些地方还需要弱控制;呼吸平稳、均匀,吐字较为轻柔、和缓;音高变化幅度不大,基本在自如中低音区内;语速一般比较缓慢,加快之处是轻巧的加快;表达中停顿较多。

例如:现在双方的经济基本持平,但是在兵线的运营和野区的攻守上,还是 AG 超玩会做得更从容一些。再过五分钟,第一条黑暗暴君就要刷新了,这也会是双方第一次大规模团战爆发的导火线。

（2）明快的色彩。

用处：明快的色彩，顾名思义，就是明朗、明亮、轻快。解说中，一些较为乐观的赛况的播报、搭档之间活跃气氛的聊天调侃等通常用到明快色彩。明快的色彩也有各种不同的分寸，例如肯定、赞扬、亲切等。不同分寸对气息的具体要求也是有变化的，在训练时应结合具体的分寸和语境反复体会。

用法：明快的色彩多用实声，音色有"光泽感"，用声以口腔共鸣为主；音高上少有大幅度的起落；气息通畅，自信前行；语速一般较快，节奏一般为轻快型，积极上扬。

例如：梦泪终于又选到了韩信，那一次的韩信偷塔成功地开启了梦泪时代，那这一次再次拿出韩信，很期待他会将什么样的精彩奉献给大家。

（3）热情色彩。

用处：大型、重量级赛事的解说或解说赛事的精彩部分时需要表现热情色彩。热情的色彩也有各种不同的分寸，例如情不自禁、热情赞美、昂扬积极、充满希望等。不同分寸对气息的具体要求也是有变化的，在训练时应结合具体的分寸和语境反复体会。

用法：热情色彩声音以实声为主，虚实结合；呼气强于吸气，有时气会裹着字而出；音高起伏比较大，且多为上扬语调；语速有快有慢，有松有紧，当热情的句子相连构成结构上排比或递进的热情句群，语速往往随之加快，直到结束才有所回落。热情的色彩可以表达内心情感的热情高昂。

例如：Hello，现场的召唤师们，欢迎各位来到上海静安体育中心，今天在这里，将会产生最后一支进军2019年KPL《王者荣耀》春季赛总决赛的队伍，大声地喊出你们支持的那支战队！

（4）高昂的色彩。

用处：高昂的色彩给人以一种振奋、鼓舞的精神，一般比较容易出现在公众演说、舞台朗诵、大型现场主持以及需要号召、鼓励、宣传等内容的传播。

用法：高昂的色彩主要用声是明亮的实声，音量也较大，气息下沉，用气量较大；主要在中高音区进行变化，由于高音区声音容易显得单薄，因此高昂状态的高音用声需要加强胸腔共鸣。在表达上要敢于运用"回味性"停连，同时需要保持句尾的上扬力度。

例如：欢迎各位召唤师们观看2019年KPL《王者荣耀》职业联赛春季赛总决赛，今天将是王者诞生之夜，在这几个月中，我们已经见证了强者的崛起，我们也同样翘首期盼着冠军的诞生，到底是eStar还是RNG，让我们一起进入BO7的第一局比赛！

（5）激烈的色彩。

用处：激烈的色彩指情绪激动的声音形式。

用法：激烈的色彩用声较高，有时尖锐，呼吸比较急促，语速较快，快慢之间有变化，快而不乱；语句较短，但连贯较多；句尾声音大、力度强、句尾上扬。激烈有时候也可以在低音区进行，即小声争辩的情境等。

例如：鬼谷子直接闪现二技能打算直切敌方双c，夏侯惇、橘右京和婉儿也在同一时间切入敌方后排。但是！红色方的庄周直接大招缓解了这一瞬间袭来的控制，侧翼的韩信趁蓝色方公孙离已无位移和无人保护的情况下两刀直接带走，蓝色方的输出倒了，正面已无稳定输出，红色方反击的时候到了，马可波罗在对方控制技能CD间隙直接大招旋转,让我们看看它们头上的数字,全是真实伤害,这个伤害太爆炸了！0换5,红色方大获全胜,甚至可能直接结束比赛！

（6）严肃的色彩。

用处：严肃一般是为了表达一种庄严感、正义感、"邪不压正"的力量,多用在谴责、批判丑恶行为或是人物语言中。

用法：严肃的色彩呼吸饱满,气息沉稳,用声以实声为主,音高幅度变化较大,高音高亢,低音有力,吐字力度强,读句时有冲撞感；语速适中,停顿较多,重音的表达以加重和拉长为主。

例如：不管今天双方的状态如何,他们也都一直在调整自己,所有支持他们的观众都应该相信他们,而不是一味地指责和嘲讽,KPL无弱旅,我们始终相信他们在下场比赛可以重整旗鼓、强势回归。

（7）凝重的色彩。

用处：凝重的色彩是庄严、郑重的强调,是发人深省的情感。

用法：凝重的用声厚重坚实,声音不需太明亮,高音区运用不多,一般在中低音区,但是低而不松懈,低沉且有力量,一般加上一点胸腔共鸣会更有效果；语速一般比较缓慢,停顿较多,重音的强调一般用拉长的方式。

例如：留给G2的时间已经不多了,现在的FPX已经全军集合,打算和G2来个正面硬碰硬,但是G2双c的状态和装备都不好,强行应战必定损兵折将、扩大劣势,只能止损、让塔、让资源。

（8）沉痛的色彩。

用处：沉痛,顾名思义,是为了表现负重而哀痛的心情。

用法：沉痛的色彩多使用中低音区,基本不使用高音区；声音偏暗,有时甚至有压抑的感觉。语速慢,停多连少,语调较多出现下行趋势。沉痛的色彩下,气息压抑,呼吸缓慢,间隔时间也较长,有时为了增强效果,还会伴有大口吸气或叹气。

例如：我们最不想看到的情况仍旧出现了,S7总决赛的舞台上没有中国队的身影。

（9）紧张的色彩。

用处：紧张的色彩多用于解说过程中。

用法：用声虚实结合,虚声较多,声音的高低变化较大,在用气时有吸气感,气息骤提,悬在前胸；紧张的色彩有时也有吸气感,气向后背贯,再向下沉,压抑不放松。

例如：盲僧在这个草丛已经蹲守了将近两分钟,快看！小法在一步一步向陷阱靠近……

3. 语势的基本类型

（1）波峰类：低—高—低。

① 世上不吃饭还能活的人是没有的。

② 一个村庄的变化,折射着国家的变迁。

③ 印度空间研究组织27号宣布,印度计划进行首次载人航天飞行,派2名宇航员完成为期7天的太空之旅。

（2）波谷类：高—低—高。

① 美哉我少年中国，与天不老；壮哉我中国少年，与国无疆！

② 十年前的此刻，北川中学倒下了；今年此刻，北川中学重新站起来了。

③ 完善住房保障制度是政府的职责，保障性住房建设是解决居民住房困难、遏制房价过快上涨的重要手段。

（3）上山类：低—高。

① 让那些看不起民众、贱视民众、顽固的倒退的人们去赞美那贵族化的楠木（那也是直挺秀颀的），去鄙视这极常见、极易生长的白杨树吧，我要高声赞美白杨树！

② 我是你十亿分之一，是你九百六十万平方公里的总和，你以伤痕累累的乳房，喂养了迷惘的我、深思的我、沸腾的我，那就从我的血肉之躯上，去取得你的富饶、你的荣光、你的自由。—— 祖国啊，我亲爱的祖国！

（4）下山类：高—低。

① 感谢您的收看。

② 没有人知道他的下落。

③ 傻子也看明白了。

（5）半起类：低—半高止。

① 是有人偷了他们吧：那是谁？又藏在何处呢？是他们自己逃走了，现在又到了哪里呢？

② 对于义务教育法的贯彻实施，政府应当如何尽义务？

5.2.4　电子竞技解说语言表达的节奏

节奏是自然、社会和人的活动中一种与韵律结伴而行的有规律的突变。用反复、对应等形式把各种变化因素加以组织，构成前后连贯的有序整体。节奏不仅限于声音层面，景物的运动和情感的运动也会形成节奏。节奏变化为事物发展本源，为艺术美之灵魂。节奏也是有声语言表达之灵魂。

1. 节奏

节奏是指播音员思想感情起伏所造成的抑扬顿挫、轻重缓急的声音形式的回环往复。节奏的外部形式有声语言流的抑扬顿挫、轻重缓急。

2. 节奏的运用方法

（1）欲抑先扬，欲扬先抑。

"欲抑先扬"例句：醉里挑灯看剑，梦回吹角连营。八百里分麾下炙，五十弦翻塞外声，沙场秋点兵。马作的卢飞快，弓如霹雳弦惊。了却君王天下事，赢得生前身后名。可怜白发生！

"欲扬先抑"例句：辛苦遭逢起一经，干戈寥落四周星。山河破碎风飘絮，身世浮沉雨打萍。惶恐滩头说惶恐，零丁洋里叹零丁。人生自古谁无死，留取丹心照汗青。

（2）欲停先连，欲连先停。

例句：人民政协要认真履行政治协商、民主监督、参政议政职能，更加主动自觉地服务科学发展、促进社会和谐、加强自身建设，为全面建成小康社会做出新的更大贡献。

（3）欲轻先重，欲重先轻。

例句：一堆堆乌云像青色的火焰，在无底的大海上燃烧。大海抓住金箭似的闪电，把它熄灭在自己的深渊里。闪电的影子，像一条条火蛇，在大海里蜿蜒浮动，一晃就消失了。——暴风雨！暴风雨就要来啦！这是勇敢的海燕，在怒吼的大海上，在闪电中间高傲地飞翔。

（4）欲快先慢，欲慢先快。

例句：他悄悄走到她的身后，一把抓起她挎在肩上的皮包，飞快地冲了出去。

3. 节奏的类型

（1）轻快型（多扬少抑，语速较快，轻巧明丽，语气转换较轻快）。

盼望着，盼望着，东风来了，春天的脚步近了。

一切都像刚睡醒的样子，欣欣然张开了眼。山朗润起来了，水涨起来了，太阳的脸红起来了。

小草偷偷地从土地里钻出来，嫩嫩的，绿绿的。园子里，田野里，瞧去，一大片一大片满是的。坐着，躺着，打两个滚，踢几脚球，赛几趟跑，捉几回迷藏。风轻悄悄的，草软绵绵的。

桃树、杏树、梨树，你不让我，我不让你，都开满了花赶趟儿。红的像火，粉的像霞，白的像雪。花里带着甜味儿；闭了眼，树上仿佛已经满是桃儿、杏儿、梨儿。花下成千成百的蜜蜂嗡嗡地闹着，大小的蝴蝶飞来飞去。野花遍地是：杂样儿，有名字的，没名字的，散在草丛里，像眼睛，像星星，还眨呀眨的。

（2）凝重型（多抑少扬，多重少轻，语势平稳，顿挫较多）。

后来，牛的主人寻来了，恼羞成怒的主人扬起长鞭狠狠地抽打在瘦骨嶙峋的牛背上，牛被打得皮开肉绽，哀哀叫唤，但还是不肯让开。鲜血沁了出来，染红了鞭子，老牛的凄厉哞叫，和着沙漠中阴冷的酷风，显得分外的悲壮。一旁的运水战士哭了，骂骂咧咧的司机也哭了。最后，运水的战士说："就让我违反一次规定吧，我愿意接受一次处分。"他从水车上取出半盆水——正好三斤，放在牛面前。出人意料的是，老牛没有喝以死抗争得来的水，而是对着夕阳，仰天长哞，似乎在呼唤什么。不远的沙堆背后跑来一头小牛，受伤的老牛慈爱地看着小牛贪婪地喝完水，伸出舌头舔舔小牛的眼睛，小牛也舔舔老牛的眼睛。静默中，人们看到了母子眼中的泪水。没等主人吆喝，在一片寂静无语中，它们掉转头，慢慢往回走。

（3）低沉型（声音偏沉，语势多为下山型，语速缓慢）。

天灰蒙蒙的，又阴又冷。长安街两旁的人行道上挤满了男女老少。路那样长，人那样多，向东望不见头，向西望不见尾。人们臂上都缠着黑纱，胸前都佩着白花，眼睛都望着周总理的灵车将要开来的方向。一位满头银发的老奶奶拄着拐杖，背靠着一棵洋槐树，焦急而又耐心地等待着。一对青年夫妇，丈夫抱着小女儿，妻子领着六七岁的儿子，他们挤下了人行道,探着身子张望。一群泪痕满面的红领巾,相互扶着肩,踮着脚望着,望着……

夜幕开始降下来。几辆前导车过去以后,总理的灵车缓缓地开来了。灵车四周挂着黑色和黄色的挽幛,上面装饰着白花,庄严,肃穆。人们心情沉痛,目光随着灵车移动。好像有谁在无声地指挥。老人、青年、小孩,都不约而同地站直了身体,摘下帽子,静静地望着灵车,哭泣着,顾不得擦去腮边的泪水。

(4)高亢型(声音明亮高昂,语势多为上山型,语速偏快)。

海燕叫喊着,飞翔着,像黑色的闪电,箭一般地穿过乌云,翅膀掠起波浪的飞沫。看吧,它飞舞着,像个精灵——高傲的、黑色的暴风雨的精灵,——它在大笑,它又在号叫……它笑那些乌云,它因为欢乐而号叫!

这个敏感的精灵——它从雷声的震怒里,早就听出了困乏,它深信,乌云遮不住太阳,——是的,遮不住的!风在狂吼……雷在轰响……

一堆堆乌云像青色的火焰,在无底的大海上燃烧。大海抓住金箭似的闪电,把它熄灭在自己的深渊里。闪电的影子,像一条条火蛇,在大海里蜿蜒浮动,一晃就消失了。——暴风雨!暴风雨就要来啦!这是勇敢的海燕,在怒吼的大海上,在闪电中间高傲地飞翔。这是胜利的预言家在叫喊:让暴风雨来得更猛烈些吧!

(5)舒缓型(声音轻松明亮,语势轻柔舒展,语速徐缓)。

人们都说:"桂林山水甲天下。"我们乘着木船荡漾在漓江上,来观赏桂林的山水。

我看见过波澜壮阔的大海,欣赏过水平如镜的西湖,却从没看见过漓江这样的水。漓江的水真静啊,静得让你感觉不到它在流动;漓江的水真清啊,清得可以看见江底的沙石;漓江的水真绿呀,绿得仿佛是一块无瑕的翡翠。船桨激起微波,扩散出一道道水纹,才让你感觉到,船在前进,岸在后移。

我攀登过峰峦雄伟的泰山,游览过红叶似火的香山,却从没看见过桂林这一带的山。桂林的山真奇啊,一座座拔地而起,各不相连,像老人,像巨象,像骆驼,奇峰罗列,形态万千;桂林的山真秀啊,像翠绿的屏障,像新生的竹笋,色彩明丽,倒映水中;桂林的山真险啊,危峰兀立,怪石嶙峋,好像一不小心就会栽倒下来。

(6)紧张型(多扬少抑,多重少轻,语速快,气息促,语言密度大)。

风猛烈地摇撼着路旁的梧桐树。我顺着林荫路望去,看见一只小麻雀呆呆地站在地上,无可奈何地拍打着小翅膀。它嘴角嫩黄,头上长着绒毛,分明是刚出生不久,从巢里掉下来的。

猎狗慢慢地走近小麻雀,嗅了嗅,张开大嘴,露出锋利的牙齿。突然,一只老麻雀从一棵树上飞下来,像一块石头似的落在猎狗面前。它扎煞起全身的羽毛,绝望地尖叫着。

老麻雀用自己的身躯掩护着小麻雀,想拯救自己的幼儿。可是因为紧张,它浑身发抖了,发出嘶哑的声音。它呆立着不动,准备着一场搏斗。在它看来,猎狗是个多么庞大的怪物啊!可是它不能安然地站在高高的没有危险的树枝上,一种强大的力量使它飞了下来。

5.2.5　电子竞技解说的口语表达

竞技解说一般是无稿的口语表达,口语表达虽然也要遵循语言表达的基本规律,但由于没有稿件的依托,时效性强,因此又有其自身的创作特点,因此本节通过实践积累总结了解说语言口语表达的基本创作要求。

1. 语意清晰

语意清晰可以从两个方面来看,一是字音的清晰度和悦耳度,悦耳动听的话语声更容易吸引人们的注意力,更有利于信息内容的有效传递,能给听者带来审美上的享受。人们常用"大珠小珠落玉盘"形容声音的悦耳,这也就说明了我们的字音要像一颗颗珍珠落在玉盘上一样,清晰分明,利落动听。怎样才能做到字音清晰、悦耳动听,我们在前面的章节已经阐述。

另一方面,语意清晰还指有声语言表达层面的清晰。语言由语音、语汇和语法规范构成,想要达到语意清晰,还应该注意用词(语汇)和语法的规范性,并且合理地使用停连、重音等外部技巧。

2. 语言流畅

解说工作还要求解说员的口语表达具有较高的流畅度,其原因有二:一是一场解说通常持续时间长,要求解说员从头到尾持续解说,一气呵成;二是由于直播等因素和解说的实时性,赛况和画面既瞬息万变又稍纵即逝。基于这两点特性,如果解说员的语言干涩,磕磕巴巴、卡壳不断,"口水词"太多,那么就会使完整度大打折扣,大大影响解说效果。

3. 口语表达的艺术

(1) 言之有物。

好的解说往往信息量丰富、内容充实,初学者在拿到一段视频时有时难免会觉得无从下手,语言空洞乏味或啰啰嗦嗦地说了许多话却没有什么有用的信息。下面看一个失败的案例。

我们看到双方在野区相遇了,血量都很健康,技能也都在,两方的 c 位也都在后方很安全,坦克冲在了最前面,唯独蓝方的打野兰陵王还在从上路赶回来的路上。不知道红方会不会发起进攻来个以多打少,打一个蓝方措手不及。蓝方也要利用马可波罗和王昭君做一个拉扯,这样,红方血量消耗下去就有一战之力了。

我们再来看一个较为成功的案例。

虽然现在蓝方的兰陵王还没有赶到现场,但是红方并没有获取到它的位置,不敢轻易开团。不过,作为前中期极其强势的蓝方阵容,夏侯惇和刘邦强势的切后和保后能力、王昭君三个控制的后续配合,配上一个已经有末世的马可,四个人足够能击败对方五人,红方在此刻狭窄地形的犹豫不决将会是本局比赛第一个胜负点的落定。

(2) 言之有理。

言之有理中的"理"指逻辑和条理,口语表达的逻辑应该尽量符合规范的语言逻辑,比如说应符合句法的规范性、语义的准确性和语言学的基本规律。语言有条理是指解说时应符合事物发展变化的规律顺序,有条有理。有的解说员的解说口语不符合语言逻辑,病句太多,词不达意或者毫无条理,让人听着费解。

（3）言之有情。

竞技艺术是一门充满激情的艺术，如果解说过于理性，则很难让场内场外连成一线，共享竞技带来的热情。因此，解说员的语言还需要"有情"，言之有情是要以情动人、以情服人，用契合氛围的真情实感带动气氛、打动受众，而不是装腔作势。言之有情还要充分拿捏好分寸，既不能僵硬呆板，连自己的情绪都带动不起来，也不能一味自我陶醉，情感泛滥，过犹不及。同时，言之有情既可以是情感，更可以是情怀。如果一段解说，解说员能根据现场的情况赋予某种特别的寓意或情怀，那么会让观众产生不一样的共鸣。因此，言之有情要真诚，要把握分寸，还要出新，十分考验解说员的语言功力。

（4）言之有趣。

一段解说如果平铺直叙、索然无味，则会让观众昏昏欲睡，相反，一段解说如果生动有趣，则会让受众兴致盎然、意犹未尽。所以，解说员还需言之有趣。什么样的语言是有趣的语言呢？可以风趣幽默，也可以旁征博引，总之是通过趣味性的表达方式将一件平淡的事情换一种方法表述出来，引起大家的兴趣，让人印象深刻，但又不曲解原来的意思。想要做到言之有趣，首先应该保持一颗好奇心，对生活中的方方面面都留心，对新事物充满好奇和探究愿望的人往往比较容易发现事物有趣的一面；其次还应该丰富自己的文化底蕴，拓展知识框架，扩大涉猎范围，尤其是在人文、历史、科学、政治经济、时尚等领域，这样才能够在解说的时候充分调动生动案例，丰富解说内容。

5.3 电子竞技解说的语言特点

电子竞技解说员在解说的过程当中，画面主要以比赛为主，其语言要很好地做到描述清晰、评论精简有力。在电子竞技解说刚兴起的时候，解说员主要由退役选手和教练担任，他们以其严谨的专业知识让很多观众看到了更多细节和更具体的对战内容，不会因为对抗发生得太过于急促而一脸茫然。但是，随着电子竞技产业的不断壮大，老一批电子竞技解说员遇到了自己的瓶颈期：语言表达能力受限。他们面对着的是自己有着足够专业的游戏知识，但在表达能力受限的情况下，不能将自己的内容淋漓尽致地呈现，也让观众不能更酣畅淋漓地享受整场比赛。电子竞技解说员的语言在整场比赛中贯穿始终，影响着比赛画面的解读、细节的呈现、背景历史的交代、胜负走向的判断、画面精彩程度以及观众的情绪和黏度。电子竞技解说员的语言不能狭隘地理解为如何讨喜就如何表达，而应该在标准普通话的基础上加入气氛的烘托、情绪的渲染、层次的起伏、快慢有序的节奏、冷暖结合的语义、松满相间的整体和具有独特个性色彩的声音，同样需要扎实的游戏专业知识作为基础和支撑，让语言不再空洞，让专业不再乏味。下面从语言的语音、词汇和语法进行分析。

5.3.1　电子竞技解说的语音特点

1. 音高

电子竞技解说员的整体语音的音高是此起彼伏的，在平稳发音和评论的时候，电子竞技解说员的声音频率低,给观众低沉、粗犷和冷静的感受;当局势紧张、对抗激烈的时候,电子竞技解说员的声音频率高,给观众明亮、突出的感受。当一个电子竞技解说员的声音整体低频的时候,哪怕场上局面极其激烈,也会让观众觉得这是一个普普通通的对抗,没有带动观众的情绪和共鸣感。但当一个电子竞技解说员的声音全部处于高频率的时候,虽然在自我情绪调动上很到位,但是没有分清局面层次和观众感受,只会物极必反,让观众找不到比赛重点和高潮,并时无刻地被声音的压迫感冲击。只有一个解说员能够合理处理高音频和低音频的准确切换和递进的时候,观众才能在画面的基础和解说声音的诠释下明白整场比赛的重点,了解众多对抗的重点,明晰深藏不露的细节,这样的解说声音才能带动起观众的情绪,引起观众的共鸣,让整场比赛有着精彩绝伦的对抗瞬间,也有冷静分析的赛中、赛后评论。

2. 音强

电子竞技解说员语音当中的音强是最能够刺激观众的因素之一。对于很多观众而言,看比赛往往找不到核心和关键"命门",往往一场比赛结束后,观众只知道谁赢谁输,但是到底孰强孰弱、胜负点何在、精彩瞬间的画面及选手操作细节的捕捉都不甚了解。在这种情况之下,强和弱的声音反差能够让观众准确了解到此时此刻该关注的内容,也在整体解说的呈现上让观众不会觉得乏味,不断调动着对于观看比赛的积极性,让解说员和观众处于同频的状态。但在音强控制方面,电子竞技解说员一定要寻求平衡点和切入点,需要在合适的时机用合适的音强解说画面,不能忽强忽弱,显得一惊一乍;也不能全场一致音强,太弱显得脱离于比赛画面,给观众"与我无关"的感受,而太强则显得凌驾于画面之上,喧宾夺主。恰到好处的音强转换可以让观众在强弱反差中感受到比赛的精彩绝伦。

3. 音长

电子竞技解说员的语音整体偏向于干净利落。音长的长与短展现给观众的是完全不一样的画面和感受。音长偏短的部分配合着中快的语速,能够在选手指尖飞舞、画面瞬息万变、团战一触即发的时候全面、细致、精准地表达内容,也能够营造出紧张激烈的氛围。音长偏长的部分配合着不同频率的音高,效果截然不同:当高频率的音高配合的时候,解说语言色彩是红色的,代表着激动、欢喜、不可思议等情绪;当低频率的音高配合的时候,解说语言色彩是灰色的,代表着失落、遗憾等情绪。音长的合理运用能够让比赛在此起彼伏之间具有节奏的弹性、情绪的呈现、气氛的渲染和感情的寄托。

4. 音色

电子竞技解说员不同的音色使得个人形象风格以及定位愈发明确。一个音色低沉的电子竞技解说员更适合负责前期队伍选手介绍、背景历史的交代、团战过后的分析、选手操作的点评,赛后的复盘等内容,担任分析评论席的角色;一个音色高亢的电子竞技解说员更适合负责开场气氛带动、激烈团战、宣布胜利等时段,担任控场描述型解说员的角色;一个音色甜美的电子竞技解说员更适合在调节气氛、抛出话题、缓解紧张氛围等情况发挥擅长之处,担任辅助型解说的角色。拥有不同音色的解说员在比赛中所承担的内容和分工也不同,合理搭配解说能够让整场比赛的解说更生动、精彩、幽默和专业。

5.3.2 电子竞技解说的词汇特点

电子竞技解说员的语言更加灵动,有着极具专业性的话术,也同样有着幽默风趣的表达,伴随着简明扼要的概括和面面俱到的数据等信息的展示,电子竞技解说的词汇变得略微复杂。有着清晰流畅表达的解说员可能不是一个好解说员,有着严谨专业知识的解说员也可能不是一个好解说员,就连一个形象气质俱佳的解说员离好解说员也有一段距离,但一个融合前三项专长的解说员才能向一个真正优秀的解说员冲击。其中,电子竞技解说的词汇不仅是简单的语素之间的组合,更多的是审时度势的转换词汇组合形式和表达形式。

对于电子竞技解说的词汇,主要从以下三点进行分析。

1. 词

电子竞技解说当中的词有一部分非常专业化,例如:gank 是游戏中的一种展示,指两个及以上的英雄合作作战,对敌方单个英雄进行偷袭;打野指团队中不在线上发展经济,主要依靠野区和 gank 形成击杀创造的收益成长;solo 指两个英雄单线对峙,形成一个 1 对 1 的局面等。这种专业词汇能够缩短语句的长度,能够输出更多信息,也同样能体现一名电子竞技解说员对于游戏专业知识的了解。这一部分词的专业化为短语做了很多铺垫,因为在快节奏的游戏中,电光火石之间团战一触即发,选手的操作使得游戏中英雄技能的释放非常快速,如果一味地寻求中规中矩的传统表达,则无法真正传递出对抗中的核心,专业化的词汇能够让解说员的语言更加精练和精准。

（1）多用行为动词。

行为动词指表示动作或行为的动词,具备动词的主要语法特征,是典型的动词,例如打、走、买、推等。行为动词多为及物动词,易组成动宾短语结构,而动宾结构揭示发生支配或影响与被支配和被影响的关系,所以能最快地描述清楚赛事当前画面的信息。在解说过程中,主语(在视觉语言上表现为游戏角色)是可以直接被观众看到的,所以动词才是解说员解说话语的核心,能体现出选手的意识和操作。

（2）丰富的形容词。

形容词主要用来修饰名词或代词,表示人或事物的性质、状态、特征或属性,常用作定语,也可作表语、补语或状语。

在描述清楚画面基本信息之后,需要解说员对画面进行更清晰准确的描述,帮助受众更直观地理解比赛,这就要求解说员在描述画面的时候使用丰富贴切的形容词。

（3）规范化的专用词。

由于电子竞技游戏玩家和电子竞技赛事受众的广泛性,玩家使用的虚拟角色名称、角色技能、角色装备、游戏内 NPC 甚至某些特定技战术打法都有一种或多种不同的称呼,加之每位解说员的习惯不同,在其解说过程中的惯用称呼也各不相同,使得受众不能及时准确地明白解说员在当前解说环境下的具体所指,所以要进行规范化的专业术语和简称、昵称的使用。

（4）尝试"造词"。

在一场电子竞技赛事解说中，解说员除了要考虑把当前赛事解说得准确精彩以外，还需要考虑如何帮助传播赛事文化，通俗来说可以理解为一场赛事解说结束后是否有片段可供单独剪辑进行二次传播，这就要求解说员在解说过程中尝试通过"造词"制造"梗文化"，例如"菜鸡互啄""神仙打架""蛇皮走位""反向吃鸡"等。

2. 短语

短语分为固定短语和自由短语。在相对灵活的电子竞技解说语言中，自由短语占绝大多数。多样化的词与词之间的组合使得表达在内容的基础上有了画龙点睛之妙。例如，"中国队夺得冠军"和"冠军，属于中国队"表达的是同样的意思，但是二者所适应的场景截然不同，前一句庄重严肃，后一句激情澎湃。还有多种的组合方式，这和电子竞技解说员的个人风格有关，也和解说员对于事件的看法与态度相联系，没有最好的组合方式，只有最适合自己的短语组合。

3. 略语

略语是经过压缩和精炼的词语，在电子竞技解说中常用到。比如 EDG 对阵 RNG，首先 EDG 这个队名就是经过压缩的，全称为 EDward Gaming；其次在解说进行中如果不断重复"EDG 和 RNG"会过于吃力，因此解说员会概括为"两队"。再例如，LPL 小组赛一共有 LGD、EDG、RNG、IG 四支队伍，解说员会在清晰四支队伍具体是谁之后，概括为"四支队伍"。略语的应用能够让电子竞技解说员在解说的过程中更为精简地组织语言，让观众在同样的时间和篇幅中听到更多、更全面的内容。

5.3.3　电子竞技解说的语法特点

因为电子竞技解说语法的特性让整体语言表达样式多样化，能够很好地渲染观众的气氛，平实解说与娱乐大众同样能在简短精练的篇幅中加大信息量，并能够引发观众思考。从主谓到述宾再到偏正，细化这其中的每一层次的词汇，会发现在简单表述的情况下有着复杂的组合，正因为这些复杂的组合让解说员的语言被赋予温度，不再是冷冰冰的文字，更代表着解说员的态度、立场、看法和情绪。

1. 电子竞技解说的语法特点

对于电子竞技解说的语法特点，主要从以下三点进行分析。

（1）生成性。

电子竞技解说员可以通过有限的语法规则创造出无限完整的句子，在这些句子里，解说员会根据所在场景进行合理调整，在传达语义一致的前提下通过自己个性化风格的叠加让语言更有魅力和独特的个性化色彩。

（2）层次性。

电子竞技解说员的语言不会简简单单是"词汇 1＋1＝2"这么简单，当词汇在不断叠加和组合的过程中，开始有了偏正到述宾再到主谓的过程。虽说电子竞技解说员的语言是简练的,但在一些场合下不断层次性地叠加词汇从而让内容更加充实和完整,这与下面要讲的递归性息息相关。

(3)递归性。

电子竞技解说员的语法规则是有限的,但是可以通过不断的语法叠加使语法结构复杂化。以"AT获得五杀"为例,"AT获得五杀"/"AT团灭敌方获得五杀"/"AT团灭敌方获得第一个五杀"/"AT通过自己的极限走位获得在KPL舞台上的第一个五杀"等就是递归性给电子竞技解说语言增色添彩的一点,让语言更具力量。

2. 电子竞技解说的语法运用

(1)简单句为主,复合句为辅。

电子竞技比赛虽然整体时间线比较长,但发生"事件"时比赛节奏非常快,用瞬息万变形容一点也不夸张。而解说员的语言要与画面同步,在有限的时间对画面进行清晰准确的描述和评价并传递给受众,这就要求解说员语言精练,语义精准,做到言简意赅,具体到语法层面的呈现就是多用简单句,配以复合句。

(2)独立语的使用。

解说时多为搭档配合,当解说员A进行解说时,解说员B注意到了A没有注意到的关键信息或是要对解说员A的某个观点进行补充,这时就需要使用独立语。

独立语是句子中的某个实词或短语,具有相对独立性,是句子的特殊成分,与其前后其他词语或语法成分没有结构关系,既不互为句法成分,但又是表达上有作用的成分,这种没有配对成分的特殊成分称为独立语,其位置一般比较灵活,有的甚至有句前、句中、句末三个位置。从表意作用看,解说员解说时常用插入独立语和感叹独立语,例如"与此同时,××选手正在……""另一边……""我倒是觉得……""哇,这波太秀了""是的……"。

第 6 章

电子竞技解说的形象与风格

形象不是单指电子竞技解说员的相貌特征,而是一个综合整体形象,包括思想感情、言行举止、待人处物等给观众的整体印象。简单概括为相貌体型、服装配饰和气质精神。

风格是指电子竞技解说员在解说比赛时所展现的艺术特色和个性化表现。电子竞技比赛的解说是基于画面的二度创作,解说员的个性化风格展现可以让观众感受到比赛的趣味性和专业性。

一个优秀的电子竞技解说员一定拥有着适合自己的形象,匹配游戏风格和节目定位的造型风格以及被受众认可喜爱的个性化风格。随着电子竞技产业的发展和热门游戏的出现,用户对于比赛的观赏要求越来越高。《王者荣耀》第一届比赛的解说员李九、瓶子和琪琪在当时的解说员中仅仅以解读画面为主,但随着用户关注度的不断提升,解说员也必须在大环境中调整自己的形象和解说风格,从而形成现在的"移动数据库"瓶子等风格定位。

6.1 常见的电子竞技解说风格

电子竞技解说从业者众多,千篇一律的表达方式和解说风格已经无法满足当前观众的需求。从受众需求来看,观看比赛的主要诉求是获取专业游戏知识,关注明星战队和选手,了解冷门打法和出装以及在空闲时间娱乐消遣。不论是了解相关专业知识、游戏背景、战队选手还是娱乐消遣,观众更想看到的是具有观赏价值和娱乐性的画面,而背后的解说内容尤为关键,它决定了到底对于画面而言是画蛇添足还是画龙点睛。

电子竞技解说员的创作以无稿播音为主,是对游戏画面的二度创作,这无疑考量了一个解说员的语言组织、即兴口语表达、知识储备的能力。而在内容到位的情况下,电子竞技解说员的风格决定了其最终表达的样式。根据气质、语言内容和表达方式,可以把电子竞技解说风格大致划分为沉稳冷静型、幽默娱乐型、激情澎湃型、多愁善感型。

6.1.1 沉稳冷静型

沉稳冷静型解说员常见于分析席、评论席,在对赛事进行解说或评论时沉稳大气,说话娓娓道来,评价客观公正,条理清晰,逻辑严谨,给人以稳重、专业的观感,比较容易让人信服,通常为数据分析型解说。他们语速适中,语调低沉,情绪起伏不大,但对于场面局势的描述和评论较为精准,大多数为专业分析、数据剖析和历史介绍。该类型解说擅长在场上局势较为平缓时进行铺垫和分析,也能在激烈对阵之后冷静分析,强硬的专业知识和较高的心理素质能够稳住解说台,但一直一成不变的语速和表达难免会让观众觉得乏味无趣,也容易使观众产生审美疲劳。沉稳冷静型解说需要在稳定描述和评论之余多与搭档配合以完成语调上的互补和节奏上的起伏。

6.1.2 幽默娱乐型

幽默娱乐型解说一直受到观众的青睐。解说时经常会遇到"垃圾时间",此时比赛节奏是较为平缓的,受众容易产生疲倦感,需要解说用幽默的语言、适当的玩笑将比赛解说得轻松、娱乐、有趣。幽默娱乐型解说可以将一场赛事划分层次,调节赛事受众观赛的心理节奏并赋予比赛新的故事性,能极大地增强观赛体验。

幽默娱乐型解说有着不快的语速,没有那么强的声音,层次区分没有那么的强烈,但往往通过灵活敏捷的思考和妙语连珠的表达让观众慢慢喜欢上他们。电子竞技比赛的解说是多维度的解说形式,不仅要观察画面中所发生的事,还要关注场上选手。这一类型的解说员不仅会在比赛对战中加入自己幽默诙谐的表达,也会联系选手或者团队让整体的解说更加立体化和人性化。但是在娱乐幽默的同时也要把握尺度,需要具有很好的政治素养,幽默娱乐并非畅所欲言、万事可侃,而是在适当的时候说适当幽默的语言。

6.1.3 激情澎湃型

激情澎湃型解说也一直是观众和业界的重点关注对象。在一场赛事的直转播过程中,受众是需要有获得感的,有的受众是为了学习职业选手的操作,有的受众是为了体验赛事的氛围,这就需要激情澎湃型解说。激情澎湃型解说需要针对游戏的特性在合适的节奏通过话语、表达等多种方式烘托比赛氛围,提高赛事的感染力,常见于大型线下赛事。

比较热门的几款游戏,例如《英雄联盟》《王者荣耀》《QQ飞车》《DOTA》等都具有强对抗、高速率、剧烈起伏的特质,固然高语速、高强度、强对比的解说风格比较受观众青睐,但也容易出现过犹不及的情况,新解说员往往在解说初期会全程高语调、大强度、快语速,给观众很大听觉上的压迫感。虽然该类解说定义为激情澎湃型,但不是全程如此,而是应该审时度势、层次明确、张弛有度地展示自己的风格。此类解说在欧美和韩国解说员中比较常见,他们的解说包含大量的语气词和感叹词,对于观众气氛的带动和比赛的推进有很大的益处。

6.1.4 多愁善感型

多愁善感型解说心思细腻,较为感性,多在棋牌类和单机游戏等节奏较慢的游戏中出现。多愁善感型解说需要情绪饱满且自控,能多换位思考,对赛事有很深的感情,对赛事背景、选手事迹等赛事背后的故事有极深入的了解,对他人的情绪和情感的认知、把握与理解极度敏感,具有设身处地地感受选手、观众的情绪。

该类解说对于场面局势的描述和联想会更为全面和细致,能将观察到的细节展现给观众,让观众能更清晰地了解场上的局势,也能够将场上局势联系到选手背景、战队历史等感性话题,使解说内容具有温度、高度和深度。但同样要注意,一味地平淡表述不足以支撑起正常解说,需要借助自身的调整或者搭档的配合才能让比赛解说更具观赏性。

6.2 电子竞技解说员形象的塑造

电子竞技解说员的形象并非单指其容貌,而是指解说员的公共形象,甚至包括赛事的类型特征、目标受众与定位风格等多种因素的复合体,但就电子竞技解说员自身而言是指其内在形象与外在形象,即内在的政治、文化、语言等综合素质与容貌、形体、声音等外部条件。要想成为优秀的电子竞技解说员,就必须提高内在素质并使其与外在形象良好地统一起来,且形象定位应保持赛事风格、解说形象类型与解说个体特色的三位一体。

随着各式各样电子竞技比赛的出现,公众对于电子竞技解说员的要求也越来越高。以往,电子竞技解说员基本由退役教练或者选手担任,但随着电子竞技产业的规范化和制度化,电子竞技解说员的竞争越来越大,其中起到决定性因素的形象塑造非常重要。一个优秀的电子竞技解说员可能没有非常酷帅或者漂亮的外在形象,但至少长相要得体大方,能禁得住荧幕的考验。同时在皮囊之内,一个优秀内在形象的支撑才能让电子竞技解说员真正具有思想和灵魂。

6.2.1 内在形象的塑造

1. 政治和道德的塑造

作为电子竞技解说员,不断提高自身的政治素养和道德修养才能在解说时紧跟政治环境的大方向,在道德修养上始终将美好的品德和修养展现给观众。当电子竞技解说员出现在公众视野之下,自己的言行举止既代表了比赛平台,也代表了整个解说团队的素质,同样会潜移默化地影响部分观众,这时候保持极高的政治素养和道德修养才能在大环境和大方向中游刃有余地施展才华,捕获观众的关注度和热爱度。电子竞技解说员在比赛现场、解说台、摄像机等构成的特定社会情境中,通过网络及卫星向广大玩家、观众及社会大众传递信息,这是一种典型的大众传播行为,具备新闻传播价值,因此赛事解说员首先是一个媒体人,要遵循媒体人的行为规范。特别是在国际性电子竞技比赛中,解说员从某种意义上代表了国家形象,需要对自己的一言一行有高度的自觉。

2. 心理素质的塑造

电子竞技解说的平台不局限于比赛平台,还有线下活动、网络直播平台和新媒体平台。基于网络传播速度之快、比赛进程紧凑、突发情况较多以及观众个人喜好问题,电子竞技解说员的心理素质非常重要,既要面对高强度解说状态下的专注度和专业度,也要面对突发状况的考验,例如搭档口误、现场设备故障、数据传输等问题,同样面对微博、贴吧等网络社区中观众褒贬不一的态度时,既要保持自己的解说状态,也要有临危不惧的心态和面对挫折永不放弃的精神。每场比赛解说的认真态度都会给未来带来不一样的帮助,或是专业层面的提升,或是搭档配合的默契,或是处理突发情况的游刃有余,或是台风和个性化风格的养成等。

3. 专业水平的塑造

电子竞技解说是对于比赛画面的二度创作,因为比赛结果充满未知,过程也是跌宕起伏,其中的不可预测性会让比赛更具观赏性。但在大多数无稿播音的情况下,对于电子竞技解说员的表达能力、即兴口语表达、突发情况应对、专业知识和知识框架的要求非常高。一个不具备以上能力的解说员会蹑手蹑脚,说话毫无底气,说服不了自己也就说服不了观众,更无法收获观众对于解说的认可,未来的解说道路会步履维艰。只有修于内而形于外,电子竞技解说员才能抵达自己的事业高峰。

好的表达决定于自我知识的积累、内部语言转化为外部语言的能力以及扎实的基本功,这都需要勤加练习才能有所提高。因为场上局势的不可预测性,电子竞技解说员的表达无时无刻不考验着即兴口语表达能力,一个按照剧本发展的比赛不会是一场精彩的比赛,也正是因为场上形势阴晴不定才会让比赛有着足够的观赏性。一个好的即兴口语表达有着解说员自己对于事件的态度和看法,同样需要解说员在日常学习和解说过程中不断总结问题并改善问题。在没有文稿和剧本的情况下,需要有强大的知识储备和专业框架作为支撑,否则表达的内容就会空洞无奇,观众的接受度和认可度就会降低。

4. 文化水平的塑造

解说是一个"输出"的过程,如果不多进行深度阅读,不进行"输入",那么总有一天会无话可说。除此之外,还需要开阔眼界,看看传统体育项目的解说员、其他电子竞技项目的解说员是如何进行解说的,保持一直在学习的状态。

一款好的游戏、优秀的电子竞技项目一定会有它自己的赛事文化和玩家文化,解说员需要将这些文化沉淀下来,并通过传播这些文化吸引和留住受众,那么这些受众才是有黏性的、稳固的。

电子竞技解说员的文化水平是根基。一个只懂得游戏专业知识的电子竞技解说员不是一个好解说员,需要站在受众角度上做专业技术的表达,从而实现"本真式"解说。文化既包含世界观、人生观、价值观等具有意识形态性质的部分,也包括八大艺术和第九艺术等内容。"文化开启了对美的感知",只有美的内容才是经得起观众和时间考量的内容,电子竞技解说同样如此,在专业知识齐备的情况下,不断提高自己的文化水平、文学素养、艺术审美,会让自己的解说更加生动,更受观众好评,也能从中寻找到真我,让解说内容既得自己心,也得观众心。

6.2.2 外在形象的塑造

1. 外在形象的自我塑造

电子竞技解说的具体岗位分布于解说台、评论席、比赛舞台、直播间平台,荧幕前的外在形象成为除了解说内容之外常被观众谈论的话题。对于电子竞技解说员的外在形象,往往有一个误区:只有长着帅气和甜美可人的外貌才能胜任。但事实并非如此,形象只需要做到得体、大方、适合比赛定位即可。电子竞技解说员对于服装配饰的选择也要根据比赛和节目的具体定位进行适当调整,不能仅以自己的风格所向而一味选择单一风格。服装配饰简单大方,不累赘,不喧宾夺主即可。在"硬件"上达标之后,电子竞技解说员也同样需要在"软件设施"上进行"配套服务"。外貌长相和身材决定了观众对于电子竞技解说员的第一印象,而气质精神才是观众真正考量电子竞技解说员的核心。没有观众愿意听一个消极落寞的解说员,而是更想看到精气神俱佳、积极向上、正能量十足的解说形象。因为一个电子竞技解说员的气质精神不仅反映在外表上,也会影响到整体的解说,不仅要做到在解说台上的积极向上,也同样要在日常生活中有良好的生活习惯和优秀的气质精神。

如果一个解说员仅仅因为外貌而被观众喜爱,那么在新解说血液加入后及观众审美疲劳的状态下极其容易被淘汰。但是如果一个解说员有着得体大方的外貌、全面严谨的专业知识、流畅清晰的语言表达和应对自如的反应能力,那么他就拥有了自己的竞争力,也能在解说事业中越走越远。

2. 公共形象的自我包装

电子竞技解说员作为新兴的公众人物,日常生活常在微博、贴吧、新媒体等网络平台投放,这能让观众更加了解电子竞技解说员的工作生活,也同样鞭策着电子竞技解说员不论何时何地都要注意自己的言行举止。微博作为主要公共形象的输出平台,电子竞技解说员会在微博上展示出自己的日常生活、饮食起居、工作内容,这些能让观众很好地了解到电子竞技解说员更多的一面。有的解说员会在微博上传自己的健身照片,很多粉丝就会再给该解说添加上"运动达人"的称号;有的解说员会展示自己热衷于美食的一面,"吃货"的个人形象便显露了出来……在抖音、直播、贴吧中,电子竞技解说员可以用 vlog 展示自己的日常生活,用数据和事实构成的帖子展现个人赛后的专业分析能力,用更具个性化的风格在直播中和观众互动等方式让电子竞技解说员在公共形象层面更好地展现自己。

但不论如何定位自己,都要把握尺度和法理的边界,不做违法之事,不散布谣言,不做一切损害他人名誉的事情,始终保持极高的政治素养和道德修养。电子竞技解说员要考虑到其代表的不仅仅是自己,还有背后整个解说团队的整体形象。适当地在公共形象上包装自己能让电子竞技解说员在粉丝量和关注度上有所提升,塑造个性化的风格,展露不为人知的一面,让个人形象更加立体,也能够提升自己的社会影响力。

6.3 形象与风格案例展示

案例一：《英雄联盟》解说周淑怡

周淑怡是 LPL 官方解说,因曾经是女团主力成员,其形象气质俱佳,以幽默活泼的风格为主,在官方解说赛场上严肃专业,而在日常直播中却颇为接地气,受到众多粉丝的喜爱(如图 6-1 所示)。作为专业解说员,她曾担任过知名游戏频道"游戏风云"的解说员。经历过游戏风云、七煌两家业内知名艺人经纪公司的严苛训练,其解说素质也日趋完善。作为七煌旗下的艺人,她与笑笑、西卡、小伞、昊凯等一众知名解说共同学习积累,从解说技巧、游戏专业知识方面进行全面提升,更是赢得了众多粉丝的正面评价。在日常穿着方面,周淑怡也是风格百变,时而穿着紫色小礼服显得俏皮可爱,时而穿着衬衫马甲显得无比干练,与男解说员形成靓丽配比。作为官方解说,更难能可贵的是她愿意接受众多意见和不足并加以改进,刻苦学习游戏知识,不断做数据分析等专业知识框架的积累,朝着更专业的女解说员方向成长。

图 6-1 电子竞技解说员周淑怡

案例二：KPL 解说琪琪

琪琪是《王者荣耀》游戏解说员,形象属于甜美风格,作为 KPL 为数不多的女解说员之一(如图 6-2 所示),她连续多年获得"KPL 最受欢迎女解说员"的称号以及"2018 腾讯游戏家盛典——游戏解说年度人物"的荣誉,并代表中国参与了 2018 雅加达亚运会表演赛的官方解说工作。从没有解说经验到成为 KPL 最受欢迎女解说员,琪琪并没有太多可参考的专业型比赛经验,只能自己做充足的赛前准备和充分的资料文件。在每次比赛开打之前,琪琪都会准备大量的笔记,并且一有不懂的地方就向其他解说员和职业选手询问。随着工作经验的反复积累,她很好地锻炼了临场解说的能力,加上不断丰富的专业知识,她正努力脱掉"花瓶"的称谓。官方给琪琪的定义是:有着一颗专业解说心的控场解说,是一名十足的乐天派,因长相甜美可爱而俘获众多男粉丝的心。

图 6-2 电子竞技解说员琪琪

案例三:《绝地求生》解说服装风格

《绝地求生》(PUBG)是一款战术竞技型射击类沙盒游戏,该项目的解说员在服装搭配上整体配合 PUBG 项目的特点,以工装为主,和演播室的设计也十分匹配,让人一眼就能知道这是什么类型的游戏项目。

电子竞技解说的相关政策法规

附录 A 互联网视听节目服务业务 分类目录（试行）（2017 年）

第一部分 目录

利用公共互联网（含移动互联网）向计算机、手机用户提供视听节目服务（不含交互式网络电视（IPTV）、互联网电视、专网手机电视业务），业务分类如下。

一、 第一类互联网视听节目服务（广播电台、电视台形态的互联网视听节目服务）

（一）时政类视听新闻节目首发服务

（二）时政和社会类视听节目的主持、访谈、评论服务

（三）自办新闻、综合视听节目频道服务

（四）自办专业视听节目频道服务

（五）重大政治、军事、经济、社会、文化、体育等活动、事件的实况视音频直播服务

二、 第二类互联网视听节目服务

（一）时政类视听新闻节目转载服务

（二）文艺、娱乐、科技、财经、体育、教育等专业类视听节目的主持、访谈、报道、评论服务

（三）文艺、娱乐、科技、财经、体育、教育等专业类视听节目的制作（不含采访）、播出服务

（四）网络剧（片）的制作、播出服务

（五）电影、电视剧、动画片类视听节目的汇集、播出服务

（六）文艺、娱乐、科技、财经、体育、教育等专业类视听节目的汇集、播出服务

（七）一般社会团体文化活动、体育赛事等组织活动的实况视音频直播服务

三、 第三类互联网视听节目服务

（一）聚合网上视听节目的服务

（二）转发网民上传视听节目的服务

四、第四类互联网视听节目服务（互联网视听节目转播类服务）

（一）转播广播电视节目频道的服务

（二）转播互联网视听节目频道的服务

（三）转播网上实况直播的视听节目的服务

注：交互式网络电视（IPTV）、专网手机电视、互联网电视的集成播控服务、内容提供服务属于广播电台、电视台形态的网络视听节目服务，系专网及定向传播视听节目服务。交互式网络电视（IPTV）、专网手机电视、互联网电视的集成播控服务、内容提供服务和传输分发服务的业务分类目录另行制定。

第二部分　业务界定

一、第一类互联网视听节目服务（广播电台、电视台形态的互联网视听节目服务）

（一）时政类视听新闻节目首发服务

指采访、制作或定制时政新闻、社会新闻类视听节目，首先供公众在网上点播的服务。定制指委托其他机构为本机构制作节目并供其播出的行为。

（二）时政和社会类视听节目的主持、访谈、评论服务

指以主持、访谈、演讲的节目形式，围绕政治、社会事件或题材进行评论，供公众在网上点播的服务。

（三）自办新闻、综合视听节目频道服务

指采用与广播电视节目频道相同的编播形式，自行编排含有时政新闻、社会新闻内容的互联网视听节目频道，通过互联网实时播出供公众收看的服务。

（四）自办专业视听节目频道服务

指采用与广播电视节目频道相同的编播形式，自行编排不含有时政新闻、社会新闻内容的影视、文艺、娱乐、科技、财经、体育、教育等专业类视听节目的频道，通过互联网实时播出供公众收看的服务。

（五）重大政治、军事、经济、社会、文化、体育等活动、事件的实况视音频直播服务

指通过互联网对重大政治、军事、经济、社会、文化、体育等活动或事件进行的视音频实况直播服务。

二、第二类互联网视听节目服务

（一）时政类视听新闻节目转载服务

指转载广播电视、新闻视听节目网站已登载播出过的时政新闻类以及转载含有政治、社会评论题材的主持、访谈、报道类视听节目，供公众点播（含下载或轮播）收看、收听的服务。轮播指将单个视听节目制成品反复播放，或将若干个视听节目制成品组合在一起，按固定顺序在互联网上反复轮流播放，且每一轮的播放时长不超过 60 分钟的播放活动。

（二）文艺、娱乐、科技、财经、体育、教育等专业类视听节目的主持、访谈、报道、评论服务

指以采访、主持、访谈等节目形式对文艺、娱乐、科技、财经、体育、教育等领域的事件进行报道、评论，并供公众在网上点播的服务。

（三）文艺、娱乐、科技、财经、体育、教育等专业类视听节目的制作（不含采访）、播出服务

指生产制作、定制、编排文艺、娱乐、科技、财经、体育、教育等专业类视听节目，并供公众在网上点播的服务。

（四）网络剧（片）的制作、播出服务

指生产制作、定制、编排网络剧（片）的服务。

（五）电影、电视剧、动画片类视听节目的汇集、播出服务

指采购、收集、编排电影、电视剧、网络剧（电影）、手机剧（电影）、动画片等节目，并供公众点播（含下载或轮播）的服务。

（六）文艺、娱乐、科技、财经、体育、教育等专业类视听节目的汇集、播出服务

指采购、收集、编排文艺、娱乐、科技、财经、体育、教育等专业方面的专题节目（包括个人 DV 作品），并供公众点播（含下载或轮播）的服务。

（七）一般社会团体文化活动、体育赛事等组织活动的实况视音频直播服务

指通过互联网对一般社会性、团体性文化活动、体育赛事等向公众进行实况视音频直播的服务。

三、 第三类互联网视听节目服务

（一）聚合网上视听节目的服务

指将互联网上的视听节目信息编辑、排列到同一网站上，并向公众提供节目的查找、收看服务的业务活动。

（二）转发网民上传视听节目的服务

指为网民提供专门的节目或信息上传通道，供网民将自己或他人的节目源通过网站的信息播发系统或收视界面传递给公众，供公众点播的服务。包括：节目上传服务，指网民将节目上传到网站的服务器中，供公众收看、收听（含下载）的服务；信息上传分发服务，指网民将节目名称、链接地址等信息上传到网站的服务器中，供公众浏览、选择再链接到其他播放器收看、收听（含下载）节目的服务。

四、 第四类互联网视听节目服务（互联网视听节目转播类服务）

（一）转播广播电视节目频道的服务

指通过互联网完整转播广播电视节目频道、频率的服务。完整转播是指保留频道标识，不在节目信号中插播内容，不修改、删减任何原有频道的节目内容和图文信息。

（二）转播互联网视听节目频道的服务

指通过互联网完整转播互联网视听节目频道（第一类第三项或第一类第四项）的服务。

（三）转播网上实况直播的视听节目的服务

指通过互联网完整转播其他网站对政治、军事、经济、社会、文化、体育等活动或事件的实况视音频直播视听节目的服务。

附录 B　关于加强网络视听节目直播服务管理有关问题的通知

《关于加强网络视听节目直播服务管理有关问题的通知》是为了要求网络视听节目直播机构依法开展直播服务而制定的法规。2016 年 9 月,《关于加强网络视听节目直播服务管理有关问题的通知》(以下简称《通知》)由新闻出版广电总局发布,自 2016 年 9 月起实施。

国家新闻出版广电总局下发《关于加强网络视听节目直播服务管理有关问题的通知》,重申相关规定,要求网络视听节目直播机构依法开展直播服务。

《通知》指出,根据《互联网视听节目服务管理规定》《广电总局关于发布〈互联网视听节目服务业务分类目录（试行）〉的通告》,开展网络视听节目直播服务应具有相应资质:一是通过互联网对重大政治、军事、经济、社会、文化、体育等活动、事件的实况进行视音频直播,应持有新闻出版广电行政部门颁发的《信息网络传播视听节目许可证》(以下简称《许可证》)且许可项目为第一类互联网视听节目服务中的第五项;二是通过互联网对一般社会团体文化活动、体育赛事等组织活动的实况进行视音频直播,应持有《许可证》且许可项目为第二类互联网视听节目服务中的第七项。

不符合上述条件的机构及个人,包括开设互联网直播间以个人网络演艺形式开展直播业务但不持有《许可证》的机构,均不得通过互联网开展上述所列活动、事件的视音频直播服务,也不得利用网络直播平台(直播间)开办新闻、综艺、体育、访谈、评论等各类视听节目,不得开办视听节目直播频道。未经批准,任何机构和个人不得在互联网上使用"电视台""广播电台""电台""TV"等广播电视专有名称开展业务。

《通知》要求,开展网络视听节目直播服务的单位应具备相应的技术、人员、管理条件以及内容审核把关能力,确保播出安全与内容安全,在开展直播活动前应将相关信息报属地省级以上新闻出版广电行政部门备案。

《通知》还对直播节目内容,相关弹幕发布,直播活动中涉及的主持人、嘉宾、直播对象等做出了具体要求,直播节目应坚持健康的格调品味,不得含有国家法律法规所禁止的内容,并自觉抵制内容低俗、过度娱乐化、宣扬拜金主义和崇尚奢华等问题。

《通知》要求省级新闻出版广电行政部门依法加强对辖区内网络视听节目直播行为的管理。

附录 C 关于进一步规范网络视听节目传播秩序的通知

新广电办发〔2018〕21号

各省、自治区、直辖市新闻出版广电局:

近期,一些网络视听节目制作、播出不规范的问题十分突出。有的节目歪曲、恶搞、丑化经典文艺作品;有的节目擅自截取拼接经典文艺作品、广播影视节目和网络原创视听节目的片段,或者重新配音、重配字幕,以篡改原意、断章取义、恶搞等方式吸引眼球,产生了极坏的社会影响。还有一些节目以非法网络视听平台及相关非法视听产品作为冠名,为非法视听内容在网上流传提供了渠道。为进一步规范网络视听节目的传播秩序,维护健康清朗的网络空间,现就有关问题要求如下。

一、坚决禁止非法抓取、剪拼改编视听节目的行为。所有视听节目网站不得制作、传播歪曲、恶搞、丑化经典文艺作品的节目;不得擅自对经典文艺作品、广播影视节目、网络原创视听节目做重新剪辑、重新配音、重配字幕,不得截取若干节目片段拼接成新节目播出;不得传播编辑后篡改原意产生歧义的作品节目片段。严格管理包括网民上传的类似重编节目,不给存在导向问题、版权问题、内容问题的剪拼改编视听节目提供传播渠道。对节目版权方、广播电视播出机构、影视制作机构投诉的此类节目,要立即做下线处理。

二、加强网上片花、预告片等视听节目的管理。各视听节目网站播出的片花、预告片所对应的节目必须是合法的广播影视节目、网络原创视听节目。未取得许可证的影视剧、未备案的网络原创视听节目以及被广播影视行政部门通报或处理过的广播影视节目、网络视听节目,对应的片花、预告片也不得播出。制作、播出的片花、预告片等节目要坚持正确导向,不能断章取义、恶搞炒作。不能做“标题党”,以低俗创意吸引点击。不得出现包括“未审核”版或“审核删节”版等不妥内容。

三、加强对各类节目接受冠名、赞助的管理。广播电视节目、网络视听节目接受冠名、赞助等,要事先核验冠名或赞助方的资质,不得与未取得《信息网络传播视听节目许可证》非法开展网络视听节目服务的机构进行任何形式的合作,包括网络直播、冠名、广告或赞助。

四、严格落实属地管理责任。各省级新闻出版广电行政部门要指导监督辖区内广播电视机构、视听节目网站进一步健全节目内容管理制度,把相关管理要求落实到位。加强对网上传播的剪拼改编节目、片花预告片以及各类节目接受冠名和赞助情况的监听监看,发现问题要及时纠正、处理,对严重违规的机构依法处罚。

特此通知。

国家新闻出版广电总局办公厅

2018 年 3 月 16 日

附录 D　互联网视听节目服务管理规定

　　《互联网视听节目服务管理规定》于 2007 年 12 月 29 日由国家新闻出版广电总局公布,并从 2008 年 1 月 31 日起实施。该规定的第八条对从事互联网视听节目服务的条件做出了严格限制。依《关于修订部分规章和规范性文件的决定》于 2015 年 8 月 28 日修订。

　　第一条　为维护国家利益和公共利益,保护公众和互联网视听节目服务单位的合法权益,规范互联网视听节目服务秩序,促进健康有序发展,根据国家有关规定,制定本规定。

　　第二条　在中华人民共和国境内向公众提供互联网(含移动互联网,以下简称互联网)视听节目服务活动,适用本规定。

　　本规定所称互联网视听节目服务,是指制作、编辑、集成并通过互联网向公众提供视音频节目,以及为他人提供上载传播视听节目服务的活动。

　　第三条　国务院广播电影电视主管部门作为互联网视听节目服务的行业主管部门,负责对互联网视听节目服务实施监督管理,统筹互联网视听节目服务的产业发展、行业管理、内容建设和安全监管。国务院信息产业主管部门作为互联网行业主管部门,依据电信行业管理职责对互联网视听节目服务实施相应的监督管理。

　　地方人民政府广播电影电视主管部门和地方电信管理机构依据各自职责对本行政区域内的互联网视听节目服务单位及接入服务实施相应的监督管理。

　　第四条　互联网视听节目服务单位及其相关网络运营单位是重要的网络文化建设力量,承担建设中国特色网络文化和维护网络文化信息安全的责任,应自觉遵守宪法、法律和行政法规,接受互联网视听节目服务行业主管部门和互联网行业主管部门的管理。

　　第五条　互联网视听节目服务单位组成的全国性社会团体负责制定行业自律规范,倡导文明上网、文明办网,营造文明健康的网络环境,传播健康有益的视听节目,抵制腐朽落后思想文化传播,并在国务院广播电影电视主管部门指导下开展活动。

　　第六条　发展互联网视听节目服务要有益于传播社会主义先进文化,推动社会全面进步和人的全面发展,促进社会和谐。从事互联网视听节目服务,应当坚持为人民服务、为社会主义服务,坚持正确导向,把社会效益放在首位,建设社会主义核心价值体系,遵守社会主义道德规范,大力弘扬体现时代发展和社会进步的思想文化,大力弘扬民族优秀文化传统,提供更多更好的互联网视听节目服务,满足人民群众日益增长的需求,不断丰富人民群众的精神文化生活,充分发挥文化滋润心灵、陶冶情操、愉悦身心的作用,为青少年成长创造良好的网上空间,形成共建共享的精神家园。

　　第七条　从事互联网视听节目服务,应当依照本规定取得广播电影电视主管部门颁发的《信息网络传播视听节目许可证》(以下简称《许可证》)或履行备案手续。

　　未按照本规定取得广播电影电视主管部门颁发的《许可证》或履行备案手续,任何单位和个人不得从事互联网视听节目服务。

　　互联网视听节目服务业务指导目录由国务院广播电影电视主管部门商国务院信息产

业主管部门制定。

第八条　申请从事互联网视听节目服务的,应当同时具备以下条件:

(一)具备法人资格,为国有独资或国有控股单位,且在申请之日前三年内无违法违规记录;

(二)有健全的节目安全传播管理制度和安全保护技术措施;

(三)有与其业务相适应并符合国家规定的视听节目资源;

(四)有与其业务相适应的技术能力、网络资源和资金,且资金来源合法;

(五)有与其业务相适应的专业人员,且主要出资者和经营者在申请之日前三年内无违法违规记录;

(六)技术方案符合国家标准、行业标准和技术规范;

(七)符合国务院广播电影电视主管部门确定的互联网视听节目服务总体规划、布局和业务指导目录;

(八)符合法律、行政法规和国家有关规定的条件。

第九条　从事广播电台、电视台形态服务和时政类视听新闻服务的,除符合本规定第八条外,还应当持有广播电视播出机构许可证或互联网新闻信息服务许可证。其中,以自办频道方式播放视听节目的,由地(市)级以上广播电台、电视台、中央新闻单位提出申请。

从事主持、访谈、报道类视听服务的,除符合本规定第八条外,还应当持有广播电视节目制作经营许可证和互联网新闻信息服务许可证;从事自办网络剧(片)类服务的,还应当持有广播电视节目制作经营许可证。

未经批准,任何组织和个人不得在互联网上使用广播电视专有名称开展业务。

第十条　申请《许可证》,应当通过省、自治区、直辖市人民政府广播电影电视主管部门向国务院广播电影电视主管部门提出申请,中央直属单位可以直接向国务院广播电影电视主管部门提出申请。

省、自治区、直辖市人民政府广播电影电视主管部门应当提供便捷的服务,自收到申请之日起20日内提出初审意见,报国务院广播电影电视主管部门审批;国务院广播电影电视主管部门应当自收到申请或者初审意见之日起40日内做出许可或者不予许可的决定,其中专家评审时间为20日。予以许可的,向申请人颁发《许可证》,并向社会公告;不予许可的,应当书面通知申请人并说明理由。《许可证》应当载明互联网视听节目服务的播出标识、名称、服务类别等事项。

《许可证》有效期为3年。有效期届满,需继续从事互联网视听节目服务的,应于有效期届满前30日内,持符合本规定第八条中的相关材料,向原发证机关申请办理续办手续。

地(市)级以上广播电台、电视台从事互联网视听节目转播类服务的,到省级以上广播电影电视主管部门履行备案手续。中央新闻单位从事互联网视听节目转播类服务的,到国务院广播电影电视主管部门履行备案手续。备案单位应在节目开播30日前,提交网址、网站名、拟转播的广播电视频道、栏目名称等有关备案材料,广播电影电视主管部门应将备案情况向社会公告。

第十一条　取得《许可证》的单位,应当依据《互联网信息服务管理办法》,向省(自治区、直辖市)电信管理机构或国务院信息产业主管部门(以下简称电信主管部门)申请办理电信业务经营许可或者履行相关备案手续,并依法到工商行政管理部门办理注册登记或变更登记手续。电信主管部门应根据广播电影电视主管部门许可,严格互联网视听节目服务单位的域名和 IP 地址管理。

第十二条 互联网视听节目服务单位变更注册资本、股东、股权结构,有重大资产变动或有上市等重大融资行为的,以及业务项目超出《许可证》载明范围的,应按本规定办理审批手续。互联网视听节目服务单位的办公场所、法定代表人以及互联网信息服务单位的网址、网站名依法变更的,应当在变更后 15 日内向省级以上广播电影电视主管部门和电信主管部门备案,变更事项涉及工商登记的,应当依法到工商行政管理部门办理变更登记手续。

第十三条 互联网视听节目服务单位应当在取得《许可证》90 日内提供互联网视听节目服务。未按期提供服务的,其《许可证》由原发证机关予以注销。如有特殊原因,应经发证机关同意。申请终止服务的,应提前 60 日向原发证机关申报,其《许可证》由原发证机关予以注销。连续停止业务超过 60 日的,由原发证机关按终止业务处理,其《许可证》由原发证机关予以注销。

第十四条 互联网视听节目服务单位应当按照《许可证》载明或备案的事项开展互联网视听节目服务,并在播出界面显著位置标注国务院广播电影电视主管部门批准的播出标识、名称、《许可证》或备案编号。

任何单位不得向未持有《许可证》或备案的单位提供与互联网视听节目服务有关的代收费及信号传输、服务器托管等金融和技术服务。

第十五条 鼓励国有战略投资者投资互联网视听节目服务企业;鼓励互联网视听节目服务单位积极开发适应新一代互联网和移动通信特点的新业务,为移动多媒体、多媒体网站生产积极健康的视听节目,努力提高互联网视听节目的供给能力;鼓励影视生产基地、电视节目制作单位多生产适合在网上传播的影视剧(片)、娱乐节目,积极发展民族网络影视产业;鼓励互联网视听节目服务单位传播公益性视听节目。

互联网视听节目服务单位应当遵守著作权法律、行政法规的规定,采取版权保护措施,保护著作权人的合法权益。

第十六条 互联网视听节目服务单位提供的、网络运营单位接入的视听节目应当符合法律、行政法规、部门规章的规定。已播出的视听节目应至少完整保留 60 日。视听节目不得含有以下内容:

(一)反对宪法确定的基本原则的;

(二)危害国家统一、主权和领土完整的;

(三)泄露国家秘密、危害国家安全或者损害国家荣誉和利益的;

(四)煽动民族仇恨、民族歧视,破坏民族团结,或者侵害民族风俗、习惯的;

(五)宣扬邪教、迷信的;

(六)扰乱社会秩序,破坏社会稳定的;

(七)诱导未成年人违法犯罪和渲染暴力、色情、赌博、恐怖活动的;

(八)侮辱或者诽谤他人,侵害公民个人隐私等他人合法权益的;

(九)危害社会公德,损害民族优秀文化传统的;

（十）有关法律、行政法规和国家规定禁止的其他内容。

第十七条　用于互联网视听节目服务的电影电视剧类节目和其他节目，应当符合国家有关广播电影电视节目的管理规定。互联网视听节目服务单位播出时政类视听新闻节目，应当是地（市）级以上广播电台、电视台制作、播出的节目和中央新闻单位网站登载的时政类视听新闻节目。

未持有《许可证》的单位不得为个人提供上载传播视听节目服务。互联网视听节目服务单位不得允许个人上载时政类视听新闻节目，在提供播客、视频分享等上载传播视听节目服务时，应当提示上载者不得上载违反本规定的视听节目。任何单位和个人不得转播、链接、聚合、集成非法的广播电视频道、视听节目网站的节目。

第十八条　广播电影电视主管部门发现互联网视听节目服务单位传播违反本规定的视听节目，应当采取必要措施予以制止。互联网视听节目服务单位对含有违反本规定内容的视听节目，应当立即删除，并保存有关记录，履行报告义务，落实有关主管部门的管理要求。

互联网视听节目服务单位的主要出资者和经营者应对播出和上载的视听节目内容负责。

第十九条　互联网视听节目服务单位应当选择依法取得互联网接入服务电信业务经营许可证或广播电视节目传送业务经营许可证的网络运营单位提供服务；应当依法维护用户权利，履行对用户的承诺，对用户信息保密，不得进行虚假宣传或误导用户、做出对用户不公平不合理的规定、损害用户的合法权益；提供有偿服务时，应当以显著方式公布所提供服务的视听节目种类、范围、资费标准和时限，并告知用户中止或者取消互联网视听节目服务的条件和方式。

第二十条　网络运营单位提供互联网视听节目信号传输服务时，应当保障视听节目服务单位的合法权益，保证传输安全，不得擅自插播、截留视听节目信号；在提供服务前应当查验视听节目服务单位的《许可证》或备案证明材料，按照《许可证》载明事项或备案范围提供接入服务。

第二十一条　广播电影电视和电信主管部门应建立公众监督举报制度。公众有权举报视听节目服务单位的违法违规行为，有关主管部门应当及时处理，不得推诿。广播电影电视、电信等监督管理部门发现违反本规定的行为，不属于本部门职责的，应当移交有权处理的部门处理。

电信主管部门应当依照国家有关规定向广播电影电视主管部门提供必要的技术系统接口和网站数据查询资料。

第二十二条　广播电影电视主管部门依法对互联网视听节目服务单位进行实地检查，有关单位和个人应当予以配合。广播电影电视主管部门工作人员依法进行实地检查时应当主动出示有关证件。

第二十三条　违反本规定有下列行为之一的，由县级以上广播电影电视主管部门予以警告、责令改正，可并处 3 万元以下罚款；同时，可对其主要出资者和经营者予以警告，可并处 2 万元以下罚款：

（一）擅自在互联网上使用广播电视专有名称开展业务的；

（二）变更注册资本、股东、股权结构，或上市融资，或重大资产变动时，未办理审批手续的；

（三）未建立健全节目运营规范，未采取版权保护措施，或对传播有害内容未履行提示、删除、报告义务的；

（四）未在播出界面显著位置标注播出标识、名称、《许可证》和备案编号的；

（五）未履行保留节目记录、向主管部门如实提供查询义务的；

（六）向未持有《许可证》或备案的单位提供代收费及信号传输、服务器托管等与互联网视听节目服务有关的；

（七）未履行查验义务，或向互联网视听节目服务单位提供其《许可证》或备案载明事项范围以外的接入服务的；

（八）进行虚假宣传或者误导用户的；

（九）未经用户同意，擅自泄露用户信息秘密的；

（十）互联网视听服务单位在同一年度内三次出现违规行为的；

（十一）拒绝、阻挠、拖延广播电影电视主管部门依法进行监督检查或者在监督检查过程中弄虚作假的；

（十二）以虚假证明、文件等手段骗取《许可证》的。

有本条十二项行为的，发证机关应撤销其许可证。

第二十四条　擅自从事互联网视听节目服务的，由县级以上广播电影电视主管部门予以警告、责令改正，可并处 3 万元以下罚款；情节严重的，根据《广播电视管理条例》第四十七条规定予以处罚。

传播的视听节目内容违反本规定的，由县级以上广播电影电视主管部门予以警告、责令改正，可并处 3 万元以下罚款；情节严重的，根据《广播电视管理条例》第四十九条规定予以处罚。

未按照许可证载明或备案的事项从事互联网视听节目服务或违规播出时政类视听新闻节目的，由县级以上广播电影电视主管部门予以警告、责令改正，可并处 3 万元以下罚款；情节严重的，根据《广播电视管理条例》第五十条规定予以处罚。

转播、链接、聚合、集成非法的广播电视频道和视听节目网站内容的，擅自插播、截留视听节目信号的，由县级以上广播电影电视主管部门予以警告、责令改正，可并处 3 万元以下罚款；情节严重的，根据《广播电视管理条例》第五十一条规定予以处罚。

第二十五条　对违反本规定的互联网视听节目服务单位，电信主管部门应根据广播电影电视主管部门的书面意见，按照电信管理和互联网管理的法律、行政法规的规定，关闭其网站，吊销其相应许可证或撤销备案，责令为其提供信号接入服务的网络运营单位停止接入；拒不执行停止接入服务决定，违反《电信条例》第五十七条规定的，由电信主管部门依据《电信条例》第七十八条规定吊销其许可证。

违反治安管理规定的，由公安机关依法予以处罚；构成犯罪的，由司法机关依法追究刑事责任。

第二十六条　广播电影电视、电信等主管部门不履行规定的职责或滥用职权的，要依法给予有关责任人处分，构成犯罪的，由司法机关依法追究刑事责任。

第二十七条 互联网视听节目服务单位出现重大违法违规行为的,除按有关规定予以处罚外,其主要出资者和经营者自互联网视听节目服务单位受到处罚之日起 5 年内不得投资和从事互联网视听节目服务。

第二十八条 通过互联网提供视音频即时通信服务,由国务院信息产业主管部门按照国家有关规定进行监督管理。

利用局域网络及利用互联网架设虚拟专网向公众提供网络视听节目服务,须向行业主管部门提出申请,由国务院信息产业主管部门前置审批,国务院广播电影电视主管部门审核批准,按照国家有关规定进行监督管理。

第二十九条 本规定自 2008 年 1 月 31 日起施行。此前发布的规定与本规定不一致之处,依本规定执行。

参 考 文 献

［1］ 孙博文.电子竞技赛事与运营［M］.北京：清华大学出版社,2019.

［2］ 张双燕,余嘉兴.互联网时代下电子竞技解说的现状与思考——以《英雄联盟》解说为例［J］.今传媒,2017(12).

［3］ 张德胜,李峰,姜晓红.体育解说评论的五大基本原则［J］.武汉体育学院学报,2016,50(11).

［4］ 张艺境.电竞解说与体育解说的异同［J］.新媒体研究,2018,22.

［5］ Diver M,Fnatic.如何成为游戏高手［M］.陈薇薇,译.北京：电子工业出版社,2018.

［6］ 吴弘毅.实用播音教程——普通话语音和播音发声(第 1 册)［M］.北京：中国传媒大学出版社,2004.

［7］ 徐恒.播音发声学［M］.北京：中国传媒大学出版社,2012.

［8］ 张颂.播音创作基础［M］.北京：北京广播学院出版社,2004.

［9］ 张颂.中国播音学［M］.北京：北京广播学院出版社,2009.

［10］ 毕一鸣.语言与传播［M］.北京：中国广播电视出版社,2005.

［11］ 陈亮.播音主持心理学教程［M］.北京：北京大学出版社,2007.

［12］ 白龙.播音发声技巧［M］.北京：中国广播电视出版社,2002.